The Real 승무원 영어면접

The Real 승무원 영어면접

The Real
승무원 영어면접

The Real 승무원 영어면접

초판 인쇄일 2020년 4월 7일
초판 발행일 2020년 4월 14일

지은이 손하림, 송민아, 최지윤(빅키)
발행인 박정모
등록번호 제9-295호
발행처 도서출판 혜지원
주소 (413-120) 경기도 파주시 회동길 445-4(문발동 638) 302호
전화 031)955-9221~5 팩스 031)955-9220
홈페이지 www.hyejiwon.co.kr

기획 · 진행 김태호
디자인 조수안
영업마케팅 황대일, 서지영
ISBN 978-89-8379-353-9
정가 19,000원

이 도서의 국립중앙도서관 출판시도서목록(CIP)은 서지정보유통지원시스템 홈페이지(http://seoji.nl.go.kr)와
국가자료공동목록시스템(http://www.nl.go.kr/kolisnet)에서 이용하실 수 있습니다.(CIP제어번호: CIP2020013111)

영어면접 드림팀 3인이 알려 주는

The Real 승무원 영어면접

혜지원

이 책의 구성

전직 승무원들이 알려 주는 핵심 꿀팁

영어면접 드림팀 3인의 다년간의 비행 및 실전 코칭 경험을 통한 핵심 면접 노하우 대공개

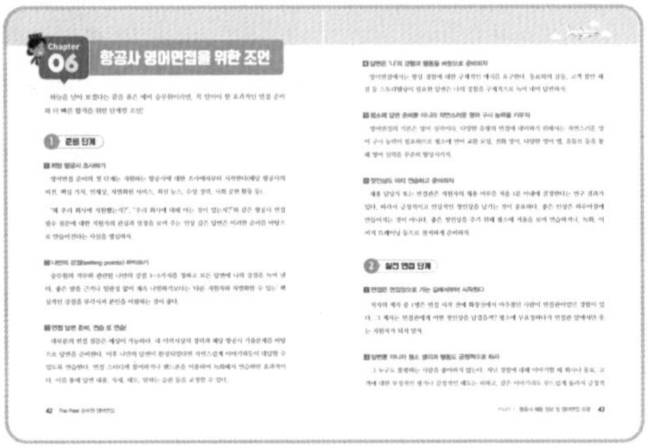

영어면접 전 과정에 대한 상세한 설명

비디오 면접, 센텐스 슈팅 등
항공사 영어면접의
최신 면접 트렌드 반영

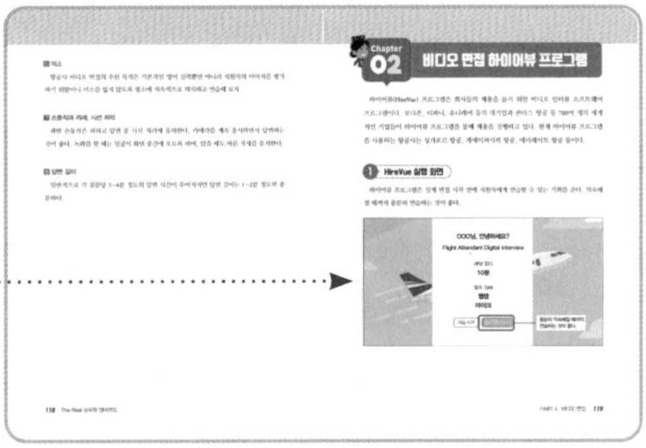

답변 구성 시 고민을 덜어 줄 샘플 답변

고민할 필요 없는 쉬운 답변 공식 및 면접에 바로 적용 가능한 유용한 영어 표현과 통답변 형태의 샘플 답변 다수 수록

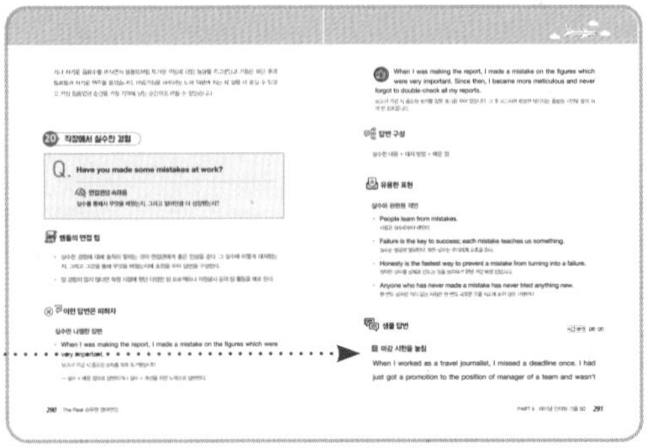

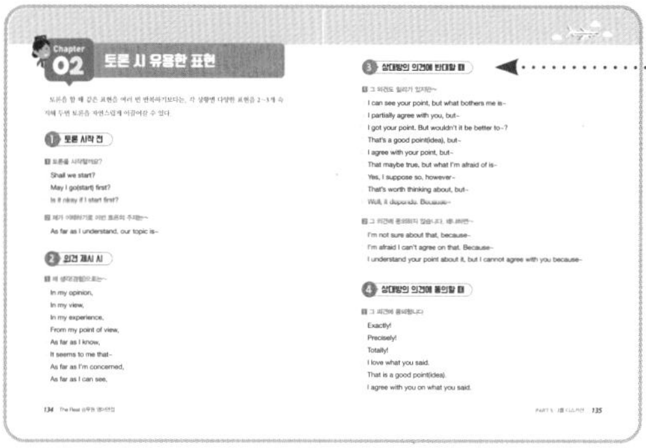
Chapter 02 토론 시 유용한 표현

1 토론 시작 전
Shall we start?
May I go(start) first?
Is it okay if I start first?
As far as I understand, our topic is~

2 의견 제시 시
In my opinion,
In my view,
In my experience,
From my point of view,
As far as I know,
It seems to me that~
As far as I'm concerned,
As far as I can see,

3 상대방의 의견에 반대할 때
I can see your point, but what bothers me is~
I partially agree with you, but~
I got your point. But wouldn't it be better to~?
That's a good point(idea), but~
I agree with your point, but~
That maybe true, but what I'm afraid of is~
Yes, I suppose so, however~
That's worth thinking about, but~
Well, it depends. Because~
I'm not sure about that, because~
I'm afraid I can't agree on that. Because~
I understand your point about it, but I cannot agree with you because~

4 상대방의 의견에 동의할 때
Exactly!
Precisely!
Totally!
I love what you said.
That is a good point(idea).
I agree with you on what you said.

딱딱한 한국식 영어가 아닌 현지식 영어 표현 중심

한국인만 이해하는 한국식 영어 표현이 아닌 쉽고 자연스러운 영어 표현들로 답변 구성

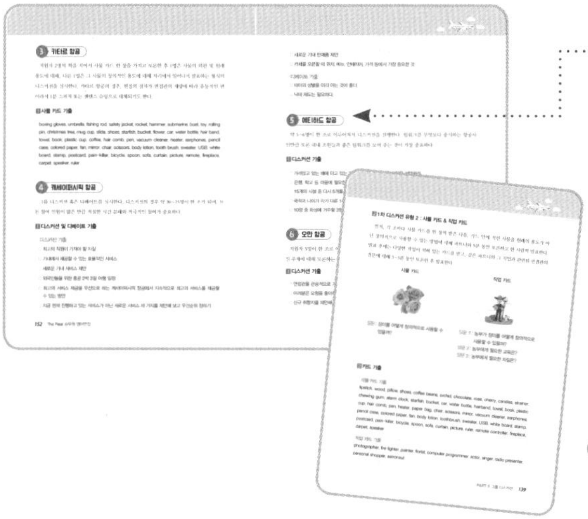
3 키타르 항공
5 에티하드 항공
4 캐세이퍼시픽 항공
6 오만 항공

항공사별 기출 완전 분석! 다양한 최신 기출문제

주요 항공사의 기출문제들을 통해 면접관의 질문 의도를 완벽하게 분석하고 올바른 답변 방향 제시

유형별로 면접 과정까지 자세히 알려 드려요!

MP3 파일

파이널 인터뷰 샘플 답변에 한해서 녹음 파일을 제공하고 있습니다.
MP3 파일은 혜지원 홈페이지 자료실에서 무료로 다운로드받으실 수 있습니다.
(http://www.hyejiwon.co.kr)

머리말

손하림

"30살에 지구별 여행자가 되다."

28살의 가을, 나는 오랜 꿈이었던 '지구별 여행자'가 되기 위해 안정된 직장을 그만두고 외항사 승무원 도전을 시작했다. 몇 년의 고민 끝에 어렵게 내린 결정이었다. 돈이나 안정된 미래 등을 이유로 더 이상 내 시간과 행복을 저당 잡히고 싶지 않았다. 소중한 내 인생은 단 한 번뿐이니까.

28살이라는 적지 않은 나이에 해외 경험도 전무했기에 쉽지 않은 도전이었다. 승무원 준비를 했던 1년은 내 인생의 어느 때보다 막막했지만 치열했고 열정이 넘쳤던 시기였다. 인생 처음으로 실패와 탈락으로 가득한 1년의 시간을 보낸 후에야 비로소 합격의 기쁨을 누릴 수 있었다. 그렇게 30살에 열린 내 인생의 2막은 자유와 행복으로 가득했다.

그때 포기하지 않았기에 나는 나의 평생 친구이자 여행 파트너 지윤이와 민아 언니를 만날 수 있었고, 하루하루 가슴 떨리고 신나는 삶을 살 수 있었다. 안정된 삶을 포기한 오래 전의 그 선택을 나는 단언컨대 단 1분 1초도 후회해 본 적이 없다. 넓은 세상에서 좋은 사람들과 우정을 쌓고 전 세계를 여행하는 지구별 여행자로 사는 것이 너무도 행복했으니까.

그때도 지금도, 승무원이 되는 길은 결코 쉽지 않다. 이 책이 예비 승무원 분들께 길잡이로서 조금이나마 도움이 된다면 더없이 기쁠 것 같다. 꿈을 이루는 데 필요한 건 '용기'와 '열정' 그리고 '끈기' 이 세 가지이다. 이 책을 읽는 여러분 모두가 꿈꾸는 대로 삶을 만들어 나가기를 마음을 담아 응원한다.

Trust me!

송민아

"Never stop believing in yourself!"

외항사 승무원이 되겠다며 인터뷰 준비를 시작했던 내 나이 30. 본격적으로 준비한 지 6개월 만에 골든콜을 받고 이후 7년 6개월 동안 경험한 비행. 항공사 입사, 이직, 부사무장으로의 승진. 항공사에서 일하며 많은 것을 경험했던, 행복으로 가득찼던 나의 30대.

나의 외항사 면접 준비 기간을 두 단어로 설명하라고 한다면 '열정과 열심'이다. 그냥 미쳐서 살았던 기간이고 또한 행복했던 시기였다. 곧 승무원이 될 것만 같았기에, 준비하면서도 힘들기보다는 마냥 설레었다. 정말 많은 노력들을 했지만 그중에서도 제일 잘했다고 생각하는 것은, 나 자신을 꾸준히 믿은 것이다. 1차 면접에서 여러 번 떨어져도 크게 낙담한 적은 없는 것 같다. 무슨 자신감에서인지, 내가 승무원이 될 것이라는 생각을 의심해 본 적이 없었다.

유치하긴 하지만 나는 방의 전신 거울에 "나는 승무원이다."라고 적어 놓고 매일 그 글을 보았으며, 에티하드 항공으로 이직하기 위해 면접 준비를 할 때는 에티하드 항공의 승무원 유니폼 사진을 출력해서 내 얼굴을 오려 붙인 후, 방 여기저기에 붙여 놓기도 했었다. 그리고 매일 밤 잠들기 전에는 합격했다는 소식을 듣는 나의 모습을 구체적으로 상상하며 잠이 들고는 했다. 내가 하고자 하는 말은 결코 자만하라는 말이 아니다. 다만 자신감을 가지라는 의미이다. 항상 내가 학생들에게 첫 수업을 할 때는, 나도 했으니 누구나 될 수 있다고 이야기하며 자신감을 심어 준다. 정말로 내가 했던 만큼 준비하면 합격할 수 있다고 생각한다. 하지만, 내가 했던 만큼 하는 것, 그것이 결코 만만한 것은 아니다. 승무원이라는 직업에 대한 열정이 필요하고 그만큼의 노력도 많이 필요하다. 그러나 제일 중요한 것은 나와 나의 능력을 믿는 것이다. 이 책을 읽으며 승무원을 꿈꾸는 모든 예비 승무원들이 자신감을 갖고 준비해서 곧 날개를 달기를 바란다. Never stop believing in yourself!

머리말

최지윤(빅키)

"최선을 다해 노력해 볼 만한
가치가 있는 꿈, 승무원."

승무원이 되기 위한 과정

촌스럽게 들릴지 모르겠지만, '외국 항공사의 승무원이 되고 싶다.'라는 꿈을 가진 후, 나는 서울 상경을 결심했다. 경주라는 작고 평화로운 도시에서 태어나서 큰 불만 없이 28년을 살았지만, 외항사 준비를 시작하면서는 상황이 달라졌다. 전문적이고 체계적인 교육 기관, 영어를 계속 사용할 수 있는 환경, 그리고 같이 치열하게 준비할 꿈 동지들이 필요했기에 과감하게 캐리어 2개에 짐을 넣은 뒤 고향을 떠나 서울에 발을 디뎠다.

그렇게 서울에 올라온 후, '내가 살면서 무엇인가를 얻기 위해 이렇게까지 최선을 다해 본 적이 있었던가?' 싶을 만큼 열심히 하루하루를 보냈다. 서울에 올라왔을 때는 한국 나이로 29살이었기에, 더 이상 물러설 곳도 없다는 마음으로 내 꿈을 향한 준비에만 전념했다. 외국으로 유학을 다녀온 것도 아니며, 영어를 전공한 것도 아닌 내가 외항사 승무원이라는 꿈을 이룰 수 있었던 것은, 누구보다도 절실히 내 꿈을 이루기 위해서 노력한 덕분이 아닐까? 물론 그때 만났던 많은 꿈 동지들도 정말 힘이 되어 주었다(feat. 하림이, 혜림이).

실패를 기회로 바꾸다

정말 비밀인데, 나는 외국 항공사 면접에서 열 번도 넘게 떨어졌다. 그러나 많이 떨어져도 포기하지 않았다. 면접에서 떨어질 때마다 마음은 아팠지만, 답변은 점점 더 완성도가 있어지고, 면접장에서 면접관을 대하는 태도는 노련해졌다. 그러던 중 날씨도 좋고 운도 좋았던 2007년

12월의 어느 멋진 날에 걸프 항공에 최종 합격을 했었다. 그리고 그때부터 인생에서 가장 멋지고 아름다웠으며 신났던 6년을 보냈다. 진심으로 승무원이라는 직업은… 내 생각 그 이상으로 멋졌다. 나는 지금 갓난아기인 내 딸이 20년 후에 승무원이나 항공기 조종사가 되겠다고 한다면 두 팔 벌려 환영할 것 같다.

고민하기보다는 바로 시작하라!

승무원을 그만두고 한국에 정착한 이후로, 승무원을 꿈꾸는 수많은 사람들을 만났다. 그중 많은 이들은 "저는 외국 항공사 승무원이 너무 하고 싶어요. 하지만 나이가 너무 많아요.", "영어가 유창하지 않아요.", "키가 작아요." 등의 많은 고민들로 새로운 꿈을 제대로 시작하지 못했다. 29살의 최지윤이 현실에 안주해서 새로운 꿈을 꾸지 않았다면, 그 꿈을 위해 노력하지 않았다면, 2~3번의 탈락 후에 쉽게 내 꿈을 접었더라면 나는 세상이 이렇게 멋지고 아름다운 곳이라는 것을 몰랐을 것이다.

이 순간 승무원을 꿈꾸는 이가 있다면, 자신이 할 수 있는 만큼 최대치로 최선을 다해 노력해봤으면 좋겠다. 그럴 가치가 충분히 있다. 외항사 승무원이라는 직업은!

목차

Part 02 커버 레터 및 영문 이력서

Part 03 스몰 토크 및 센텐스 슈팅

목차

Part 06 파이널 인터뷰 기출 50

Let's go!

Part 01

항공사 채용 정보 및 영어면접 요령

Chapter 01

영어면접 용어 및 항공사 베이스

처음 항공사 면접에 도전하는 예비 승무원들에게 암호처럼 느껴지는 영어면접 용어 및 면접 단계들을 미리 알아보자!

1 항공사 영어면접 용어 미리 보기

• 이력서 제출(CV Drop)

이력서를 영어로 CV(Curriculum Vitae) 또는 Resume라고 한다. CV Drop이란 면접관에게 직접 이력서를 제출하는 것을 말한다.

• 스몰 토크(Small Talk)

원래 스몰 토크란 처음 만난 사람들이 친해지기 위해 나누는 짧은 대화를 의미한다. 주로 CV Drop과 동시에 스몰 토크를 하며 지원자의 친화력과 미소, 영어 실력을 평가한다.

예 이름의 의미, 현재 하는 일 등

• 센텐스 슈팅(Sentence Shooting)

지원자의 순발력과 영어 실력을 보기 위해 즉석에서 하는 다양한 주제의 영어 질문이다.

예 성공의 정의, 결혼의 장단점, 소개하고 싶은 한국 문화 등

• 파트너 소개(Partner Introduction)

2명씩 짝을 지어 3~5분 동안 대화를 나눈 후 자리에서 일어나 자신의 파트너를 소개하는 면접 방식이다.

• 비디오 면접(Video Screening)

면접관과의 직접 면접을 대신하는 온라인 화상 면접이다. 화상채팅 프로그램(스카이프 등) 또는 온

라인 면접 프로그램(HireVue 등)을 다운로드받아 사용한다.

• 그룹 디스커션(Group Discussion)

3~25명의 지원자가 한 조를 이루어 주어진 주제에 대해 정해진 시간 내에 토론하는 면접 방식이다.

• 롤플레이 질문(Role Play)

다양한 상황을 가정한 질문이나 역할극이다. 서비스 상황에 대한 질문이 주를 이룬다. 1차 면접부터 비디오 면접, 파이널 인터뷰까지 다양한 단계의 면접에서 실시되는 면접 방식이다.

예 와인을 손님에게 엎지른 경우 대처 방법

• 사진 묘사(Picture Description)

주어진 사진을 보고 사진의 배경이나 상황을 묘사하는 면접 방식이다. 주로 2차 면접 또는 파이널 인터뷰에서 실시한다.

• 영어 지문 읽기(Article Reading)

한국어 또는 영어로 된 기내 방송문이나 항공사 최신 뉴스 등의 짧은 글을 읽는 면접 방식이다.

• 파이널 인터뷰(Final Interview)

최종 단계의 심층 면접이다. 면접관은 지원자의 이력서에 기재된 경력에 대해 집중적으로 질문한다. 항공사에 따라 1~3명의 면접관이 참여하며 면접 시간도 15분~1시간 30분으로 다양하다.

핵심 TIP **외국 항공사 면접 시 일반적인 특징**

외국 항공사의 경우 일반적으로 서류 전형을 통과한 지원자에 한해서 **CV Drop(이력서 제출) → 그룹 디스커션 → 영어 테스트 → 파이널 인터뷰**로 이어지는 형태의 면접이 이루어진다. 물론 항공사에 따라서 그룹 디스커션과 디베이트를 모두 진행하기도 하고, 센텐스 슈팅이나 영어 지문 읽기 등을 진행하는 경우도 있다. 또한 예전과 다르게 비디오 면접이나 온라인을 이용한 영어 테스트 및 파이널 인터뷰를 진행하는 항공사가 점차 늘어나는 추세이다.

* 채용 절차는 항공사의 방침 및 면접관의 재량에 따라 변경이 가능하다.

2 한국인 채용 항공사와 거주지(BASE) 한눈에 보기

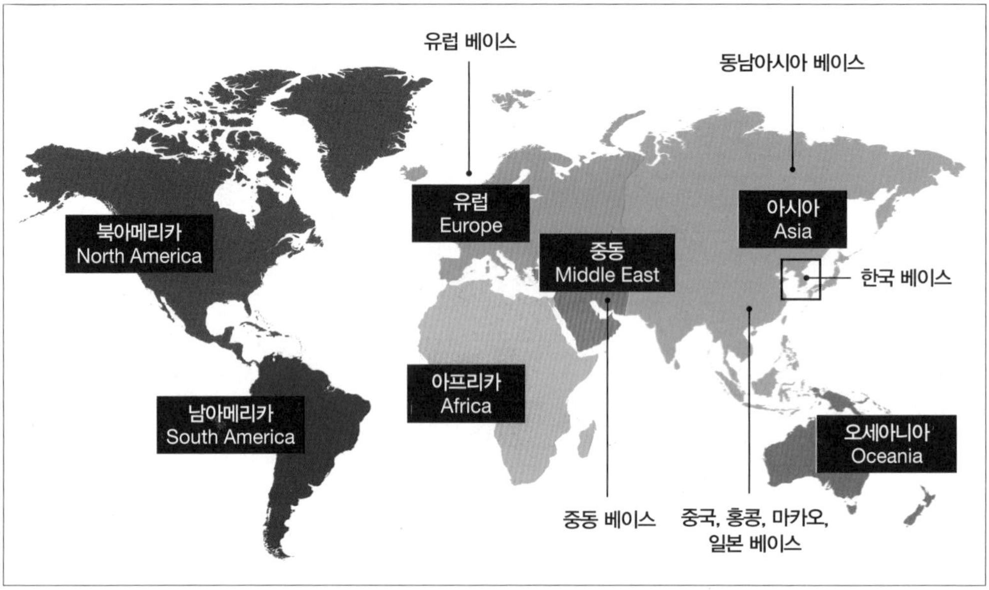

- **한국 베이스** 대한 항공, 아시아나 항공, 제주 항공, 진에어, 에어부산, 에어서울, 티웨이 항공, 핀에어, KLM 네덜란드 항공, ANA 항공, JAL(통역), 중국남방 항공, 필리핀 항공, 에어프랑스(통역), 알이탈리아 항공(통역)
- **중동 베이스** 에미레이트 항공(두바이), 플라이 두바이(두바이), 에티하드 항공(아부다비), 에어아라비아 항공(샤르자), 카타르 항공(도하), 오만 항공(무스카트), 걸프 항공(마나마), 쿠웨이트 항공(쿠웨이트), 사우디아 항공(제다, 리야드)
- **유럽 베이스** 루프트한자(프랑크푸르트)
- **동남아시아 베이스** 싱가포르 항공(싱가포르), 스쿳 항공(싱가포르), 젯스타 아시아(싱가포르), 에어아시아(쿠알라룸푸르), 에어아시아 엑스(쿠알라룸푸르), 베트남 항공(하노이, 호치민), 비엣젯 항공(하노이), 뱀부 항공(하노이)
- **중국, 홍콩, 마카오, 일본 베이스** 중국동방 항공(상하이), 하이난 항공(베이징), 캐세이퍼시픽 항공(홍콩), 캐세이드래곤 항공(홍콩), 홍콩 항공(홍콩), 마카오 항공(마카오), 피치 항공(간사이)

* 2020년 2월 기준

* 통역 : 외국인 승무원들과 한국인 승객들 사이의 원만한 소통을 돕는 기내 통역원 역할

Chapter 02 중동 항공사

지형적으로 유럽과 아시아의 중간에 위치해 있어 여행하기에 최적의 조건을 갖추고 있다. 신생 중동 항공사들은 역사는 길지 않으나 과감한 투자로 세계 최고 수준의 서비스와 시설, 직원 복지를 자랑한다. 베이서 항공사의 경우 다국적 팀과 전 세계를 누비는 이점을 누릴 수 있다.

1 에미레이트 항공(Emirates)

1985년에 창립한 중동의 대표 항공사이다. 우수한 기내 서비스와 최신 기종의 항공기, 빠른 성장세, 20년간의 지속적인 흑자 경영을 바탕으로 항공 업계를 선도하고 있다. 대형 항공기만을 운영하며 A380과 B777 기종을 가장 많이 소유하고 있는 항공사이다. 전 세계를 운항하는 글로벌 항공사로서, 채용 시 지원자의 영어 실력과 서비스 경력을 중요하게 여긴다. 또한 글로벌 환경에서 능동적으로 일할 수 있는, 긍정적이고 자신감 넘치며 유연한 사고를 가진 인재를 선호한다.

1 주요 정보

- 슬로건 : Fly Better
- 베이스 : 두바이

2 지원 자격

- 입사 시점 기준 만 21세 이상
- 암리치 212cm 이상, 신장 160cm 이상
- 고등학교 졸업자
- 영어에 능통한 자
- 유니폼 착용 시 보이는 문신이 없는 자

3 채용 절차

서류 전형 → 1차 면접(CV Drop 및 스몰 토크) → 2차 면접(그룹 디스커션, 온라인 영어 테스트) → 파이널 하이어뷰 화상 인터뷰

쌤들의 면접 팁

고난이도의 영어면접을 실시하는 항공사이다. 특히 파이널 인터뷰의 경우 인터뷰 시간이 30분~1시간 반 정도로 길고 한 질문에 여러 개의 꼬리 질문과 압박 질문을 받을 수 있으므로 일과 서비스 경력에 관한 답변 예시를 구체적으로 준비해야 한다.

2 카타르 항공(Qatar Airways)

1997년에 설립된 카타르의 국영 항공사이며 전 세계에서 가장 빠르게 성장하고 있는 항공사이다. 최신 기종의 항공기와 최고의 서비스로 세계 160여 곳의 도시를 연결하고 있다. 짧은 역사에도 불구하고, 스카이트랙스가 선정한 5성급 항공사이며 2019년에 항공 업계 최초로 올해의 항공사상을 다섯 번 수상했다.

1 주요 정보

- 슬로건 : Going Places Together
- 베이스 : 도하

2 지원 자격

- 만 21세 이상
- 암리치 212cm 이상
- 고등학교 졸업자
- 영어에 능통한 자

3 채용 절차

서류 전형 → 1차 면접(CV Drop 및 스몰 토크) → 2차 면접(영어 테스트, 센텐스 슈팅, 그룹 디스커션)

→ 파이널 인터뷰

쌤들의 면접 팁

이미지를 상대적으로 많이 보는 항공사이므로 1차 면접인 CV Drop 단계에서 좋은 인상을 주는 것이 가장 중요하다. 또한 피부와 상처 유무 확인을 까다롭게 하므로 미리 관리하자. 다양한 스몰 토크 및 센텐스 슈팅 질문에 대비해서 영어 구사 능력을 키우는 것도 필요하다.

3 에티하드 항공(Etihad Airways)

2003년에 설립된 아랍 에미리트의 국영 항공사이다. 특히 1등석 부문에서 최고의 시설과 서비스로 유명하며, 퍼스트 클래스보다 한 단계 높은 Residence 클래스를 항공업계 최초로 선보인 바 있다. Butler, Inflight Chef와 Flying Nanny 서비스 등 각 클래스별로 혁신적이고 차별화된 서비스를 제공한다.

1 주요 정보

- 슬로건 : Choose Well
- 베이스 : 아부다비

2 지원 자격

- 입사 시점 기준 만 21세 이상
- 암리치 212cm 이상
- 고등학교 졸업자
- 영어에 능통한 자
  * 기타 외국어 구사자 우대
- 구명조끼를 착용하고 수영이 가능한 자
- 유니폼 착용 시 보이는 문신이나 피어싱이 없는 자
- 범죄 기록이 없는 자

3 채용 절차

서류 전형 → 1차 면접(영어 테스트, CV Drop 및 스몰 토크, 그룹 디스커션) → 파이널 인터뷰

쌤들의 면접 팁

승무원의 여러 자질 중 특히 팀워크를 중요시하는 항공사이므로, 면접 시 그룹 디스커션에서 협동심 및 자신감 있는 태도를 보여 주는 것이 중요하다.

4 오만 항공(Oman Air)

1993년에 창립된 오만의 국영 항공사이다. 중동의 다른 항공사들처럼 빠른 성장이 특징이며, 일부 노선에서 기내 휴대폰 통화, SMS, 무선 인터넷 서비스를 세계 최초로 제공한 항공사이다. 남승무원은 오만 국적 소유자만 지원이 가능하다.

1 주요 정보

- 슬로건 : Modern Vision, Timeless Traditions, First Choice Airline
- 베이스 : 무스카트

2 지원 자격

- 만 21~31세
- 신장 157cm 이상
- 고등학교 졸업자
- 영어에 능통한 자
- 신체가 건강하고 구명 기구 없이 수영이 가능한 자

3 채용 절차

서류 전형 → 1차 스카이프 화상 면접 → 2차 현지 대행사 면접 → 3차 면접(영어 테스트, 그룹 디스커션, 파이널 인터뷰)

* 최근 몇 년 동안 주로 인도네시아와 말레이시아 등지에서 대행사 채용을 실시하고 있다.

쌤들의 면접 팁

잘 웃고 친화력 있는 지원자를 선호한다. 피부를 많이 보는 항공사이므로 평소 피부 관리에 신경을 쓰도록 한다.

5 걸프 항공(Gulf Air)

1950년에 설립된 바레인의 국영 항공사이며 중동에서 역사가 가장 깊은 항공사이다. 기내 Sky Nanny 서비스와 Sky Chef 서비스를 최초로 도입했다. 남승무원은 아랍 국적 소유자만 지원이 가능하다.

1 주요 정보

- 슬로건 : Your Network, Your World
- 베이스 : 마나마

2 지원 자격

- 입사 시점 기준 만 20세 이상
- 신장 157cm 이상
- 고등학교 졸업자
- 영어에 능통한 자
- 구명 기구 없이 50m 수영이 가능한 자
- 유니폼 착용 시 보이는 문신이나 상처가 없는 자

3 채용 절차

서류 전형 → 1차 한국 대행사 면접 → 2차 중동 대행사 면접 → 3차 면접(영어 테스트, 그룹 디스커션, 파이널 인터뷰) → 수영 테스트

쌤들의 면접 팁

팀워크가 좋기로 유명한 항공사이므로 면접 시 친화력 있는 태도와 팀워크를 보여 주는 것이 중요하다.

6 쿠웨이트 항공(Kuwait Airways)

1954년에 설립된 쿠웨이트의 항공사이다. 국영 항공사였으나 2012년에 민영화되었다.

1 주요 정보

- 슬로건 : Earning Your Trust
- 베이스 : 쿠웨이트 시티

2 지원 자격

- 입사 시점 기준 만 20~32세
- 신장 160cm 이상
- 고등학교 졸업자
- 영어에 능통한 자
  * 기타 외국어 구사자 우대

3 채용 절차

서류 전형 → 1차 한국 대행사 면접 → 2차 중동 대행사 면접(CV Drop 및 스몰 토크, 영어 테스트, 그룹 디스커션, 파이널 인터뷰) → 3차 쿠웨이트 현지 면접(영어 테스트, 파이널 인터뷰)

쌤들의 면접 팁

쿠웨이트 현지 면접이 별도로 실시되므로 마지막까지 긴장을 늦추지 않는 것이 중요하다.

Chapter 03 유럽 항공사

오랜 역사와 전통을 자랑하며 직원 중심의 수평적인 근무 환경과 높은 수준의 복지, 적은 비행 시간에 비해 높은 연봉이 특징이다. 한국 국적의 승무원의 경우 인천에서 해당 항공사 베이스로의 단일 노선을 운항하는 경우가 많다.

1 KLM 네덜란드 항공(KLM)

KLM 네덜란드 항공은 1919년에 설립된 네덜란드의 국영 항공사이다. 한 세기 동안 항공 산업의 개척자 역할을 한 KLM 항공은 본래 이름으로 현재까지 운영되고 있는 가장 오래된 항공사이며, 세계 최초로 기내에 승무원이 탑승한 항공사이다. 2004년 5월에 프랑스의 항공사인 에어프랑스가 인수를 하면서 에어프랑스-KLM의 자회사가 되었다. 한국 국적의 승무원은 인천-암스테르담 노선만을 운항하며, 2년 계약직이지만 복지와 연봉 조건이 좋아서 많은 예비 승무원들이 선망하는 항공사이다.

1 주요 정보

- 슬로건 : Journeys of Inspiration
- 베이스 : 암스테르담

2 지원 자격

- 만 21세 이상
- 고등학교 졸업자
- 교정시력 1.0 이상
- 영어에 능통한 자

3 채용 절차

서류 전형 → 1차 한국 대행사 면접(스몰 토크, 사진 묘사) → 2차 본사 면접관 면접(그룹 개별 질문 및

공통 질문, 파이널 인터뷰)

쌤들의 면접 팁

1차 서류 전형의 경우 공인 영어 시험 고득점자가 많이 합격하는 편이므로 공인 영어 성적을 미리 준비해 두는 것이 좋다. 영어 실력과 자신감 있는 태도가 중요하다.

2 루프트한자(Lufthansa)

1953년에 설립된 독일의 국책 항공사이다. 유럽에서 가장 큰 규모의 항공사이며 동시에 여러 유럽 항공사들을(스위스 국제 항공, 오스트리아 항공 등) 보유하고 있다. 최장 3년의 출산 휴가 사용이 가능하며 근무 6년 후 독일어 시험을 통과하면 영주권을 취득할 수 있다. 한국인 승무원은 인천-프랑크푸르트 노선만 운항한다.

1 주요 정보

- 슬로건 : Nonstop You. Lufthansa
- 베이스 : 프랑크푸르트

2 지원 자격

- 나이 제한 없음
- 신장 160cm 이상
- 4년제 대학 졸업자
- 영어에 능통한 자
  * 독일어 기초 회화 가능자 우대
- 최소 25m 이상 수영이 가능한 자

3 채용 절차

서류 전형 → 1차 스카이프 화상 면접 → 2차 면접(롤플레이, 파이널 인터뷰)

쌤들의 면접 팁

루프트한자 최종 합격자의 경우, 공인 영어 시험 고득점자 및 해외 경험이 있는 지원자들이 많은 편이다. 유럽 항공사인 만큼 외국어 실력은 기본으로 갖추어야 하며 해외 경험과 서비스 경험을 위주로 질문하므로, 예상 답변을 철저히 준비해 두자.

3 핀에어(Finnair)

핀에어는 1923년에 설립된 핀란드의 국영 항공사이다. 원월드의 창립 멤버이며, 세계에서 가장 안전한 항공사로 유명하다. 한국 국적 승무원의 베이스는 한국이며 인천–헬싱키 노선을 운항한다. 외항사로서는 드물게 종신 계약직이며 복지 조건이 좋아 직원들의 근속 연수가 가장 긴 항공사 중 한 곳이다.

1 주요 정보

- 슬로건 : The Fast Airline between Europe and Asia
- 베이스 : 헬싱키

2 지원 자격

- 나이 제한 없음
- 암리치 218cm 이상
- 신장 160cm 이상
- 고등학교 졸업자
- 교정시력 0.7 이상
- 영어에 능통한 자
  * 핀란드어 및 기타 외국어 구사자 우대
- 최소 50m 이상 수영이 가능한 자
- 시청각에 이상이 없는 자
- 보이는 곳에 문신 또는 피어싱이 없는 자

3 채용 절차

서류 전형 → 1차 면접 → 2차 면접 → 온라인 필기 테스트 → 파이널 인터뷰

쌤들의 면접 팁

보통 2~3년에 한 번씩 10~20명 정도의 한국인 승무원을 채용하는데 영어 실력뿐 아니라 서비스 마인드와 순발력도 중시한다. 주로 지원자들의 경력과 업무 위주의 질문을 많이 하므로 이런 부분을 위주로 답변 준비를 하자.

Chapter 04 아시아 항공사

오랜 전통과 수준 높은 기내 서비스를 자랑하는 싱가포르 항공, 캐세이퍼시픽 항공을 필두로 에어아시아, 하이난 항공 등이 최신 기종의 비행기와 합리적인 가격을 내세워 아시아 승객뿐 아니라 전 세계 승객들의 많은 사랑과 신뢰를 받고 있다. 아시아 항공사는 지원자의 영어 실력뿐만 아니라 중국어나 일본어 능력을 필수로 요구하거나 우대하기도 한다. 중동 항공사와 유럽 항공사의 채용 조건에 비해서 지원자의 암리치 기준이 낮은 편이므로, 상대적으로 키가 크지 않은 지원자들도 충분히 지원이 가능하다.

1 싱가포르 항공(Singapore Airlines)

"최초의 시도가 최고의 항공사를 만든다."라는 말을 내세우는 싱가포르 항공은 아시아 최초 항공업계 진출, 세계 최초 헤드셋 무료 제공, 세계 최초 이코노미 클래스 기내식 제공 등 '최초'라는 단어를 빼고는 설명할 수가 없는 항공사이다. 세계에서 상을 가장 많이 받는 항공사로도 유명하다. '싱가포르 걸'이라고 불리는 싱가포르 항공의 승무원들은 싱가포르 항공이라는 브랜드를 대표하는 동시에 럭셔리한 서비스와 아시아식 환대를 상징한다.

1 주요 정보

- 슬로건 : A Great Way to Fly
- 베이스 : 싱가포르

2 지원 자격

- 신장 158cm 이상
- 4년제 대학 졸업자(혹은 졸업 예정자)
- 영어에 능통하며 서비스 마인드가 있는 자

3 채용 절차

서류 전형 → 1차 비디오 면접 → 2차 면접(그룹 디베이트, 영어 지문 읽기, 영어 테스트) → 파이널 인터뷰

쌤들의 면접 팁

활발하고 통통 튀는 이미지보다는 침착하고 여성스러운 이미지를 선호하는 항공사이다. 피부 및 상처 유무를 상당히 꼼꼼하게 확인하므로 면접 전부터 피부 관리에 신경을 쓰도록 하자. 파이널 인터뷰 시 유니폼인 사롱 케바야를 입고 면접을 진행하므로, 걸음걸이 및 자세에 신경 써서 면접에 임한다. 파이널 인터뷰에서는 영어 질문과 한국어 질문을 동시에 받게 된다. 중국어 구사가 가능한 지원자의 경우 중국어 질문을 받는 경우도 있다.

2 캐세이퍼시픽 항공(Cathay Pacific Airways)

홍콩과 아시아를 대표하는 프리미엄 항공사인 캐세이퍼시픽 항공은 1946년에 창설되었다. 항공 동맹인 원월드에 가입되어 있으며, '진취성, 세심함, 할 수 있다는 정신' 이 세 가지를 기반으로 많은 신뢰와 사랑을 받고 있는 항공사이다.

1 주요 정보

- 슬로건 : Move Beyond
- 베이스 : 홍콩

2 지원 자격

- 만 18세 이상
- 암리치 208cm 이상
- 고등학교 졸업자
- 영어에 능통한 자
- 홍콩 거주가 가능한 자

- TOEIC 점수 L/C와 R/C 각각 350점 이상
- 남성 지원자의 경우 군필 또는 면제인 자

3 채용 절차

서류 전형 → 1차 비디오 면접 → 2차 면접(한국어 지문 및 기내 방송문 읽기, 영어 지문 읽고 요약, 롤플레이, 파이널 인터뷰)

쌤들의 면접 팁

친절하고 상냥한 이미지를 가진 지원자를 선호하므로 비디오 면접을 포함한 모든 면접 절차에서 미소와 상냥한 태도를 보여 주도록 한다.

3 하이난 항공(Hainan Airlines)

하이난 항공은 중국에서 가장 큰 민영 항공사로 90여 곳의 도시를 연결하며 600여 개의 노선을 갖고 있는 5성급 항공사 중 하나이다. 하이난 항공은 2017년에 디자이너인 로렌스 쉬가 디자인한 새로운 유니폼을 선보였는데, 푸른색이 더해진 치파오 형태의 유니폼이 동양미를 더 돋보이게 한다. 하이난 항공은 다른 중국 항공사와는 달리 중국어가 아닌 100% 영어로 면접이 진행된다.

1 주요 정보

- 슬로건 : Cherished Experience and "Fly your dreams"
- 베이스 : 베이징

2 지원 자격

- 암리치 212cm 이상
- 2년제 대학 이상 졸업자(혹은 졸업 예정자)
- 눈에 띄는 문신, 피부 상처가 없는 자
- 범죄 이력이 없는 자

  * 중국어, 일본어 구사자 우대

3 채용 절차

서류 전형 → 1차 면접(그룹 디스커션) → 파이널 인터뷰 → 신체검사

쌤들의 면접 팁

하이난 항공은 지원자의 자연스러움을 중요시하여 지원 시 지원자의 생활 사진 첨부를 요구한다. 면접 시 자연스러운 미소와 자신감 있는 태도를 유지해야 한다. 2차 면접의 경우 서서 진행되며 이때 지원자들의 자세를 유심히 본다고 하니 이를 염두에 두고 면접에 임하자.

4 에어아시아(Air Asia)

'아시아 저비용 항공계의 선구자'라는 수식어가 잘 어울리는 에어아시아는 말레이시아 국적의 아시아 최대 저비용 항공사(LCC)이다. 전 세계적으로 인정받은 아세안 브랜드이며, 비용을 낮추고 서비스 수준을 향상시키는 기술을 적극 도입함으로써 저비용 항공사임에도 불구하고 높은 품질의 서비스를 제공하는 것이 특징이다.

1 주요 정보

- 슬로건 : Now Everyone Can Fly
- 베이스 : 말레이시아, 태국, 인도네시아, 필리핀

2 지원 자격

- 만 18세 이상
- 신장 157cm 이상
- 2년제 대학 이상 졸업자(혹은 졸업 예정자)
- 손과 다리에 눈에 띄는 피부 상처가 없는 자

3 채용 절차

서류 전형 → 1차 면접(CV Drop 및 스몰 토크, 영어 테스트) → 파이널 인터뷰 → 신체검사

쌤들의 면접 팁

자유로움을 추구하는 에어아시아는 개성과 재능이 있는 지원자를 선호하므로, 장기자랑으로 노래와 춤을 준비해 가는 지원자들이 많으며 그러한 지원자의 합격률이 높은 편이니 준비해 가는 것이 좋다.

5 홍콩 항공(Hong Kong Airlines)

2006년에 설립된 홍콩 항공은 최신 기종의 비행기를 많이 보유하고 있으며 회사 분위기도 젊고 현대적이다. 2015년에 세계 기내 서비스상을 수상했으며 아시아, 태평양, 북아메리카 전역에 걸쳐 40여 개의 노선을 가지고 있다. 회사의 로고는 홍콩의 상징인 자형화에서 영감을 받았다.

1 주요 정보

- 슬로건 : Where Hong Kong Begins
- 베이스 : 홍콩

2 지원 자격

- 만 18세 이상
- 암리치 210cm 이상
- 4년제 대학 졸업자(혹은 졸업 예정자)
- 영어에 능통하며, 아시아 언어를 하나 이상 구사할 수 있는 자
  * 중국어 구사자 우대
- 긍정적인 태도와 서비스 마인드가 있는 자

3 채용 절차

서류 전형 → 1차 비디오 면접 → 2차 면접(그룹 디스커션, 자기소개, 영어 테스트) → 파이널 인터뷰

쌤들의 면접 팁

아시아계 항공사인 만큼 그룹 디스커션 시 예의 바르고 경청하는 태도를 중시한다. 파이널 인터뷰에서

는 일과 서비스 경험에 대한 질문을 주로 하니, 이에 대한 예상 답변을 중점적으로 준비하자.

6 마카오 항공(Air Macau)

1994년에 설립된 마카오 항공은 마카오를 기점으로 중국 내륙의 13곳의 도시와 6곳의 인터라인 도시로 취항하고 있다. 지리적 이점을 이용해서 세계의 주요 도시와 중국 내륙 사이를 편리하게 연결하여 운항하고 있다. 한국인 승무원은 인천-마카오 구간을 비롯한 전 구간에 탑승한다.

1 주요 정보

- 베이스 : 마카오

2 지원 자격

- 나이 제한 없음
- 암리치 206cm 이상
- 2년제 대학 이상 졸업자
- 영어에 능통한 자
  * 중국어, 일본어 구사자 우대
- 여러 국적의 사람들과 잘 어울릴 수 있는 자
- 시력이 좋으며 피부가 깨끗한 자

3 채용 절차

서류 전형 → 1차 면접(그룹 디스커션, 기내 방송문 읽기 및 관련 질문) → 2차 면접(그룹 디스커션, 영어 테스트) → 파이널 인터뷰

쌤들의 면접 팁

토론 면접 시, 지원자의 유연하고 창의적인 사고를 요구하는 문제가 출제되는 경향이 있다.

7 중국동방 항공(China Eastern)

1988년에 창립된 중국동방 항공은 400여 대의 보유 항공기로 200여 곳의 도시를 취항한다. 규모 면에서는 중국남방 항공이 더 크지만 시장 가치로는 중국 내 1위라는 평을 듣고 있는 항공사이며, 항공 동맹인 스카이팀의 멤버이다. 중국동방 항공의 로고는 제비이다.

1 주요 정보

- 슬로건 : Traveling the Globe, Making Dreams Come True
- 베이스: 상하이

2 지원 자격

- 기내 안전 및 서비스 업무에 적합한 신체 조건을 갖춘 건강한 자
- 2년제 대학 이상 졸업자
- 나안시력 0.1 이상(난시 불가), 교정시력 1.0 이상
- 영어 TOEIC 550점 이상(혹은 TOEIC speaking 레벨 6 이상이나 OPIC IM 이상), 중국어 HSK 3급 이상(혹은 OPIC IL 이상)
- 남성 지원자의 경우 군필 또는 면제인 자
- 해외여행 결격 사유가 없는 자

3 채용 절차

서류 전형 → 1차 면접 → 2차 면접 → 3차 면접 → 파이널 인터뷰 → 신체검사

쌤들의 면접 팁

중국동방 항공은 한국어, 영어, 중국어로 면접이 진행된다. 중국어 공인점수인 HSK 3급 이상만 지원이 가능하고, 면접에서도 점차 지원자의 중국어 실력을 더 요구하는 추세이므로 중국어 공부를 미리 해 두자. 중국인들이 가장 선호하는 색상이며 유니폼 색상이기도 한 빨간색을 면접 시의 복장이나 네일 컬러, 립 컬러 등으로 사용해 보자.

8 중국남방 항공(China Southern Airlines)

중국남방 항공은 1989년에 광저우에 기반을 두고 운항을 시작한 항공사이다. 중국 내에서도 성장 속도가 굉장히 빠른 항공사로 항공 동맹인 스카이팀의 일원이다. 또한 4성급 항공사이며, 중국 항공사 중 최초로 A380 여객기 운항을 시작했다. 중국남방 항공의 로고는 붉은 목면화이다. 광저우의 시화이기도 한 붉은 목면화가 푸른 창공에 활짝 핀 모습으로, 늘 환한 이미지로 승객을 목적지까지 안전하게 모시겠다는 항공사의 서비스 이념이 형상화된 것이라고 한다.

1 주요 정보

- 슬로건 : Fly Your Dreams
- 베이스: 광저우

2 지원 자격

- 나이 제한 없음
- 신장 163cm 이상 175cm 이하
- 2년제 대학 이상 졸업자(혹은 졸업 예정자)
- 영어 TOEIC 600점 이상 또는 중국어 HSK 4급 이상
- 학업 성적이 우수하고 해외여행에 결격 사유가 없는 자
- 본인 포함 가족 또는 친지 중 범죄 이력을 가진 사람이 없는 자

3 채용 절차

서류 전형 → 1차 면접 → 2차 면접 →최종 면접 → 신체검사

쌤들의 면접 팁

서류 합격률이 20% 정도이므로 한국어 및 중국어 이력서와 자기소개서를 신경 써서 준비하자. 영어, 중국어, 한국어로 면접이 진행되며, 바른 자세를 보기 위해 척추 측만증 검사도 시행하니 평소 바른 자세를 위해 노력하도록 한다.

Chapter 05

국내 항공사

한국을 베이스로 하며, 메이저 항공사의 경우 육아 휴직 등의 복지가 잘 되어 있어 직원들의 근속 연수가 긴 편이다.

저비용 항공사 면접 시, 저가 항공사로 표현하는 실수는 하지 말자. 흔히 LCC(Low Cost Carrier)라고 불리는 저비용 항공사는 저렴한 티켓을 판매하는 '저가' 항공사가 아닌 '저비용' 이라는 경영 모델을 가지고 운영하는 새로운 모델의 항공사를 말한다.

1 대한 항공(Korean Air)

1969년에 창립해서 2019년에 창립 50주년을 맞은 대한 항공은 한국 최초의 메이저 항공사로서 한국을 대표하는 항공사이다. '세계 항공업계를 선도하는 글로벌 항공사'라는 비전과 변화 지향적인 기업 문화, 고객 감동과 가치 창출, 최상의 운영체제를 목표로 하는 항공사로서 100여 대의 여객기를 보유하고 있으며 약 2만 명이 근무하고 있다. 또한 항공 동맹인 스카이팀의 멤버이기도 하다. 자회사로 저비용 항공사(LCC)인 진에어가 있다.

1 주요 정보

- 슬로건 : Excellence in Flight

2 지원 자격

- 나이 제한 없음
- 신장 162cm 이상
- 2년제 대학 이상 졸업자
- TOEIC 550점 이상(혹은 TOEIC speaking 레벨 6 이상이나 OPIC IM 이상)
- 교정시력 1.0 이상

3 채용 절차

서류 전형 → 1차 면접(실무 면접) → 2차 면접(임원 면접, 영어 구술 면접) → 체력 및 수영 검정 → 최종 면접 → 건강 진단

쌤들의 면접 팁

임원 면접 시 1:1 영어면접도 함께 진행된다. 영어면접은 영어 질문 2~3개와 영어 기내 방송문 읽기로 진행되며, 앉은 상태에서 면접이 이루어지므로 자연스러운 미소와 더불어 바른 자세로 앉아 있는 것도 중요하다.

2 아시아나 항공(Asiana Airlines)

대한민국 유일의 5성급 항공사이며, 항공 동맹인 스타얼라이언스의 멤버이다. 아시아나 항공은 다양하고 참신한 서비스로 국내외의 전문 기관에서 상당히 높은 평가를 받고 있다. 기내 특화 서비스인 매직팀, 챠밍팀, 딜라이터스팀, 그리고 차일드 서비스가 인상적이다. 자회사로 저비용 항공사(LCC)인 에어부산과 에어서울이 있다.

1 주요 정보

- 슬로건 : 세계로 나가는 아름다운 동행(A Beautiful Way to the World)

2 지원 자격

- 나이 제한 없음
- 신장 162cm 이상
- 2년제 대학 이상 졸업자(혹은 졸업 예정자)
- 교정시력 1.0 이상
- TOEIC 550점 이상

  * 영어 구술(TOEIC Speaking, OPIC 등) 성적 우수자 우대

3 채용 절차

서류 전형 → 1차 면접(실무 면접) → 2차 면접(임원 면접, 영어 구술 면접) → 건강 검진(체력 측정, 인성 검사) → 최종 면접

쌤들의 면접 팁

아시아나 항공은 TOEIC Speaking 레벨 5나 OPIC 점수 IL이 있을 경우 영어면접이 면제된다. 영어 면접에는 영어 기내 방송문이 포함되므로, 면접 전에 정확한 발음과 자연스러운 속도로 영어 기내 방송문 읽기 연습을 많이 해 두자.

3 진에어(Jin Air)

2008년에 설립된 진에어는 대한 항공이 출자한 대한민국의 저비용 항공사이다. 보유 항공기 수가 약 30대로, 저비용 항공사 중 제주 항공 다음으로 많은 항공기를 보유하고 있으며 30여 곳의 도시를 취항하고 있다. 청바지 유니폼으로 유명하며 2019년 7월부터는 치마로 제작한 유니폼도 제공한다.

1 주요 정보

- 슬로건 : Fly, Better Fly

2 지원 자격

- 나이 제한 없음
- 신장 162cm 이상
- 교정시력 1.0 이상
- TOEIC 550점 이상

3 채용 절차

서류 전형 → 1차 면접(실무 면접) → 2차 면접(임원 면접, 영어 면접) → 건강 검진 및 체력 측정

쌤들의 면접 팁

지원자 5~6명에 2명의 면접관으로 이루어지는 진에어 영어면접은 공통 질문과 개별 질문 그리고 영어 기내 방송문 읽기로 진행된다. 간혹 꼬리 질문과 영어 롤플레이 질문이 출제되기 때문에 영어면접 난이도가 다소 높다고 느낄 수도 있으나, 면접장은 편안하고 부드러운 분위기라고 하니 너무 긴장하지 말고 침착하게 면접에 임하자.

4 제주 항공(Jeju Air)

제주 항공은 2005년에 설립된, 빠르게 성장하고 있는 저비용 항공사이다. 본사는 제주도에 위치하고 있으며 50여 대의 보유기로 60여 곳의 도시를 취항하고 있다. LCC 항공 동맹인 밸류 얼라이언스의 멤버이다. Fun & Joy의 기업 문화를 바탕으로 밝고 건강한 이미지, 유니폼이 잘 어울리는 지원자를 선호하며, 어학 능력자 및 비행 경력이 있는 지원자를 우대한다.

1 주요 정보

- 슬로건 : New Standard, JEJUair

2 지원 자격

- 나이 제한 없음
- TOEIC 550점 이상(혹은 TOEIC Speaking 레벨 5 이상)

3 채용 절차

서류 전형 → 인성 검사 → 1차 면접 → 2차 면접(임원 면접, 체력 측정) → 신체검사

쌤들의 면접 팁

제주 항공의 경우 영어면접이 따로 진행되지는 않고 일반 면접 시 영어로 질문을 할 때가 있다. 때문에 만일에 대비해서 기본적인 자기소개 및 지원 동기 등은 영어로 준비해 두자.

5 티웨이 항공(T'way Air)

2010년에 설립된 티웨이 항공은 30여 대의 항공기를 보유하고 있는 저비용 항공사이다. 승무원 채용 시에는 국제선 경험자와 해당 분야의 관련 자격증 소지자, 외국어 능력이 우수한 지원자를 우대한다.

1 주요 정보

- 슬로건 : Happy T'way it's Yours

2 지원 자격

- 나이 제한 없음
- 공인 영어 시험 성적 소지자(TOEIC 600점 이상, TOEIC Speaking 레벨 5 이상, OPIC IM 이상 중 하나)

  * 외국어 능력 우수자 우대
- 신체검사 기준에 결격 사유가 없는 자

  * 해당 분야 관련 자격증 소지자 우대

3 채용 절차

서류 전형 → 1차 면접 → 2차 면접 → 수영 테스트 → 3차 면접 → 신체검사

쌤들의 면접 팁

티웨이 항공은 1차 면접에서 영어 기내 방송문 읽기를 실시한다. 영어, 중국어, 일본어 중 영어는 기본으로 읽고 중국어와 일본어는 해당 언어 가능자만 읽는다. 영어 기내 방송문 읽기에서 중요한 것은 속도와 끊어 읽기 및 발음 등이므로 평소 자주 연습해 두자.

Chapter 06

항공사 영어면접을 위한 조언

하늘을 날아 보겠다는 꿈을 품은 예비 승무원이라면, 꼭 알아야 할 효과적인 면접 준비와 더 빠른 합격을 위한 단계별 조언!

1 준비 단계

1 희망 항공사 조사하기

영어면접 준비의 첫 단계는 지원하는 항공사에 대한 조사에서부터 시작한다(해당 항공사의 비전, 핵심 가치, 인재상, 차별화된 서비스, 최신 뉴스, 수상 경력, 사회 공헌 활동 등).

"왜 우리 회사에 지원했는지?", "우리 회사에 대해 아는 것이 있는지?"와 같은 항공사 면접 필수 질문에 대한 지원자의 관심과 열정을 보여 주는 인상 깊은 답변은 이러한 준비를 바탕으로 만들어진다는 사실을 명심하자.

2 나만의 강점(selling points) 파악하기

승무원의 직무와 관련된 나만의 강점 3~5가지를 정하고 모든 답변에 나의 강점을 녹여 낸다. 좋은 말을 근거나 일관성 없이 계속 나열하기보다는 '다른 지원자와 차별화할 수 있는' 핵심적인 강점을 부각시켜 본인을 어필하는 것이 좋다.

3 면접 답변 준비, 연습 또 연습!

대부분의 면접 질문은 예상이 가능하다. 내 이력서상의 경력과 해당 항공사 기출문제를 바탕으로 답변을 준비한다. 이후 나만의 답변이 완성되었다면 자연스럽게 이야기하듯이 대답할 수 있도록 연습한다. 면접 스터디에 참여하거나 핸드폰을 이용하여 녹화해서 연습하면 효과적이다. 이를 통해 답변 내용, 자세, 태도, 말하는 습관 등을 교정할 수 있다.

4 답변은 '나'의 경험과 행동을 바탕으로 준비하자

영어면접에서는 항상 경험에 대한 구체적인 예시를 요구한다. 동료와의 갈등, 고객 불만 해결 등 스토리텔링이 필요한 답변은 나의 경험을 구체적으로 녹여 내어 답변하자.

5 평소에 답변 준비뿐 아니라 자연스러운 영어 구사 능력을 키우자

영어면접의 기본은 영어 실력이다. 다양한 유형의 면접에 대비하기 위해서는 자연스러운 영어 구사 능력이 필요하므로 평소에 언어 교환 모임, 전화 영어, 다양한 영어 앱, 유튜브 등을 통해 영어 실력을 꾸준히 향상시키자.

6 첫인상도 미리 연습하고 준비하자

채용 담당자 또는 면접관은 지원자의 채용 여부를 처음 5분 이내에 결정한다는 연구 결과가 있다. 따라서 긍정적이고 인상적인 첫인상을 남기는 것이 중요하다. 좋은 인상은 하루아침에 만들어지는 것이 아니다. 좋은 첫인상을 주기 위해 평소에 거울을 보며 연습하거나, 녹화, 이미지 트레이닝 등으로 철저하게 준비하자.

2 실전 면접 단계

1 면접은 면접장으로 가는 길에서부터 시작된다

저자의 제자 중 1명은 면접 시작 전에 화장실에서 마주쳤던 사람이 면접관이었던 경험이 있다. 그 제자는 면접관에게 어떤 첫인상을 남겼을까? 평소에 무표정하다가 면접관 앞에서만 웃는 지원자가 되지 말자.

2 답변뿐 아니라 평소 생각과 행동도 긍정적으로 하자

그 누구도 불평하는 사람을 좋아하지 않는다. 지난 경험에 대해 이야기할 때 회사나 동료, 고객에 대한 부정적인 평가나 감정적인 태도는 피하고, 같은 이야기라도 부드럽게 돌려서 긍정적으로 말한다. 또한 면접에서 내가 긍정적인 사람이라는 것을 자연스럽게 보여 주고 싶다면, 평소의 생각과 행동도 긍정적으로 하자. 사람에게서 나오는 긍정적인 기운은 말하지 않아도 느낄 수 있다.

3 답변은 간결하고 명확하게!

답변을 길고 두서없이 이야기해서 소중한 면접 기회를 날려 버리지 말고, 본인이 하고자 하는 이야기를 조리 있게 풀어 내어 면접관이 본인에게 계속 집중할 수 있도록 하자. 면접의 핵심은 면접관과의 커뮤니케이션이다. 면접관의 질문을 정확히 파악해서 간결하고 임팩트 있게 답변하는 것이 중요하다.

3 면접 후 단계

1 절대 포기하지 말자

면접에서 실패했다 해도 끝까지 포기하지 말 것! 첫 지원에 합격하는 사람은 드물다. 대부분의 전 · 현직 승무원들도 여러 차례 실패를 경험한 후 승무원이 되었다. 좌절하지 말고 앞으로 보완할 부분에 집중하자.

핵심 TIP 항공사 이름, 제대로 알고 부르자!

만일 면접 시 대한 항공을 대한에어, 진에어를 진 항공이라고 부르면 면접관들은 어떤 반응을 보일까? 면접 시 지원하는 항공사 이름을 틀리지 않도록 유의한다.

예 Qatar **Airlines**(X) → Qatar **Airways**(O)
Singapore **Airways**(X) → Singapore **Airlines**(O)
Emirates **Airways**(X) → Emirates(O)

Chapter 07 영어면접 나만의 답변 만들기 5원칙

1 답변은 최대한 간결하게 한다

면접은 탁구처럼 서로 오가는 지원자와 면접관과의 대화, 즉 쌍방향 커뮤니케이션이다. 준비한 답변을 한 번에 모두 이야기하는 것을 반복한다면 그 면접은 바로 활기를 잃어버리며, 면접관은 어떤 질문을 해도 지원자의 진짜 모습을 볼 수 없다고 판단할 수 있다. 그렇기 때문에 질문에 대한 핵심만을 대답하고, 이후 면접관의 추가 질문이 있을 때 구체적으로 설명하는 것이 최근 외항사 면접의 트렌드이다. 롤모델, 가치관 등의 가벼운 질문은 짧고 재치 있게 해서 면접이 지루하지 않게 느껴지도록 한다.

예시 해외에서 거주할 때 어려웠던 점은 무엇인지?

What gave me a hard time when working as a waitress in Australia was the language barrier. At that time, I couldn't speak English fluently, so I was not able to respond to customers' orders in a timely manner. So, I tried hard to improve my language skills. I studied English for a few hours every day…….

호주의 식당에서 일할 때는 언어 장벽으로 인해 어려움을 겪었습니다. 그 당시에는 부족한 영어 실력 때문에 고객 응대를 신속하게 할 수가 없었습니다. 그래서 저는 영어를 잘하기 위해 열심히 노력했습니다. 매일 몇 시간씩 영어를 공부하고 영어로 편하게 이야기를 나눌 수 있도록 대화하는 법을 연습했으며…….

Point! 면접관이 질문하지 않은 극복 방법과 느낀 점까지, 한 번에 준비한 답변을 모두 말해 버린다면 답변을 외운 것처럼 보일 수 있다. 상황에 따라 면접관과 대화하듯이 답변을 이어가도록 한다.

What gave me a hard time when working as a waitress in Australia was the language barrier. At that time, I couldn't speak English fluently, so I was not able to respond to customers' orders in a timely manner.

호주의 식당에서 일할 때는 언어 장벽으로 인해 어려움을 겪었습니다. 그 당시에는 부족한 영어 실력 때문에 고객 응대를 신속하게 할 수가 없었습니다.

꼬리질문1 어떻게 어려움을 극복했는지?

I tried hard to improve my language skills. I studied English for a few hours every day and practiced making small talk so that I could improve my English in a short time.

영어를 잘하기 위해 열심히 노력했습니다. 매일 몇 시간씩 영어를 공부하고 영어로 편하게 이야기를 나눌 수 있도록 대화하는 법을 연습했습니다. 그 결과 단시간에 영어 실력을 키울 수 있었습니다.

꼬리질문2 그 경험을 통해 무엇을 배웠는지?

Through this overseas endeavor, I gained confidence to work in a multinational work environment.

해외에서 어려움을 노력으로 극복한 경험을 통해 저는 다국적 환경에서 일하는 것에 대한 자신감을 얻었습니다.

Point! 간결한 답변으로 면접관과의 자연스러운 대화가 이루어지고 있다.

2 답변은 항상 두괄식으로 한다

질문에 대한 핵심적인 답변을 먼저 해야 듣는 사람이 집중할 수 있고 답변이 논리적이라는 인상을 준다.

예시 본인의 장점에 대해 말하라.

While working as a receptionist at a hotel, I was asked to deal with many tasks at the same time including welcoming guests, responding customers' inquiries, and answering phone calls and e-mails. So, I'm good at multitasking.

호텔 안내 데스크에서 일할 때, 저는 고객 접대, 고객들의 요구 사항 처리, 전화 응대, 이메일 답변 등 많은 일을 동시에 처리해야 했습니다. 그래서 저는 멀티태스킹에 능합니다.

Point! 근거 - 답변의 순서로 대답을 하면 면접관의 주의가 산만해지기 쉽다.

I'm good at multitasking. While working as a receptionist at a hotel, I was asked to deal with many tasks at the same time including welcoming guests, responding customers' inquiries, and answering phone calls and e-mails. From it, I learned how to do many things at a time.

저는 멀티태스킹에 능합니다. 호텔 안내 데스크에서 일할 때, 저는 고객 접대, 고객들의 요구 사항 처리, 전화 응대, 이메일 답변 등 많은 일을 동시에 처리해야 했습니다. 그러한 경험을 통해 저는 여러 가지 일을 동시에 다루는 법을 배우게 되었습니다.

Point! 답변 - 근거의 순서로 대답을 하면 면접관이 한층 더 집중할 수 있고, 본인의 답변을 효과적으로 전달할 수 있다.

3 뱉은 말에는 반드시 책임을 진다 = 근거를 제시한다

한국어 면접과는 달리, 영어면접은 지원자가 제시한 모든 답변에 대한 근거 및 구체적인 예시를 요구한다. 예를 들어, 나의 강점에 대한 답변으로 a team-oriented person(협업을 중시하는 사람)이라는 키워드를 선택했다면 경험을 바탕으로 한 구체적인 예를 제시할 수 있어야 한다.

예시 (답변) I'm a team-oriented person.
저는 협업을 중시하는 사람입니다.

(근거) In college, I had participated in a variety of club activities and had diverse part-time jobs in different fields. It was a good chance for me to learn about teamwork. Through my experience, I learned how to support and motivate my team.

대학 시절, 저는 다양한 클럽 활동에 참여했고, 다양한 분야에서 아르바이트로 일한 경험이 있습니다. 그 경험들은 제가 팀워크에 대해 배우는 기회가 되었고, 이러한 경험을 통해 저는 팀을 돕고 팀에 동기부여를 하는 법을 배우게 되었습니다.

4 너무 흔한 답변은 되도록 피하고, 다른 표현 또는 구체적인 표현을 사용한다

면접관은 하루에 수백 명의 지원자를 평가한다는 것을 명심하자. 누구나 할 수 있는 흔한 답변은 차별화된 인상을 주기 힘들고 면접관의 관심도를 떨어뜨린다. 조금만 생각해 보면 같은 말을 다양하게 표현할 수 있다.

예시 친근한 성격

I'm very friendly.
저는 친근한 성격입니다.

I'm told that I'm so pleasant and comfortable to be with.
저는 함께 있으면 유쾌하고 편안한 사람이라는 말을 듣습니다.

예시 긍정적인 성격

I'm very positive.
저는 긍정적인 사람입니다.

I'm a glass half full person.
저는 '컵에 물이 반이나 남아 있네.'라고 생각하는 사람입니다.

One of my strengths is the ability to see the good in everything and everyone.
저의 강점 중 하나는 모든 것과 모든 사람에게서 장점을 볼 수 있는 능력입니다.

예시 외향적인 성격

I'm an outgoing person.
저는 외향적인 사람입니다.

I'm a people person who gets motivated by getting along with people.
저는 사람들과 어울림으로서 동기 부여를 받는 외향적이고 사교적인 사람입니다.

I get energy by interacting with people.
저는 사람들과 교류하며 에너지를 얻습니다.

5 경험을 바탕으로 하는 긴 답변을 말할 시 STAR 모델을 따르자

파이널 인터뷰에서는 스토리텔링을 요구하는 질문들이 많이 있다(까다로운 고객을 다룬 경험, 베스트 서비스 제공 경험, 동료의 부탁을 거절했던 경험 등). 이런 질문에 대한 모의 면접을 진행하다 보면 지나치게 길고 장황하게 설명해서 지루한 답변을 하거나 반대로 당시 상황에 대한 정보를 충분히 전달하지 못하는 경우가 많다. 이러한 경우에는 간결하고 전달력 있는 답변을 위해 STAR(Situation–Task–Action–Result) 모델을 활용, 답변을 구성해 보자.

예시 Situation(상황) – 배경 및 상황 설명

When I was in Ireland, I had a chance to work as a sales assistant in a boutique. I loved to work there, but I had some difficult moments as well. Since it was a designer's boutique, dresses were all tailor-made. And that's why a return or an exchange was not allowed.

제가 아일랜드에 있었을 때, 의상실의 판매 사원으로 일할 수 있는 기회가 있었습니다. 저는 그곳에서 일하는 것이 좋았지만 어려운 상황도 있었습니다. 디자이너 의상실이었기에, 모든 옷은 맞춤으로 제작되었고 그렇기에 환불이나 교환이 불가능했습니다.

예시 Task(문제 또는 과제) – 해결이 필요한 문제나 과제는 무엇이었는지 언급

One day, one lady asked for a refund telling us the design of dress wasn't good on her and she looked fat with that dress.

어느 날, 한 여자 고객이 구입한 드레스가 뚱뚱해 보이고 잘 어울리지 않는다며 환불을 요청했습니다.

예시 Action(행동) – 내가 어떻게 대처했는지, 어떤 방법을 통해 문제를 해결했는지 등에 대한 설명

I said to her politely that a refund is not allowed as per our policy. And I added that the color of dress really looked wonderful on her, so I said I would ask the designer to get it altered as she wanted.

저는 가게 규정상 환불은 곤란하다고 정중하게 말씀을 드리고, 구입한 드레스의 색상은 고객과 정말 잘 어울리니 디자이너에게 부탁해 고객이 원하는 대로 옷의 디자인을 바꾸어 주겠다고 제안했습니다.

예시 Result(**결과**) – 결과가 어땠는지, 배운 점, 느낀 점 등으로 마무리

As a result, she decided to get it altered instead of getting a refund and ended up being satisfied.

결국, 그 손님은 환불 대신 옷의 디자인을 바꾸기로 결정했고 결과적으로 만족해했습니다.

제자들의 합격 후기 ① - 2019년 오만 항공 합격생

도전에 적당한 때라는 것은 없다!

Q 현재 근무하는 항공사

A 저는 오만의 국영 항공사인 오만 항공에서 근무하고 있습니다.

Q 승무원을 꿈꾸게 된 계기

A 저는 대학 졸업 후 영어를 배우고 싶은 생각에 바로 북미 어학연수를 떠났습니다. 그곳에서 다시 현지 대학 입학을 준비하면서, 좀 더 넓은 세상을 경험하고 싶다는 생각이 들었습니다. 고민 끝에 '승무원'에 관심을 갖게 되어 나름 조사를 했지만 졸업까지 2학기가 남은 상태에서 도전하기에는 너무 무모하다는 생각에 포기했습니다.

그렇게 대학 졸업 후 바로 여행사에 취업을 해서 상품 상담과 항공권 판매 등 다양한 사무 업무를 하며 약 3년 동안 근무를 했습니다. 동시에 서비스직은 정말 쉽지 않지만, 그만큼의 기쁨과 보람을 주는 직업이라는 것을 알게 되어 보다 직접적으로 고객과 만나는 일을 하고 싶다는 생각이 들었습니다. 그 순간 잠시 접어 두었던 '승무원'이라는 단어가 떠오르더니 머릿속에서 떠나지를 않더군요. 결국 저는 지금이 아니면 나이가 들어 제 자신을 뒤돌아보았을 때 후회가 남을 것 같아 다시 도전해 보기로 결심했습니다.

Q 승무원 도전 과정

A 제가 처음 도전한 항공사는 중동의 에미레이트 항공이었습니다. 마침 제가 거주하고 있는 곳에서 오픈데이가 열렸고, 아무것도 모르는 상태에서 도전했는데 덜컥 2차까지 통과하게 되어 '내게도 가능성이 있구나.'라는 생각에 계속 도전해 보기로 했습니다.

그러나 기대와는 달리 그 후 도전한 여러 항공사 면접에서는 1차 면접인 이력서 제출 단계도 통과하지 못했습니다. 저는 이대로는 안 되겠다 싶어 영주권도 포기한 채 한국으로 돌아와서 지속적으로 해외 오픈데이를 알아보았습니다. 그러다가 2019년 말레이시아에서 열린 오만 항공 오픈데이에 지원했고 합격했습니다.

Q 면접 준비 및 합격 꿀팁

A 한국에 돌아와 저의 면접 실패 원인에 대해 나름대로 분석해 본 결과, 제가 다른 지원자에 비해 해외 경험 및 일 경력이 풍부하다는 장점에도 불구하고 이를 면접관에게 효과적으로 보여 주지 못하고 있다는 결론을 내렸습니다. 인터넷을 통해 각 항공사의 정보나 최신 뉴스는 조사할 수 있었지만, 그런 정보를 면접관의 호감을 사는 좋은 답변으로 만들어 내는 데는 서툴렀기 때문입니다.

승무원 도전 당시 제가 이미 30살이었고, 주어진 시간이 많지 않았기에, 오만 항공의 1차 화상 면접을 합격한 후 하림 선생님의 수업을 수강하게 되었습니다. 수업은 제가 생각한 것보다도 훨씬 많은 도움이 되었습니다. 수업을 통해 서비스 관련 에피소드 등 부족한 부분들을 단시간에 보완할 수 있었으며, 무엇보다 답변의 '감'이 생긴 것이 가장 큰 소득이었습니다. 개인적으로는 이 감이 합격의 비결이라고 생각합니다.

Q 도전하는 예비 승무원들에게

A 저는 다른 사람보다 늦게, 그리고 조금은 무모하게 도전했지만 지금 즐겁게 비행하며 제2의 인생을 살고 있습니다. 쉽지 않은 길이지만 그만큼의 가치는 확실히 있습니다. 도전하시는 분들 모두 이 긴 여정의 끝에 합격이 있기를 진심으로 바랍니다.

You can do it!

Part
02

커버 레터 및 영문 이력서

Chapter 01 커버 레터

커버 레터(Cover Letter)란 이력서와 함께 제출하는 간략한 편지 형식의 자기소개서이다. 따라서 커버 레터에는 '왜 내가 이 직무에 적합한 인재인지', '나의 자질과 경험이 지원하는 회사에 어떻게 기여할 수 있는지'에 대한 내용이 반드시 들어가 있어야 한다. 지원 분야에 맞는 자격 요건, 간단한 프로필, 회사에 대한 관심도 등을 한눈에 확인할 수 있도록 한 장 이내로 작성한다.

1 커버 레터 꼭 작성해야 하나요?

회사에 따라 커버 레터를 필수적으로 요구하는 경우와 그렇지 않은 경우가 있다. 지원 시 제출 서류에 커버 레터가 명시되어 있는 경우에는 반드시 제출해야 하며, 커버 레터 제출을 명시하지 않았다 하더라도 가급적 커버 레터와 이력서를 함께 제출하는 것이 좋다.

다만, 하루에 많은 수의 지원자가 몰리는 중동 대형 항공사들의 오픈데이 또는 어세스먼트데이 때는 빠른 면접 진행을 위해 이력서 제출(CV Drop) 단계 시 이력서만 제출하는 것을 선호하는 경우도 있으니 참고한다.

핵심 TIP 용어 설명

오픈데이 : 서류 전형 없이 면접 당일에 이력서를 제출하고 면접이 이루어지는 방식
어세스먼트데이 : 서류 전형 통과 후 면접 초대(Invitation Letter)를 받은 지원자에 한해 면접이 이루어지는 방식

2 커버 레터가 말해 주는 세 가지

외국계 기업에 지원할 경우 이력서와 함께 커버 레터를 제출하는 것이 정석이다. 지원자의 커버 레터가 말해 주는 세 가지는 다음과 같다.

1 저는 귀사의 채용에 관심과 열정이 있으며, 면접 기회를 정중히 요청합니다

수동적으로 이력서 및 제출 서류만을 보내는 것이 아니라, 능동적으로 인터뷰 기회를 요청하는 것이 커버 레터이다. 따라서 커버 레터의 제출 및 완성도는 채용 담당자 또는 면접관이 지원자의 회사에 대한 관심과 열정을 판단하는 근거가 될 수 있다.

2 저는 이 직무에 적합한 장점과 자질을 가지고 있습니다

채용 담당자 또는 면접관은 짧은 시간에 많은 이력서를 보게 되므로 각 지원자의 장점 및 자질을 한눈에 파악하기가 어렵다. 이때 지원자는 직무에 적합한 자질 및 강점을 커버 레터에 강조함으로써 자신을 다른 지원자와 차별화할 수 있다.

3 저는 업무에 필요한 영어 실력을 갖추고 있습니다

형식에 맞춰 쓰여진 매끄러운 문장으로 완성된 커버 레터는 지원자가 업무에 필요한 영어 실력을 갖추었다는 것을 판단할 수 있는 근거가 된다.

3 커버 레터 작성 시 유의 사항

- A4 용지 한 장 이내로 작성한다.
- 이력서에 써 놓은 경력을 반복 기술하는 것이 아닌, 지원자의 강점을 부각한다.
- 커버 레터는 지원자의 첫인상을 결정한다. 문법 및 표현의 오류가 없도록 충분히 검토한다.

4 커버 레터 구성 항목

Mina Song(= 영문 이름)

Address(= 주소)

* 영문 주소 표기는 네이버의 영문 주소 변환기 이용

Mobile(= 핸드폰 번호)/**E-mail**(= 이메일 주소)

* Heading 부분은 통일성을 위해 이력서와 동일한 글씨체 및 디자인 사용 권장

Date(= 날짜)

Name(= 채용 담당자 이름)

Title(= 채용 담당자 직책)

Company Name(= 지원 회사명)

Address(= 지원 회사 주소)

Dear(= 수신인);

수신인 또는 채용 담당자 기재

Opening Paragraph(= 서두)

지원 동기, 지원 경로, 지원 직무, 간단한 자기소개

Middle Paragraph(= 본론)

1. 지원자의 자질, 핵심 역량, 강점, 업무 성과
   * 일목요연하게 보일 수 있도록 말머리표(Bullet point) 사용 권장
2. 지원 기업의 특징, 관련 지식

Closing Paragraph(= 맺음말)

지원자의 포부, 연락처, 인터뷰 기회 요청

Sincerely,

Mina Song(= 서명)

Chapter 02 커버 레터 작성 시 유용한 표현

1 수신인 작성(채용 담당자의 이름을 모르는 경우)

□ Dear Hiring Manager;

□ Dear Personnel Manager;

□ Dear Human Resources Director;

2 수신인 작성(채용 담당자의 이름을 아는 경우)

□ Dear Mr. Kim;

□ Dear John Smith;

* 채용 담당자의 이름을 아는 경우에는 이름을 명시한다.

* Dear Sir or Madame, To whom It May Concern은 구식 표현이므로 사용하지 않는 것이 좋다.

3 해당 항공사 지원 동기

□ I'm writing to express my interest in the position of Cabin Crew.
기내 승무원 직무에 대해 제가 가진 관심을 표현하고자 이 글을 씁니다.

□ I'm very interested in applying to your company for a position of Flight Attendant.
귀사의 승무원 직무에 많은 관심이 있어서 지원하게 되었습니다.

□ I'm writing in response to your advertisement for a position of Flight Attendant.
귀사의 승무원 채용 공고를 보고 지원합니다.

□ With this opportunity, I would like to express my interest in the Cabin Crew position of your airline.
이 기회를 통해, 귀사의 승무원직에 대한 저의 관심을 보여 드리고 싶습니다.

4 전공 및 일 경험 소개

□ I'm currently studying (전공명) at (대학명).
저는 현재 (대학명) 대학교에서 (전공명)을 공부하고 있습니다.

□ I'm a student at (대학명) majoring in (전공명), expecting to graduate in (졸업 예정 연도).
저는 (대학명) 대학교에서 (전공명)을 전공하고 있으며 (졸업 예정 연도)에 졸업 예정입니다.

□ I graduated from (대학명) University with a degree in (전공명).
저는 (대학명) 대학교에서 (전공명)을 전공했습니다.

□ I'm currently working as (직업명).
저는 현재 (직업명)으로서 일하고 있습니다.

□ I have been working in my current position for three years.
저는 3년 동안 이 일을 해 오고 있습니다.

□ I have ten years' experience in the customer service field as (직업명) and (직업명).
저는 (직업명)과 (직업명)으로 일하면서, 10년간 고객 서비스 업무를 수행한 경험이 있습니다.

5 자신의 강점 및 핵심 경쟁력 어필

□ My mother tongue is Korean and I'm fluent in both English and Chinese.
제 모국어는 한국어이며, 영어와 중국어를 유창하게 구사할 수 있습니다.

□ Most significantly, my language skills and overseas experience help me interact well with people from the globe and they will be very helpful to work as a cabin crew member of your airline.
무엇보다도 제 언어 능력과 해외 경험은 제가 세계 각국의 다양한 사람들과 교류할 수 있게 해 주며, 이러한 점들은 귀사에서 승무원으로 일할 때 큰 도움이 될 것입니다.

□ I feel I'm suitable for this position as I have a great deal of experience in the customer service field.
저는 고객 서비스 분야에 대한 다양한 경험을 가지고 있으므로 이 직무에 적합하다고 생각합니다.

□ I'm confident in dealing with various people and I'm able to grasp what customers want quickly.
저는 다양한 사람들을 상대하는 데 능숙하며, 고객이 원하는 바를 빠르게 파악할 수 있습니다.

□ I have worked as (직업명) and gained a wide range of experience and skills.
저는 (직업명)으로 일해 왔으며, 다양한 종류의 경험과 기술들을 배웠습니다.

6 마무리 부분(포부 및 인터뷰 기회 요청)

□ I'm keen to work for the best airline such as yours.
저는 귀사와 같은 최고의 항공사에서 꼭 일하고 싶습니다.

□ Thank you for taking time to consider my application.
시간을 내어 제 지원서를 검토해 주셔서 감사합니다.

□ I'm available for contact(an interview) at any time.
저는 항시 연락(인터뷰)이 가능합니다.

□ I would love to meet you in person to discuss about my qualifications.
직접 만나 뵙고 제가 가진 자질들에 대해 이야기 나눌 수 있기를 희망합니다.

□ Should you have any questions regarding how my skills fit for this job, please contact me at (전화번호) or (이메일 주소).
제가 이 직업에 얼마나 적합한 지원자인지와 관련해서 궁금한 점이 있으시다면, (전화번호)나 (이메일 주소)로 연락을 주십시오.

□ I look forward to hearing from you.
답변 기다리겠습니다.

□ I'm looking forward to meeting you.
직접 만나 뵙기를 고대하고 있습니다.

7 마무리 인사말

□ Sincerely yours, □ Sincerely,
□ Best regards, □ Warm regards,

Chapter 03

커버 레터 샘플

커버 레터를 작성해서 제출하기 전에 특별히 다음 사항들을 한 번 더 확인해 보자.

레이아웃

□ A4 용지 한 장 이내로 작성되었는지?

□ Heading 부분(영문 이름, 주소, 전화번호, 이메일, 주소가 들어가는 커버 레터의 제일 윗 부분)의 디자인과 글씨체가 이력서와 통일성이 있는지?

□ 읽기 쉬운 글씨체를 사용했는지?(Times New Roman, Arial 등)

□ 여백이 적절하고 문단이 바르게 정렬되어 있는지?

내용

□ 문장에 문법적 오류(동사의 시제 및 주어와의 수일치 등) 및 오탈자가 있는지?

□ 이력서의 경력을 반복적으로 기술하지 않았고, 지원자의 강점이 잘 드러나는지?

제출

□ 파일명이 'Cover Letter – 지원자 영문 이름' 또는 지원 회사가 지정한 제목 양식으로 저장되었는지?

□ MS Word 또는 PDF 파일인지?(PDF 파일 권장)

샘플 ❶

Halim Son

4-2, Sinheung-ro 22-Gil, Yongsan-Gu, Seoul, Republic of Korea 04328

+82-(0)10-1234-5678 | halim.son@email.com

September 16, 2019

Jenny Lee
Human Resource manager
Flight Operation Department of Sky Airlines
123 Airport Rd., Khalifa City A, UAE

Dear Ms. Lee;

I'm thrilled to be applying for the flight attendant position at Sky Airlines. I greatly appreciate the opportunity to apply one of the best airlines in the world. My strong ability to develop positive relationships and faith in the power of teamwork make me an ideal candidate.

My extensive experience in the customer service industry has taught me the value of providing positive, individualized service to all customers. As a restaurant manager, I made sure to promote each guest's comfort and well-being. I would bring this positive energy and hospitality to my job as a flight attendant at Sky Airlines.

In addition to my excellent hospitality skills, my outstanding communication skills and proven ability to remain calm under stressful situations will be beneficial for Sky Airlines. My positivity and clear communication skills helped strengthen our team's efficiency and sense of community.

I would appreciate an opportunity to speak with you about how my skills and experience would make me an asset to your flight crew. I'm looking forward to hearing from you soon. Thank you so much for your time and consideration.

Sincerely,
Halim Son(Signature)

샘플 ❷

Jiyoun Choi

123-456, 151, Apgujung-ro, Gangnam-gu, Seoul, Republic of Korea

+82-1234-5678 Jiyoun.Choi@email.com

September 18, 2019

Hiring Manager

Sky Airlines

Head Office, 29 airport Avenue NY 98887, USA

Dear Hiring Manager;

I'm pleased to submit my application for the position of Cabin Crew currently available at Sky Airlines. Along with a bachelor's degree in hospitality management and three years of experience in the service industry, I'm certain in my ability to become a vital member of Sky Airlines.

Based on my understanding of a cabin crew position at Sky Airlines, following are some highlights which perfectly complement your requirements:

- Ability to create excellent service experience working with multicultural people
- Confident communicator with outstanding interpersonal skills
- Good sense of humor and an open and warm approach
- Hands-on experience in promoting new services and products to customers

As a confident candidate who has a passion to provide excellent on-board services, I'd welcome the chance to meet with you to discuss how my education, experience and skills would be beneficial for Sky Airlines. Please feel free to contact me whenever necessary. Thank you for your time and consideration.

Sincerely,

Jiyoun Choi(Signature)

Chapter 04

영문 이력서

외국 항공사에 지원할 시에는 대부분 자유 형식의 이력서가 필요하다. 이때는 승무원 직무와 연관된 자질이나 배경, 경험을 중심으로 작성한다. 성의 있는 이력서를 작성해서 면접관에게 좋은 인상을 주도록 하자.

1 영문 이력서 작성 시 유의 사항

- 최대한 한 장 안에 모든 것이 담기도록 작성한다.
- 버전에 상관없이 동일한 이미지를 볼 수 있는 이미지 파일(PDF 등)로 저장해서 제출하는 것을 권장한다. 워드 프로그램으로 이력서를 작성할 시에는 한글 프로그램이 아닌 MS WORD로 작성해서 제출한다.
- 연락처나 주소를 제외한 개인 정보는 기재하지 않는다.
- 종이는 최대한 좋은 것으로 사용한다. 종이의 질이 좋을수록 내 이력서도 빛난다.
- 최근 경력순으로 기재한다.
- 아이콘을 사용하는 것도 가독성을 높이는 데 도움이 된다.
- 이력서를 작성한 후에는 반드시 출력해서 오탈자, 여백 등 결과물을 확인한 후 컬러로 프린트한다.

핵심 TIP 영문 이력서 작성 시 도움이 될 팁

1. 추천 글씨체

Times New Roman, Arial, Georgia, Cambria, Calibri

(고딕이나 돋움체와 같은 MS WORD의 한글 영문체는 받는 사람의 컴퓨터에서 글씨가 깨져 보이는 경우가 많으므로 사용하지 않는다)

2. 한국 연락처를 기재하는 법

국제전화 인식 번호인 00 또는 + **+** 한국 국가번호인 82 **+** 0을 제외한 연락처 번호

예 02-123-4567 → +82-2-123-4567

010-1234-5678 → +82-10-1234-5678

3. 이력서 관련 아이콘 무료 다운로드 사이트

www.flaticon.com

www.iconfinder.com

www.myiconfinder.com

2 영문 이력서 구성 항목

아래 항목들 중에서 본인에게 해당하는 항목들을 선택해 이력서를 작성한다. 순서가 고정된 것이 아니기 때문에 직업 및 직책에 따라 순서가 달라질 수 있으며 필요에 따라 항목을 추가 또는 제거할 수 있다. 졸업자 또는 졸업 예정자의 경우 학력-직장 경력 순으로, 직장인의 경우 직장 경력-학력 순으로 기재한다.

*는 필수 항목

*** Contact Information : 연락처**

이름, 주소, 전화번호, e-mail 주소를 기재한다.

(국적, 나이, 주민 번호, 여권 번호, 결혼 여부 등의 기타 개인 정보는 기재하지 않는다)

Objective/Career Objective : 지원 목적 및 분야

지원하고자 하는 포지션과 함께 그 포지션에서 어떤 역량을 보일 수 있는 사람인지 간략하게 기술한다.

Summary of Qualifications/Core Skills/Key Qualifications : 핵심 자질

승무원 직무와 관련된 지원자의 핵심 장점, 직무 역량 등을 기술한다.

* **Education/Education & Training : 학력 및 교육**

정규 학력뿐만 아니라 직업 및 직책과 관련해 교육받은 것이 있다면 기재한다.

* **Work Experience : 경력**

승무원 직무와 관련된 업무 이력을 중심으로 최신-과거순으로 기재한다. 직책, 근무 장소, 근무 기간과 함께 주요 업무에 관한 직무 설명을 간단하게 기술한다.

* **Language Skills/Certification/Awards : 언어 실력/자격증/수상 경력**

공인 영어 점수, 자격증, 수상 경력 등을 기재한다.

Overseas Experience/Extra Curricular Activities/Volunteer Activities : 해외 경험/학업 외 활동/봉사 활동

해외 경험이나 자원봉사 경험, 동아리 활동 등을 기술한다.

Interests/Hobbies : 특기, 취미

면접관의 관심을 끌 수 있는 취미나 흥미가 있다면 기술한다.

Reference: 추천인

Available upon request(= 요청 시 제출 가능)라고 기재한다.

Chapter 05 영문 이력서 작성 시 유용한 표현

1 전공 및 능력

1 전공 영어 명칭 표현

- Biochemistry
  생화학과
- Sociology
  사회학과
- Mathematics
  수학과
- Biology
  생물학과
- Microbiology
  미생물학과
- Economics
  경제학과
- English literature
  영문학과
- Business administration
  경영학과
- Law
  법학과
- History
  사학과
- Pharmacy
  약학과
- Chemistry/Chemical
  화학과
- Korean literature
  국문학과
- Art history
  미술사학과
- Humanities
  인문학과
- Political science
  정치학과
- Modern dance
  현대무용학과
- Mass communication
  신문방송학과
- Diplomatic science
  외교학과
- Life science
  생명과학과
- Geography
  지리학과
- Statistics
  통계학과
- Pre-medical science
  의예과
- Nursing
  간호학과

□ Architecture
건축학과

□ Pedagogy
교육학과

□ Veterinary medicine
수의학과

□ Pharmacy
약학과

□ Vocal music
성악과

□ Composition
작곡과

□ Philosophy
철학과

□ English education
영어교육학과

□ Religious studies
종교학과

□ Airline services
항공운항학과

□ Civil engineering
토목학과

□ Mechanical engineering
기계공학과

□ Early childhood education
유아교육학과

2 어학 시험 및 자격증 표현

□ Passed/Acquired (자격증명) + (취득 날짜)
취득/수료 + (자격증명) + (취득 날짜)

3 언어 구사 능력 표현

□ Native
모국어 수준

□ Fluent
유창한 수준

□ Business-level proficiency in (해당 언어)
업무에 적합한 수준

□ Conversational-level proficiency in (해당 언어)
회화 가능 수준

□ Basic
간단한 일상 회화가 가능한 초급 수준

Point! 초급 수준의 외국어는 기재하지 않는 것이 좋다.

4 군 복무 표현

- □ Served and discharged from Republic of Korea Armed Forces + (복무 기간)
  군복무를 마치다.
- □ Exempted from military service
  군복무를 면제받다.

5 교환 학생 프로그램 표현

- □ Completed language exchange program in (장소명) + (기간)
  (장소명)에서 (기간) 동안 어학연수 프로그램을 수료하다.

6 학업 장학금 표현

- □ Awarded scholarship for academic excellence (날짜)
  (날짜)에 성적 장학금을 수여받다.

2 지원 목적 및 분야(Objective/Career Objective)

아래 예시 중 하나를 고른다.

- □ To gain a position with (항공사명) as a flight attendant
- □ Productive, dynamic and ambitious individual seeking a cabin crew position with (항공사명) utilizing exceptional customer service and hospitality skills to maximize the satisfaction of passengers and increase repute of employer
- □ Well-organized and talented individual seeking a position as a flight attendant with (항공사명)

□ Looking to obtain a position in the airline industry where my warm and accommodating personality can best serve customers

□ Enthusiastic professional with excellent customer service skills seeks an opportunity to ensure passenger safety and comfort at a worldwide corporate, (항공사명) as a flight attendant

□ Young professional seeking the flight attendant position with (항공사명) where I can build upon my knowledge of customer service

□ Experienced and outgoing professional seeking a position as a flight attendant with (항공사명) where I can utilize my diverse customer service skills

□ Reliable, outgoing professional seeking a flight attendant position with (항공사명)

□ Seeking a cabin crew position with (항공사명). Offers 5+ years' hands-on experience in working with passengers from different cultural backgrounds and exceptional hospitality skills

□ Smart and energetic candidate looking to work as a flight attendant at (항공사명) to use outgoing and amiable nature to deliver comfort and satisfaction to passengers

3 핵심 자질(Summary of Qualifications/Core Skills/Key Qualifications)

아래 예시 중 본인에게 해당하는 자질을 3~5개 고른다. 본인의 전공 또는 일 경험을 통해 근거를 제시할 수 있는 것 위주로 선택하는 것이 좋다.

1 서비스 관련 전공(학위) 또는 자격증

□ Knowledge of the aviation industry and service
항공 산업과 서비스에 대한 지식 보유

□ BA in hospitality management
서비스(호텔) 경영 분야의 전공 또는 학사 학위 소지

□ Relevant training certificate
관련 분야의 교육 자격증 소지

□ Culinary school diploma or degree in food service management or related field
음식 관련 전공 또는 학사 학위 소지

2 팀워크

□ Excellent organizational and leadership skills
뛰어난 조직력과 리더십

□ Good team player
조직 적응력

□ Excellent teamwork skills
뛰어난 팀워크 능력

3 서비스 경험

□ Hands-on experience in customer service
고객 서비스 실무 경험

□ Solid understanding of hospitality procedures and best practices
고객 응대 절차와 베스트 서비스에 대한 깊은 이해

□ Patience and customer-oriented approach
인내심과 고객 중심의 응대

□ Ability to read people's needs and feelings
사람들의 요구와 감정을 파악하는 능력

□ Excellent knowledge of food and beverage
식음료 분야에 대한 풍부한 지식

□ Proven restaurant serving or waitering experience
레스토랑에서의 고객 응대 경험

□ Positive and polite attitude
긍정적이고 겸손한 태도

□ Up to date with food and beverages trends
식음료 분야의 최신 트렌드에 해박함

4 의사소통 능력

□ Excellent people skills with a friendly attitude
친절한 태도와 뛰어난 대인 관계 능력

□ Outstanding communication and interpersonal skills
뛰어난 의사소통 및 대인 관계 기술

□ An excellent listener and communicator
뛰어난 의사소통 능력

□ Ability to Interact effectively with people from different cultures
다른 문화권의 사람들과 효율적으로 교류할 수 있는 능력

□ Cultural awareness
다양한 문화에 대한 이해

□ Confident in dealing with a range of people
다양한 사람들을 다룰 수 있는 능력

□ Discretion when dealing with VIPs
탁월한 VIP 고객 응대 능력

5 문제 해결 능력

□ Ability to remain calm and professional under pressure
힘든 상황에서도 침착하고 프로답게 행동할 수 있는 능력

□ Ability to work under pressure
힘든 상황에서도 일할 수 있는 능력

□ Competence in handling difficult situations
어려운 상황을 해결할 수 있는 능력

□ Ability to think on my feet
순발력 있는 문제 해결 능력

□ Ability to handle(assess) medical emergencies
응급 의료 상황에 대처할 수 있는 능력
* 간호사나 관련 자격증이 있는 지원자의 경우 사용

□ Calm and composed in a crisis
위기 상황에서 침착함을 유지할 수 있는 능력

□ Problem-solving skills
문제 해결 능력

□ Tactful and diplomatic but also assertive when necessary
요령 있고 유연하게, 그러나 필요할 때는 단호하게 문제를 해결하는 능력

6 업무 관련

□ Ability to multitask
멀티태스킹 능력

□ Organizational skills
업무 조직 및 정리 능력

□ Flexibility
유연성

□ Patience
인내심

□ Commercial awareness and sales skills
판매 능력

* 기내 면세품 판매 대비

□ The capability to work quickly and efficiently
빠르고 효율적인 일 처리 능력

7 직업 윤리

□ Strong work ethic
강한 직업 윤리 의식

□ Attention to cleanliness and safety
위생과 안전에 대한 주의력

□ Responsible and safety awareness
강한 책임감과 안전 의식

8 체력

□ Ability to work rotating shifts
교대 근무를 할 수 있는 능력

□ Flexibility in working unsocial hours on any day of the year
불규칙적인 스케줄에서 근무 가능

* 간호사나 호텔리어 등 교대 근무 경험이 있는 지원자의 경우 사용

□ Standing for extended periods
긴 시간 동안 서서 일할 수 있는 능력

□ Good standard of health and fitness
강한 체력

□ Physical fitness and stamina
강인한 체력

9 시간 관리

□ Punctuality
시간 엄수

□ Time management skills
시간 관리 능력

10 언어 능력

□ Strong language skills
다양한 언어 구사 능력

□ Fluent in (구사 언어)
(구사 언어)가 유창함

4 직무 설명(Job Description)

지원자의 현재 또는 과거 직무에 대한 간략한 설명으로, 경력란에 기재한다. 지원자가 구체적으로 어떠한 업무를 담당했는지 면접관의 이해를 돕기 위해 쓰며, 직무당 2~4가지 정도 기재하면 충분하다. 또한 누구나 알고 있는 직무(영어 교사, 바텐더 등)라면 많이 기재할 필요가 없다.

핵심 TIP

동사 시제에 주의하자! 과거에 한 일이라면 과거 동사를, 현재 하고 있는 일이라면 현재형 또는 현재 진행형 동사를 사용한다.

현재 경력 : welcome(welcoming) and escort(escorting) customers to the tables

과거 경력 : welcomed and escorted customers to the tables

1 레스토랑 또는 식음료(F&B) 매니저

- □ Deliver high-quality food and motivate staff members to provide excellent customer service
  양질의 음식을 제공하고 좋은 서비스 제공을 위해 직원들을 독려함
- □ Ensure efficient restaurant operation, as well as maintain productivity, quality, and customer service standards
  높은 수준의 서비스와 생산성을 추구하고 식당을 효율적으로 운영함
- □ Hire qualified chefs and wait staff, set work schedules
  주방과 홀 직원 고용, 직원 스케줄 작성
- □ Lead staff members by example in a fast-paced environment
  바쁜 업무 환경에서 직원들에게 모범을 보이며 업무에 임함
- □ Ensure that customers have pleasant dining experiences
  고객에게 만족스러운 식사 경험 제공

□ Respond efficiently and accurately to customer complaints
고객 불만에 효율적이고 정확하게 응대함

□ Regularly review product quality and research new vendors
정기적인 상품 검수 및 새 거래처 조사

□ Appraise staff performance and provide feedback to improve productivity
생산성 향상을 위해 직원 평가 및 피드백 제공

□ Ensure compliance with sanitation and safety regulations
위생 및 안전 규정 준수

□ Train new and current employees on proper customer service practices
적합한 서비스를 제공하기 위해 신입 및 기존 직원들에게 서비스 교육 실시

2 레스토랑 직원

□ Preparing restaurant tables with special attention to sanitation
위생적으로 테이블 세팅

□ Welcoming customers upon entrance to the restaurant
손님 환대

□ Presenting the menu, serving and helping customers select food and beverages
메뉴 제시 및 서빙, 추천

3 바텐더

□ Preparing alcoholic or non-alcoholic beverages for bar
술 또는 음료 준비

□ Interacting with customers, taking orders and serving snacks and drinks

고객 응대 및 주문받기, 음료와 스낵 제공

□ Assessing bar customers' needs and preferences and making recommendations

고객의 취향 파악 및 그에 따른 음료 추천

□ Restocking and replenishing bar inventory and supplies

음료와 기타용품 재고 파악 및 정리

4 영화관 직원

□ Sell movie tickets and gift certificates to guests

영화 티켓 및 상품권 판매

□ Operate cash register and accept payments

금전 등록기 사용 및 계산

□ Field questions about content and inform guests about prices and policies

영화 내용 및 티켓 가격, 영화관 정책 안내

□ Provide directions to the cinema

상영관 안내

□ Clean and maintain the auditoriums, rest rooms, and lobbies

상영관, 화장실, 로비 청소

□ Assist guests by providing direction and answering questions

내부 안내 및 문의 답변

□ Sell fresh, appetizing and properly prepared food and beverage

음식과 음료 판매

□ Maintain the cleanliness of the concession area

매점 청결 유지

5 교사 또는 강사

- □ Advising students on career issues
  진로 상담
- □ Organizing and delivering classroom lectures to students
  수업 계획 및 수업 진행
- □ Evaluating students' class work and assignments
  학생들의 수업 수행 및 과제 평가
- □ Preparing classroom and coursework materials, homework assignments, and handouts
  수업 자료 및 과제, 프린트 제작
- □ Recording student attendance records and grades
  출석 및 성적 기록
- □ Maintaining discipline in the classroom
  교실 규율 유지
- □ Developing stable, solid relationships with students and their parents
  학생 및 학부모들과 좋은 관계 유지
- □ Communicating and consulting with parents when necessary
  학부모들과의 소통 및 상담

6 호텔

- □ Greeting and welcoming guests upon their arrival
  고객 환대
- □ Performing all check-in and check-out tasks
  호텔 입실 및 퇴실 절차 수행
- □ Managing online and phone reservations
  온라인 및 전화 예약 관리

- □ Providing information about the hotel, available rooms, rates and amenities
  호텔 및 예약 관련 정보 제공
- □ Responding to clients' complaints in a timely and professional manner
  고객 불만 신속 처리
- □ Arranging personalized services for VIP customers and event attendees, like wedding guests
  VIP 또는 결혼식 등의 이벤트 참석 고객을 위한 맞춤 서비스 제공
- □ Selling additional facilities and services
  호텔 상품 및 서비스 판매

7 카페 직원 또는 바리스타

- □ Prepare and serve a variety of hot and cold food and drinks following prescribed recipes and techniques
  다양한 음료를 레시피에 따라 준비 및 제공
- □ Setup or restock displays, and rotate food items for sale
  진열대 음식 세팅 및 교체
- □ Maintain a safe and healthy work environment by following cleaning, sanitation, and operational standards
  안전 및 위생 규정 준수로 안전하고 건강한 업무 환경 유지
- □ Grind and blend coffee beans, and serve items to customers
  커피 원두 갈기 및 고객에게 음료 제공

8 은행원

- □ Assisting customers with processing transactions such as deposits, withdrawals, or payments
  예금, 인출, 결제 등의 은행 거래 업무 처리

□ Informing customers about bank products and services
은행 상품 안내

□ Maintaining and balancing cash drawers and reconciling discrepancies
시재 정산

□ Resolving complaints and answering questions
고객 불만 처리 및 문의에 대한 답변

□ Recording and reporting all transactions
모든 은행 거래 기록 및 보고

□ Selling bank services and products
은행 상품 판매

□ Performing special requests such as closing accounts, exchanging foreign currencies
계좌 해지, 환전 등의 업무 처리

□ Complying with all bank operations and safety procedures
은행 운영 및 안전 규정 준수

9 간호사

□ Administering medications to patients and monitoring them for side effects and reactions
투약 및 경과 모니터링

□ Prescribing assistive medical devices and related treatments to patients and their families
환자 및 가족에게 보조 의료 기기 및 치료법 처방

□ Recording patient vital signs and medical information
환자의 건강 상태 기록

□ Monitoring, reporting, and recording symptoms or changes in patient conditions
환자의 건강 상태 및 증상과 신체 변화 등을 관찰, 보고, 기록

□ Assessing, implementing, planning, or evaluating patient nursing care plans
환자 간호 계획, 실행 및 평가

10 비서

□ Answering calls, taking messages and handling correspondences
전화, 메모, 서신에 대한 답변

□ Arranging appointments and meetings
일정 및 회의 관리

□ Preparing reports and filing document
보고서 작성과 문서 정리

□ Liaising with relevant organizations and clients
관련 기관 또는 고객과 연락 및 연결

□ Acting as a receptionist and meeting and greeting clients
고객 환대 및 응대

□ Recruiting, training and supervising junior staff
신입 비서 채용 및 교육, 감독

Point! 위 예시에 포함되지 않은 직무의 경우 Google에서 '직무 + Job Description'으로 검색한다.

예 police officer job description

Chapter 06

영문 이력서 샘플

영문 이력서를 작성한 뒤에 특별히 다음 사항들을 한 번 더 확인해 보자.

레이아웃

□ 이력서가 한 장 이내인지?

□ 보편적인 글씨체를 사용했는지?(Times New Roman, Arial 등)

□ 이력서 본문에 기재한 현재 하고 있는 업무의 동사를 현재형으로, 과거에 했던 업무의 동사를 과거형으로 일관되게 사용했는지?

□ 오탈자가 없는지?

□ 시각적으로 매력적이며, 간단하고 깔끔한 구조로 읽기에 수월한지?

□ 대문자, 기호, 굵은 폰트 등의 사용에 일관성이 있는지?

개인 정보

□ 이메일, 전화번호 등 연락처가 정확하게 기재되어 있는지?

학력 및 경력

□ 최근 학력 및 경력 순으로 기재되어 있는지?

□ 회사명, 부서명, 직책명 등이 정확하게 기재되어 있는지?

□ 근무 기간이 정확하게 기재되어 있는지?

샘플 ❶

JUNGJOO PARK

Address : # 305, Sinsa dong , Secho gu, Seoul, Republic of Korea

Mobile : +82-10-1111-2222 **E-mail** : 1234@abcd.com

CAREER OBJECTIVE

To obtain a position as a flight attendant in SKY Airlines

SUMMARY OF QUALIFICATIONS

Customer-oriented attitude with strong interpersonal skills, a positive personality and a good knowledge of customer service

EDUCATION

Hankook University ***Seoul, SOUTH KOREA***

-Majoring in Economics ***Mar 2016–Present***

Hankook High School ***Seoul, SOUTH KOREA***

-Graduated ***Mar 2013–Feb 2016***

WORK EXPERIENCE

A Café/Barista ***Kyungkido, SOUTH KOREA***

Jul 2017–present

-Welcoming customers with a bright smile and warm hospitality
-Taking orders and entering orders into computers
-Serving and making coffee and beverages

Italian Restaurant/Server ***Kyungkido, SOUTH KOREA***

Feb 2017–Jun 2017

-Welcomed and escorted customers to their tables
-Served food and liquor responsibly and professionally to a wide range of customers

Voluntary Experience

Taking care of orphans as a volunteer activity in college since 2016

References

Available upon request

I declare that the above facts given are true to the best of my knowledge and belief.

샘플 ❷

HALIM SON (CLAIRE)

Sinheung-ro 22-gil, Yongsan-gu, Seoul, Republic of Korea + 82 10 1234 5678 dreaminthesky@gmail.com

OBJECTIVE

To obtain a position as a flight attendant in Emirates

KEY QUALITIES

- Strong interpersonal and communication skills
- Extensive international work experience
- Positive, confident, and cheerful attitude
- Fluent in Korean, English and Chinese
- Wide range of knowledge of food and beverage

WORK EXPERIENCE

SEP 2018 – PRESENT
RECEPTIONIST, SKYHIGH RESTAURANT, GRAND HYATT, SEOUL, KOREA
- Greet guests to the restaurant with a warm smile and assist them to a table
- Deal with demanding guests and resolve problems in a professional manner
- Record guests' preferences including VIPs for their best dining experiences

NOV 2016 – AUG 2018
WAITRESS, CLOUD9 RESTAURANT, BEIJING, CHINA
- Built a good rapport and communicated with guests to meet their needs
- Followed proper standards according to service sequence
- Handled a full range of side work, cleanup duties and inventory

FEB 2016 – OCT 2016
RECEPTIONIST, MARRIOT HOTEL, SHANGHAI, CHINA
- Served food and beverage to a wide range of customers
- Welcomed guests and assisted to lead them to an event venue

DEC 2015 – JAN 2016
INTERN, HILTON HOTEL, SEOUL, KOREA
- Experienced and provided customer service as a trainee for a month during a festival season

MAR 2013 – DEC 2015
PART TIMER, HAIJO RESTAURANT, SEOUL, KOREA
- Took an order and served the food
- Set up and cleared table and prepared condiments

AWARDS & ACHIEVEMENT

- Earned academic excellence award in college for two years
- Selected as 'the BEST employee of the month'
- Completed a three-month wine and beverage course by KCU

EDUCATION

MAR 2015 – FEB 2019
SKY UNIVERSITY, SEOUL, SOUTH KOREA
Major : hospitality management

MAR 2017 – FEB 2018
BEIJING LANGUAGE SCHOOL, BEIGING, CHINA
Completed a one-year ELS language program

Memo

제자들의 합격 후기 ❷ - 2019년 싱가포르 항공 합격생

세계를 무대로 삼는 삶에 도전하다

Q 현재 근무하는 항공사

A 현재 싱가포르 항공에서 근무하고 있으며, 2019년 한국 채용을 통해 입사했습니다.

Q 승무원을 꿈꾸게 된 계기

A 고등학교 때부터 '세계를 무대로 삼는 삶'이라는 막연한 소망으로 승무원을 꿈꾸게 되었습니다. 영어를 좋아했기 때문에 외국인들과 조금 더 많이 소통할 수 있는 외국 항공사, 그중에서도 세계 최고 항공사라 불리는 싱가포르 항공을 목표로 정했습니다.

Q 승무원 도전 과정

A 대학 시절 가장 초점을 둔 부분은 영어였습니다. 영어가 되지 않으면 모든 외국 항공사 취업 장벽을 넘을 수 없다는 점을 일찍 깨달았기 때문입니다. 그래서 영어권 국가에서 교환 학생으로 공부를 했으며 한국으로 돌아온 후에도 전화 영어 등을 통해 꾸준히 영어회화 능력을 쌓았고, 최대한 영어에 많이 노출되기 위해 노력했습니다.

대학교 마지막 학기에는 몇몇 항공사에 지원을 했지만, 제 스스로도 자신이 없고 무엇인가 부족한 느낌이 자꾸 들어 결국 결과가 좋지 않았습니다. 이후, 저는 외국에 있는 호텔에서 1년간 먼저 서비스 경력을 쌓는 것으로 방향을 설정했습니다. 면접 준비를 하면서 차별화된 나만의 답변은 결국 자신의 경험에서 나온다는 것을 깨달았고, 호텔 인턴십은 면접 준비는 물론이며 외국 항공사를 꿈꾸는 저에게 많이 배우고 성장할 수 있는 기회일 것이라는 확신이 있었기 때문입니다.

이후 한국에 돌아와 취업 준비를 하면서, 저는 다시 한번 난관에 부딪히게 됩니다. 질문에 대한 답변을 할 수 있는 경험도 있고 영어도 전보다 많이 늘었는데 답변 내용이 정리되지 않은 느낌이 들었기 때문입니다. 그래서 저는 승무원 출신 면접 전문가인 하림 선생님과 함께 체계적으로 준비를 했습니다.

부족한 점 투성이었던 저였기에 매번 '정말 내가 졸업하면 이 항공사에 취업할 수 있을까?' 하고 스스로 의심과 걱정도 많이 했지만, 항상 열정과 자신감을 잃지 않으려 많이 노력했습니다.

Q 면접 준비 및 합격 꿀팁

A 싱가포르 항공은 이미지와 영어가 중요하기 때문에 면접 준비를 할 때, 영어 답변과 면접 복장 선택 및 피부와 체형 관리에 신경을 많이 썼습니다. 또한 면접뿐 아니라 대기 중에도 차분함을 잃지 않으려 노력했습니다. 하지만 무엇보다도 제가 생각하는 합격 이유는, 면접에서 느껴지는 항공사에 대한 애정도와 자신감이었던 것 같습니다. 제 경우에는 오랫동안 이 항공사를 꿈꿔 왔고, 머릿속으로 면접을 수백 번 상상해 보았기 때문에 자신감 있는 태도로 면접을 즐길 수 있었습니다.

Q 도전하는 예비 승무원들에게

A 저는 뚜렷한 목표에서 나오는 '열정'을 가지고 앞으로 나아간다면 분명히 그 목표를 이룰 수 있는 힘과 기회가 생긴다고 생각합니다. 도전 과정에서 실패를 경험할 때, 좌절하기보다는 그러한 경험 역시 꿈을 이루는 과정이라 생각하고, 성장해 가는 자신의 모습에 집중하며 설레는 마음으로 그 시간을 즐기시기 바랍니다.

Cheer up!

Part 03

스몰 토크 및 센텐스 슈팅

Chapter 01

스몰 토크

스몰 토크(Small Talk)란, 면접관과 지원자 사이에 이루어지는 가벼운 대화를 의미한다. 스몰 토크를 통해 면접관은 지원자의 미소나 태도, 친화력, 영어 구사력을 평가한다. 한 질문에 2~3개의 꼬리 질문이 이어지는 경우도 있다. 스몰 토크는 주로 이력서 제출(CV Drop) 단계 또는 2차 면접 단계에서 이루어진다.

1 스몰 토크 시 유의 사항

이 단계에서 지원자에 대한 평가는 면접관과 눈이 마주치고 면접관에게 걸어가는 순간부터 시작된다. 눈이 마주치는 순간부터 환하게 미소를 짓고, 당당한 걸음걸이와 태도, 밝은 인사로 면접관이 지원자의 긍정적인 에너지를 느낄 수 있도록 한다. 또한 예상치 못한 질문에도 미소를 유지하며 침착하게 답변하는 것이 포인트! 면접관은 유창하거나 멋진 답변보다는 지원자의 상황 대처 능력 및 미소를 본다는 것을 기억하자.

2 스몰 토크 꼬리 질문 예시

예 우리 회사에 지원한 적이 있는지?

- 꼬리 질문1 지난 면접 당시 어느 단계까지 갔는지?
- 꼬리 질문2 왜 떨어졌다고 생각하는지?
- 꼬리 질문3 그동안 어떤 노력을 했는지?

3 스몰 토크 기출문제

1 인터뷰 관련

□ How are you?
기분이 어떤지?

□ Is this your first interview?
첫 지원인지?

□ Have you applied to our company before?
우리 회사에 지원한 경험이 있는지?

□ If you have, why do you think you failed?
지원한 적이 있다면, 탈락한 이유는 무엇이라 생각하는지?

□ At which stage did you fail?(= Until which stage did you make?)
면접의 어느 단계에서 탈락했는지?

□ What did you improve?
어떤 점을 개선했는지?

□ What kind of questions did you get?
어떤 질문을 받았는지?

□ What did you expect from this interview?
이 인터뷰에서 기대했던 것이 무엇인지?

□ Do you have any tattoo, scar or birthmark?
문신이나 상처, 혹은 모반이 있는지?

□ Where did you learn English?
영어를 어디에서 배웠는지?

□ Did you come here with any friend?
친구와 함께 면접에 왔는지?

□ Do you have any relatives or friends working for our company?
우리 회사에 일하고 있는 친척이나 친구가 있는지?

□ Where did you get your dress?
면접 복장을 어디서 구했는지?

2 지방 또는 해외 면접 시

□ What brought you here?
이곳에 왜 왔는지?

□ Did you come here only for this interview?
오직 면접을 위해 이곳에 왔는지?

□ Why did you choose this place for an interview?
왜 이곳을 면접 장소로 선택했는지?

□ Where are you staying today? How did you come here?
오늘 어디서 체류하는지? 여기까지 어떻게 왔는지?

□ What are you going to do during your stay?
체류 기간 동안의 계획은?

□ Do you live here? What do you do here?
이곳에 사는지? 하는 일은?

□ Where's your favorite place here?
이곳에서 가장 좋아하는 장소는?

□ Can you recommend some nice places to go here?
가 볼 만한 장소를 추천해 줄 수 있는지?

□ Can you recommend some nice restaurants here?
식당을 추천해 줄 수 있는지?

□ Which airline did you use? How was their service?
어느 항공사를 이용했는지? 서비스는 어땠는지?

3 지원 동기 및 자질

□ Tell me about yourself.
자기소개

□ Why do you want to be a flight attendant?
왜 승무원이 되고 싶은지?

□ Why it has to be our airline?
왜 우리 항공사에 지원했는지?

□ What do you know about our company(base)?
우리 회사(베이스 도시)에 대해 아는 점은?

□ What kind of effort did you make to be a flight attendant?
승무원이 되기 위해 어떤 노력을 했는지?

□ What kind of qualifications do you have to be a good flight attendant? (= Why should I hire you? = Why do you think you are qualified for this position?)
지원자를 채용해야 하는 이유는?

□ What are your proven skills?
경험이나 경력 등을 통해 입증할 수 있는 기술이 있는지?

□ What kinds of service skills have you developed?
어떤 서비스 스킬을 배웠는지?

□ How can you contribute to our company?
우리 회사에 어떻게 기여할 수 있는지?

4 개인적 질문

□ How did you choose your English name?
왜 이 영어 이름을 선택했는지?

□ How does your friend describe you?
친구가 지원자를 어떻게 묘사하는지?

□ What makes you motivate and work hard?
무엇이 지원자에게 동기를 부여하고 일을 열심히 하게 만드는지?

□ What was the funniest thing ever happened to your family?
가족에게 일어났던 가장 재미있었던 경험은?

□ What makes you special?
지원자의 특별한 점이 무엇이라고 생각하는지?

□ what is your strength(weakness)?
지원자의 장점(단점)은?

□ What kind of food do you like?
좋아하는 음식은 무엇인지?

□ What are you passionate for?(= What makes you passionate?)
열정을 가지고 있는 분야가 있는지?

□ How do you deal with stress?
스트레스 관리는 어떻게 하는지?

□ What was the risk you had recently?
최근 겪은 리스크는 무엇인지?

□ what is the biggest achievement in your life?
인생에서 이룬 가장 큰 성취는 무엇인지?

□ What is the latest achievement you have made?
최근에 이룬 성취는 무엇인지?

□ what is the most regretful moment in your life?
인생에서 가장 후회했던 순간은?

□ what is the most disappointing moment in your life?
인생에서 가장 실망했던 순간은?

□ what is the most memorable moment in your childhood?
어린 시절 가장 기억에 남는 순간은?

□ what is your favorite destination?
가장 좋아하는 여행 장소는?

□ Where is your dream place for holiday?
휴가를 위해 가고 싶은 장소는?

□ Are you a multiplayer?
멀티플레이어인지?

□ What did you do last weekend?
지난 주말에 무엇을 했는지?

□ Tell me about the last movie you watched.
가장 최근에 본 영화

5 전공

□ Why did you choose your major?
전공을 선택한 이유는?

□ What was your favorite part in your major?
전공에서 가장 좋았던 부분은?

6 해외 경험

□ Tell me about your overseas experience. How was it?
해외 경험이 있는지? 어땠는지?

□ Have you lived abroad before? (없다면) Why?
해외에서 거주한 적이 있는지? 없다면 왜 거주를 안 해 봤는지?

□ Have you worked in a foreign country?
해외에서 일해 본 적이 있는지?

□ What was the most challenging nationality to deal with?
가장 다루기 힘들었던 국적의 사람은?

□ How do you adapt yourself to a different culture?
지원자의 타문화 적응 요령은?

□ Why did you go(travel) there?
왜 그곳으로 (여행을) 갔는지?

□ Which place was the best? Why?
가장 좋았던 장소와 그 이유는?

□ Have you had any quarrels or difficulties living abroad?
해외 거주 시 겪었던 갈등이나 어려움이 있었는지?

7 취미

□ what is your hobby?(= How do you spend your free time?)
취미는 무엇인지?

□ Do you like cooking? What do you like to cook?
요리를 좋아하는지? 어떤 요리를 하는 것을 좋아하는지?

□ Tell me a recipe of your favorite food.
가장 좋아하는 음식의 요리법 설명

8 일, 직장, 서비스 및 팀 경험

□ What do you do for a living?(= what is your current job?)
지원자의 직업은?

□ What is your main duty?
주요 업무는?

□ Where is your company located?
회사 위치는?

□ Why do you want to change your job?
이직을 원하는 이유는?

□ Was there any difficulty while working there?
일하면서 어려웠던 점은?

□ Have you been upset at work?
직장에서 기분 상한 적이 있는지?

□ What would you do when you are in pressure?
스트레스를 받는 상황에서 어떻게 대처할 것인지?

□ Tell me about your past job experience. How long had you worked there?
과거의 일 경험 및 근무 기간

□ Why did you leave(quit) your job?
직장을 그만둔 이유는?

□ Have you ever worked in the service industry?
서비스 분야 경험이 있는지?

□ What do you think 'customer service' is?
'고객 서비스'란 무엇이라 생각하는지?

- □ Tell me about the best service you have provided to your customer.
  베스트 서비스를 제공한 경험
- □ Tell me about any difficult customer you dealt with.
  다루기 어려웠던 손님
- □ Tell me about poor customer service experience.
  불쾌한 서비스를 경험한 적
- □ What do you think customers expect from a service provider?
  고객이 서비스를 받을 때 기대하는 것이 무엇이라고 생각하는지?
- □ Do you get along well with your team members who are different from you? How?
  다른 성향의 동료와 잘 지내는지? 어떻게 잘 지내는지?
- □ Do you have any winning team experience? How did you contribute to your team?
  성과를 거둔 팀 경험이 있는지? 팀에 어떻게 기여를 했는지?

Chapter 02

센텐스 슈팅

센텐스 슈팅(Sentence Shooting)이란 면접자가 무작위로 제시하거나 지원자가 뽑은 질문을 즉석에서 답변하는 것을 의미한다. 다양한 주제를 다루며 지원자의 영어 구사력과 더불어 순발력, 문제 해결 능력 등을 평가하기 위한 면접 단계이다. 주로 1차 이력서 제출 단계인 CV Drop 단계 또는 2차 면접 단계에서 이루어진다. 정답은 없으며 근거만 적절하다면 어떤 것도 답이 될 수 있다. 2~4문장 정도로 간결하게 대답한다. 센텐스 슈팅은 예상하지 못한 질문이 대부분이므로 평소 꾸준한 영어면접 학습 및 연습이 필요하다.

1 센텐스 슈팅 기출문제

1 정의 내리기

□ What do you think 'humanity' is?
인간성이란 무엇이라고 생각하는지?

□ What do you think 'unique' is?
독특함이란 무엇이라고 생각하는지?

□ What do you think 'authority' is?
권위란 무엇이라고 생각하는지?

□ What do you think 'fashion' is?
패션이란 무엇이라고 생각하는지?

□ What do you think about 'change?'
변화란 무엇이라고 생각하는지?

□ What do you think 'success' or 'a successful life' is?
성공 또는 성공적인 삶이 무엇이라고 생각하는지?

□ What does ‘responsibility’ mean to you?
지원자에게 책임감이란 어떤 의미인지?

2 장단점

□ What are the pros and cons of marriage?
결혼의 장단점은?

□ What are benefits of adoption? Are you willing to adopt?
입양의 장점은 무엇인지? 입양할 의사가 있는지?

□ What would be the benefits of having a lot of children?
자녀가 많으면 좋은 점은?

□ What are the pros and cons of living alone?
혼자 사는 것의 장단점은?

□ What are the pros and cons of living with parents?
부모님과 함께 살 때의 장단점은?

□ What are advantages of social networking?
소셜 네트워킹의 장점은?

3 의견 제시

□ What do you think about marriage?
결혼에 대해 어떻게 생각하는지?

□ Why do you think people get married?
사람들이 결혼하는 이유가 무엇이라고 생각하는지?

□ What do you think about an arranged marriage?
중매결혼에 대해 어떻게 생각하는지?

□ What are the differences between a love marriage and an arranged marriage?

연애결혼과 중매결혼의 차이가 무엇이라고 생각하는지?

- □ What do you think about abortion?
  낙태에 대해 어떻게 생각하는지?

- □ Why do you think people adopt babies?
  사람들이 입양을 하는 이유는 무엇이라고 생각하는지?

- □ What do you think about adopting or fostering a pet?
  애완동물 입양에 대해 어떻게 생각하는지?

- □ Why English is a global language?
  왜 영어가 글로벌 언어인지?

- □ Why do you think people lie?
  사람들은 왜 거짓말을 한다고 생각하는지?

- □ Do you think the unknown world and another universe exist?
  제3의 세계와 다른 우주가 있다고 생각하는지?

- □ What do you think about having a woman president?
  여자 대통령에 대해서 어떻게 생각하는지?

- □ Do you think there are stereotypes?
  고정관념이 있다고 생각하는지?

- □ What does it need to be a proper boss?
  좋은 상사가 되기 위해 무엇이 필요하다고 생각하는지?

- □ What are the objectives of a boss?
  상사의 목표가 무엇이라고 생각하는지?

- □ Tell me about bad effects of shopping on girls.
  쇼핑이 여자들에게 끼치는 나쁜 영향

- □ How would shopping trends change in the future?
  쇼핑 방식이 앞으로 어떻게 변할 것 같은지?

□ Which one do you think is more important? Time or money?
시간과 돈 중 더 중요한 것이 무엇이라고 생각하는지?

□ Do you think money can buy happiness?
돈으로 행복을 살 수 있다고 생각하는지?

□ What will be the biggest problem that our next generation will face?
우리 다음 세대에서 가장 큰 문제가 될 것이 무엇인지?

□ What would be the best way to support your parents?
부모님을 도와드리기 위한 최고의 방법이 무엇이라고 생각하는지?

□ How can children support their elderly parents?
자녀들이 나이 든 부모님을 어떻게 도와드릴 수 있는지?

□ When are people impatient?
사람들이 언제 인내심을 잃는다고 생각하는지?

□ What do you think is the most dangerous sport?
가장 위험한 스포츠가 무엇이라고 생각하는지?

□ Do you think a person's appearance is important?
외모가 중요하다고 생각하는지?

□ Do you think true wisdom comes from experience?
진정한 지혜는 경험에서 나온다고 생각하는지?

□ What are benefits of getting older?
나이가 드는 것의 장점은?

□ Do you think old people are wiser than young people? Why? Then as a business owner, which one would you hire, the old or the young?
나이 든 사람들이 젊은 사람들보다 더 현명하다고 생각하는지? 그 이유는? 지원자가 회사를 경영한다면 젊은 사람과 나이 든 사람 중 어떤 사람을 고용할 것인지?

□ Why do you think education is important for people?
왜 교육이 중요하다고 생각하는지?

□ Do you think manner is important?
매너가 중요하다고 생각하는지?

□ Do you think driving is safe?
운전이 안전하다고 생각하는지?

□ Who should pay for a date?
데이트 비용은 누가 내야 한다고 생각하는지?

□ Why do you think fast food is getting so popular?
왜 패스트푸드가 인기가 많다고 생각하는지?

□ What do you think about junk food marketing?
정크 푸드 마케팅에 대해 어떻게 생각하는지?

□ Do you think media control our society?
언론이 우리 사회를 통제한다고 생각하는지?

□ Do you think money is important in our life?
돈이 우리 인생에서 중요하다고 생각하는지?

□ How does the behavior of a child affect that of the mother?
아이의 행동이 엄마의 행동에 어떤 영향을 끼친다고 생각하는지?

□ Do you think colors affect how you feel? Why?
색깔이 감정에 영향을 준다고 생각하는지와 그 이유는?

□ Who do you think ages faster? Men or women?
남자랑 여자 중 누가 더 빨리 늙는다고 생각하는지?

□ What should we do to be more beautiful?
더 아름다워지기 위해 우리가 무엇을 해야 한다고 생각하는지?

4 개인적인 질문

□ What is your favorite sound? And why?
가장 좋아하는 소리와 그 이유는?

□ What kind of accessory do you like most and why?
가장 좋아하는 액세서리와 그 이유는?

□ What is the most valuable object you have?
소유한 물건 중 가장 가치 있는 것은?

□ Which one do you prefer, books or films?
책과 영화 중 무엇이 더 좋은지?

□ What color motivates you?
어떤 색깔을 보면 동기 부여가 되는지?

□ What are you looking for in a friend?
친구에게 바라는 점은?

□ What makes you happy the most?
지원자를 가장 행복하게 만드는 것이 무엇인지?

□ Would you prefer to live in the city or countryside?
도시와 시골 중 어디에서 거주하는 것을 선호하는지?

□ Which animal can represent you?
지원자를 상징하는 동물이 무엇인지?

□ What inspires you?
무엇에서 영감을 얻는지?

□ How long do you want to live?
몇 살까지 살고 싶은지?

□ Describe yourself with one word.
자신을 한 단어로 표현

□ How do you organize things?

어떻게 정리를 하는지?

□ Tell me about your skincare routine.

지원자의 피부 관리 습관

□ Do you have your own way to get along well with kids?

어린이들과 친해지는 자신만의 방법이 있는지?

□ What is the first thing you notice when meeting someone for the first time?

사람을 처음 볼 때 무엇을 먼저 보는지?

□ Do you judge people by the way they dress?

옷으로 사람의 첫인상을 판단하는지?

□ Is there any item you'd like to sell online?

인터넷으로 팔고 싶은 아이템이 있는지?

□ Can you teach people to have empathy?

사람들에게 공감 능력을 가르칠 수 있는지?

□ Do you tend to follow traditional customs?

전통적인 관습을 따르는 편인지?

□ Are there any good manners when using public transportation?

대중교통 이용 시 좋은 매너라고 생각하는 행동이 있는지?

□ Do you like prying into secrets of others? When would be the best moment for prying into secrets of others?

다른 사람의 비밀을 캐기 좋아하는지? 비밀을 캐기에 가장 적당한 때는 언제라고 생각하는지?

□ What makes you unique?

무엇이 지원자를 독특한 사람으로 만드는지?

□ Tell me a decision that you had to make quickly but turned out wrong.
성급히 결정해서 잘못된 결정을 내린 경험

□ Have you had any problem with the manager's instructions?
상사의 지시를 따르는 것에 문제가 있었던 적은 있는지?

□ What kind of ability would you develop for your team?
팀을 위해 어떤 능력을 키울 것인지?

□ What do you know about the aviation industry?
항공 산업에 대해 아는 것은?

5 한국 관련 질문

□ what is the best holiday of Korea for you?
한국 최고의 명절은 언제라고 생각하는지?

□ What do you think about the relationship between Korea and Japan?
한국과 일본의 관계에 대해 어떻게 생각하는지?

□ What do you think is the difference between Korea and other countries?
한국과 외국의 차이점이 무엇이라고 생각하는지?

□ What is the average age of marriage in South Korea?
한국인의 평균 결혼 나이는?

□ What are current issues in Korea?
현재 한국의 주요 이슈는?

□ What do you think about North Korea? Do you think South and North Korea should be reunited?
북한에 대해 어떻게 생각하는지? 통일이 되어야 한다고 생각하는지?

□ What do you think is the biggest difference between South Korea and North Korea?
남한과 북한의 가장 큰 차이점은 무엇이라고 생각하는지?

□ Why do you think Koreans go on a cosmetic surgery for double eyelids?
한국인은 왜 쌍꺼풀 수술을 하는지?

□ Why Koreans are crazy about brand goods?
한국인은 왜 브랜드에 열광하는지?

□ Is there anything you want to change in Korean culture?
한국 문화 중 바꾸고 싶은 것이 있는지?

□ What is the most common crime in Korea?
한국은 어떤 범죄가 제일 많은지?

□ What do you know about crime in Korea?
최근 한국에서 일어나고 있는 범죄에 대해 아는 것이 있는지?

6 What if 질문

□ What kind of concern you would have in five years?
5년 후 하고 있을 것 같은 걱정은?

□ Are you going to lie to your future husband?
미래의 남편에게 거짓말을 할 것인지?

□ If you have children, which values do you want to pass onto them?
부모가 된다면 아이들에게 전해 주고 싶은 가치는?

□ What would like to do if you won a million dollar lottery?
복권에 당첨된다면 하고 싶은 것은?

□ What would you like to do if you had supernatural power?
초능력이 생긴다면 하고 싶은 것은?

□ If you could change one thing in the world, what would it be?
세상에서 하나를 바꿀 수 있다면 바꾸고 싶은 것은?

□ If you could go back, what would be two advice you'd like to give your past self?
과거로 돌아갈 수 있다면 과거의 나에게 해 주고 싶은 두 가지 충고는?

□ If a time machine could take you anywhere for one day, when(where) would you go and why?
타임머신을 타고 하루 동안 어디라도 갈 수 있다면 언제로(어디로) 돌아가고 싶은지, 그리고 그 이유는?

□ If you go back in time, what would you change?
과거로 돌아간다면 바꾸고 싶은 것은?

Chapter 03

스몰 토크 및 센텐스 슈팅 시 유용한 상황별 표현

면접 시 너무 긴장하거나 다국적 면접관들의 영어에 익숙하지 않는 등의 이유로 지원자들이 면접관의 질문을 이해하지 못하는 경우가 자주 발생한다. 이때 당황해서 질문의 의도에 벗어난 답변을 하지 말고, 아래의 표현을 익혀 상황에 맞게 사용하도록 하자.

질문을 다시 듣고 싶은 경우(다시 한번 말씀해 주시겠습니까?)

- □ Pardon me?
- □ I beg your pardon?
- □ Pardon, could you say that again?
- □ I didn't hear you clearly. Would you mind repeating it?

질문 속도가 너무 빠른 경우(좀 더 천천히 말씀해 주시겠습니까?)

- □ I'm sorry, would you mind repeating it more slowly, please?
- □ Excuse me, would you mind speaking more slowly?

질문의 표현 또는 단어를 이해하지 못한 경우(해당 단어나 표현의 뜻을 설명해 주시겠습니까?)

- □ Would you mind telling me the meaning of (단어/표현)?
- □ (단어/표현) is a new word(expression) for me. Can I ask the meaning of (단어/표현)?

추상적인 질문이라 구체적인 질문의 의도를 알고 싶은 경우(질문의 의도를 구체적으로 설명해 주시겠습니까?)

- □ Does it mean (지원자가 이해한 내용)?
- □ Do you want me to answer about (지원자가 이해한 내용)?

생각할 시간이 필요한 경우(생각할 시간을 좀 주시겠습니까?)

- □ Well, I haven't thought about it(this issue), could you give me a second to think?
- □ Could you give me some time to think?

제자들의 합격 후기 ❸ - 2019년 카타르 항공 합격생

행운의 여신은 포기하지 않는 자에게 미소 짓는다

Q 현재 근무하는 항공사

A 2019년 7월, 세 번째 시도만에 카타르 항공에 합격했습니다.

Q 면접 준비 및 합격 꿀팁

A **❶ 나의 장점과 단점을 먼저 파악하자!**

외항사 면접을 준비하는 데 있어서 가장 중요한 것은 자신의 장단점을 파악하고 꾸준하게 준비하는 것이라고 생각합니다.

❷ 영어에 발목 잡히지 말자!

카타르 항공의 경우, 센텐스 슈팅을 통해 지원자들의 대처 능력과 영어 실력을 확인하려고 합니다. 센텐스 슈팅의 답변을 다 외워서 준비하는 것은 불가능합니다. 면접관이 매번 새로운 질문을 준비해 오기 때문입니다. 그래서 당황스러운 질문에도 답변할 수 있도록 영어 실력 자체를 향상시키는 것이 중요합니다. 저는 이를 위해서 매일 유튜브, 영화, 책 등을 통해 공부를 했습니다. 또한 다양한 주제에 대해 생각을 정리해 보고 말해 보는 연습을 꾸준히 했습니다.

❸ 면접관의 질문 의도를 파악하자!

처음에 답변을 준비할 때는 답변의 정도를 찾는 것이 어렵습니다. 흔히 말하는 면접용 답변과 내가 진짜로 말하고 싶은 것 사이에서 최상의 답변을 만드는 것이 쉽지 않기 때문입니다. 이럴 때는 반대로 면접관의 입장에서 생각해 보는 것이 많은 도움이 됩니다. 또한, 해외 경험이나 업무 경력 등 본인의 장점이 돋보이는 에피소드 위주로 답변 준비를 하고 이를 주변 사람들에게 물어보는 것도 도움이 됩니다.

❹ 면접 스터디를 꾸준히 하자!

이러한 준비 외에도 민아 선생님, 하림 선생님과 함께한 수업과 꾸준한 스터디가 많은 도움이 되었습니다. 전문적인 선생님들과 준비를 할 때의 가장 큰 장점 중 하나는 꼼꼼한 회사 정보 자료입니다. 회사에 대한 기본적인 정보와 분위기를 파악하는 데 큰 도움이 되며, 기본 질문들 준비도 더 수월해집니다. 또한 수업을 통해서 알게 된 친구들과 함께 의지하면서 준비를 할 수 있기에, 정신적으로도 도움이 됩니다. 저 역시 스터디 덕분에 포기하지 않고 준비를 할 수 있었던 것 같습니다.

❺ 매일 조금씩, 꾸준히 하자!

외항사 채용은 회사 사정에 맞춰서 갑작스럽게 열리는 경우가 많기 때문에 준비생의 입장에서는 느슨해지기가 쉽습니다. 하지만 반대로 생각하면, 평소에 꾸준히 준비할수록 기회가 왔을 때 합격할 확률이 높아진다고 볼 수 있습니다. 이런 기회를 잡기 위해서는, 스스로의 목표를 세우는 것도 좋은 방법입니다.

Q 도전하는 예비 승무원들에게

A 면접에는 정답이 없습니다. 때문에 더 막막하게 느끼고 운이 필요하다는 말에도 공감하실 것입니다. 그렇지만, 충분한 준비가 되었을 때만 '운'이 찾아오는 것 같습니다. 스스로 당당하고 솔직한 'be myself'가 가능할 때, 면접관도 지원자의 매력과 열정을 더 크게 느낄 것입니다. 외항사 승무원을 꿈꾸는 모든 분들께 합격이라는 행운이 빨리 찾아오기를 바랍니다.

Dreams come true.

Part
04

비디오 면접

Chapter 01

비디오 면접

비디오 면접이란 면접관과 직접 대면하는 형식이 아닌 온라인상으로 진행하는 면접 방식이다. 보통 서류 전형 다음 단계에서 1차 면접을 대신해 사용하며, 에미레이트 항공을 포함한 몇몇 항공사의 경우는 파이널 인터뷰를 비디오 면접으로 진행하기도 한다. 보통 2~3문제가 출제되며 간단한 에세이 작성을 요구하는 경우도 있다.

비디오 면접에서 면접관의 평가 포인트는 서비스직에 적합한 이미지와 태도, 자연스러운 영어 구사 능력이다. 그러나 제일 중요한 것은 자연스러운 미소임을 잊지 말자.

1 비디오 면접 심사 기준

비디오 면접 채점 시에는 AI를 이용하며, 미소, 시선 처리, 자세, 영어 구사 능력을 중점적으로 평가한다. 대체적으로 TOEIC Speaking 시험이나 OPIC 시험과 유사하다.

2 비디오 면접을 실시하는 항공사

싱가포르 항공, 캐세이퍼시픽 항공, 에미레이트 항공, 오만 항공, 플라이 두바이, 홍콩 항공 등

3 비디오 면접 전 체크 리스트 및 유의 사항

1 면접에 사용할 장비(핸드폰, 컴퓨터, 노트북, 아이패드 등) 확인

비디오 면접을 보기 전에, 비디오 면접을 실시할 컴퓨터나 휴대폰 등에 기계적 결함이 없는지 확인한다. 또한 오디오 시스템, 영상 화질, 인터넷 연결, 배터리 충전 상태 등을 확인하고 핸드폰 사용 시에는 매너 모드 설정을 잊지 말자.

2 카메라의 위치와 각도 조절

카메라의 위치에 따라 지원자의 인상이 달라지므로 사전에 카메라의 위치와 각도를 조절한다. 지원자의 시선과 카메라의 높이가 수평이 되도록 한다.

3 메모지와 필기도구 준비

대부분의 항공사 비디오 면접은 30초 정도의 연습 시간이 있으므로, 질문을 확인한 후 답변할 내용을 키워드로 간단히 메모해 두면 당황하지 않고 답변을 할 수 있다.

4 면접 복장 및 그루밍 확인

실제 항공사 면접처럼 머리, 메이크업, 복장, 구두까지 완벽히 준비한다. 면접 복장을 고를 때는 무늬나 패턴이 많은 옷은 피한다. 메이크업과 면접 복장은 사전에 비디오로 녹화해 본 후 자신에게 잘 어울리는지 화면상으로 직접 확인한다.

화면은 실제보다 어두워 보이는 경향이 있으므로, 실제 면접보다 화장을 조금 더 강하게 하는 것이 선명한 인상을 줄 수 있다. 또한 지원자들에게 일어서서 전신 모습을 보여 달라고 요구하는 경우도 있으므로 실제 면접처럼 복장뿐 아니라 구두까지 완벽하게 갖추어 입는다.

5 배경, 소음, 조명 확인

비디오 면접 시, 배경 역시 중요하다. 어지러운 옷들이 널려 있는 방이나 많은 메모가 붙어 있는 벽이 화면에 보이는 배경이라면 좋은 인상을 주기 어렵다. 또한 전화 소리나 초인종 소리, 반려동물이 짖는 소리 등이 예상치 못하게 면접을 방해하지 않아야 한다. 조명 역시 중요하므로 미리 장소를 답사해서 예약을 한다(스터디 카페나 스튜디오 추천). 조명의 경우는 자연광을 추천하며 간이 조명을 구입하는 것도 좋다.

6 미소

항공사 비디오 면접의 주된 목적은 기본적인 영어 실력뿐만 아니라 지원자의 이미지를 평가하기 위함이니 미소를 잃지 않도록 평소에 지속적으로 의식하고 연습해 보자.

7 손동작과 자세, 시선 처리

과한 손동작은 피하고 답변 중 시선 처리에 유의한다. 카메라를 계속 응시하면서 답변하는 것이 좋다. 녹화를 할 때는 얼굴이 화면 중간에 오도록 하며, 앉을 때도 바른 자세를 유지한다.

8 답변 길이

일반적으로 각 질문당 3~4분 정도의 답변 시간이 주어지지만 답변 길이는 1~2분 정도면 충분하다.

Chapter 02 비디오 면접 하이어뷰 프로그램

하이어뷰(HireVue) 프로그램은 회사들의 채용을 돕기 위한 비디오 인터뷰 소프트웨어 프로그램이다. 보다폰, 티파니, 유니레버 등의 대기업과 콴타스 항공 등 700여 곳의 세계적인 기업들이 하이어뷰 프로그램을 통해 채용을 진행하고 있다. 현재 하이어뷰 프로그램을 사용하는 항공사는 싱가포르 항공, 캐세이퍼시픽 항공, 에미레이트 항공 등이다.

1 HireVue 실행 화면

하이어뷰 프로그램은 실제 면접 시작 전에 지원자에게 연습할 수 있는 기회를 준다. 익숙해질 때까지 충분히 연습하는 것이 좋다.

2 설정 조정 화면

설정 조정 단계에서 웹캠 및 마이크, 화면 각도 등을 꼼꼼히 확인하고 조절한다.

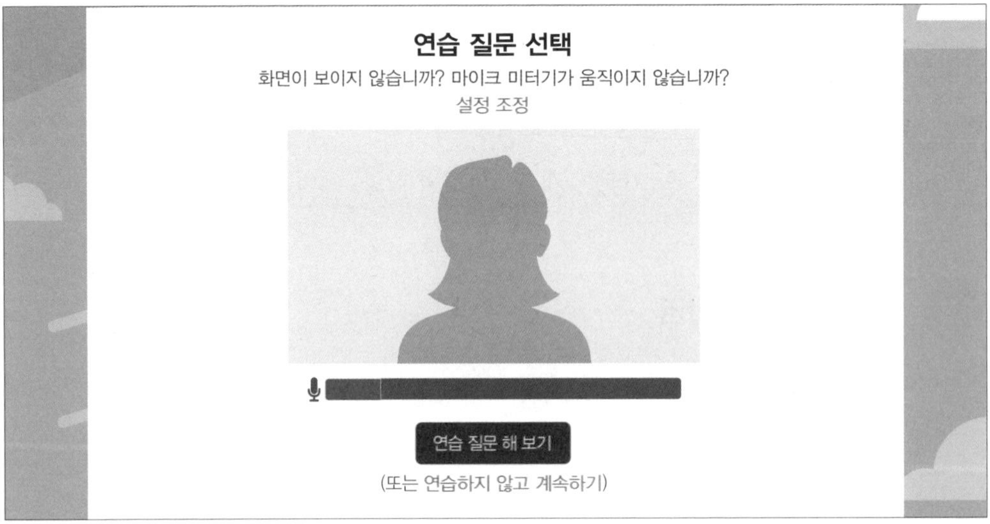

3 연습 질문 화면

연습 질문을 통해 프로그램 사용에 익숙해지도록 한다.

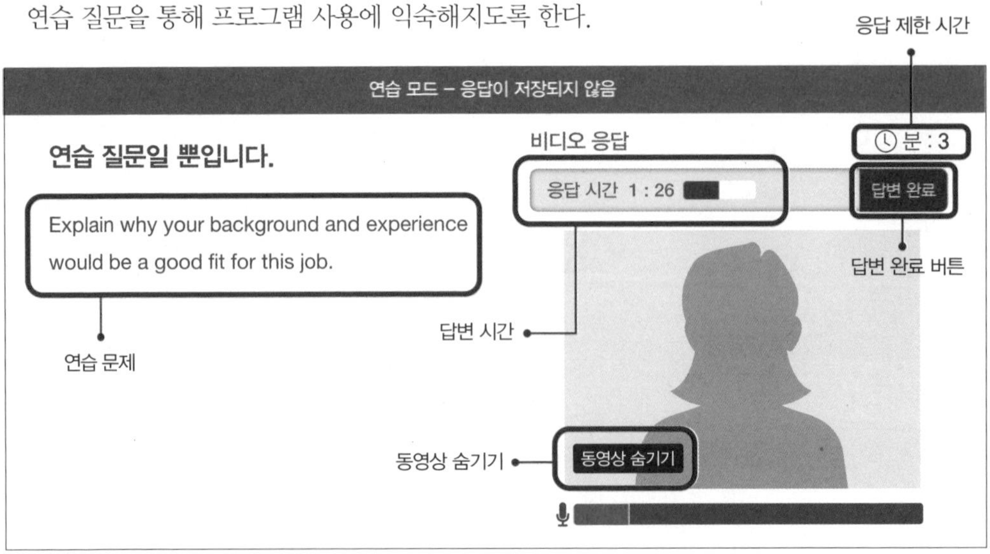

4 실전 답변 화면

최대한 밝은 미소와 자연스러운 태도로 면접에 임한다.

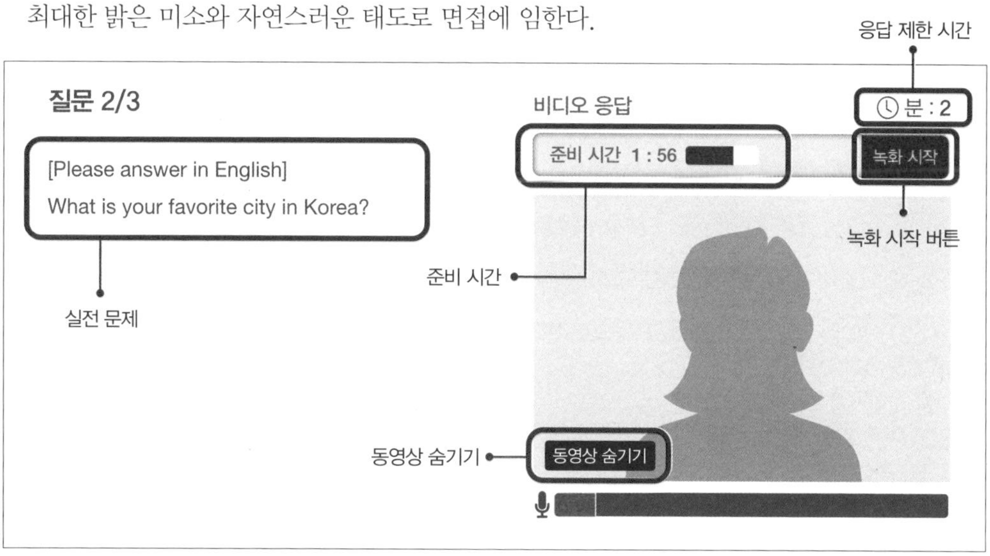

5 완료 후 화면

면접을 마친 후 바로 프로그램을 종료하지 말고 면접 완료를 알리는 화면이 있는지 확인한다.

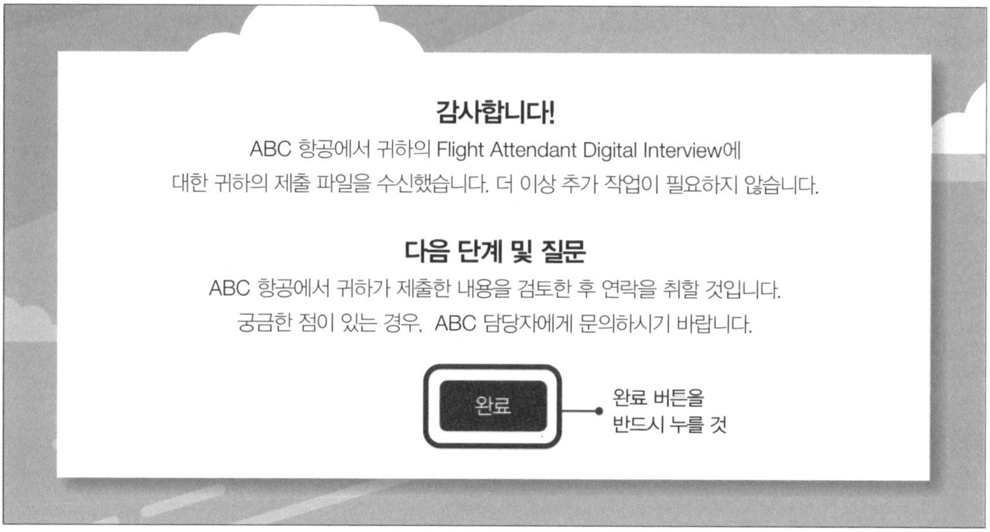

Chapter 03

항공사별 비디오 면접 기출문제

1 싱가포르 항공

- 면접 질문 2개 + 짧은 에세이 1개 + 전신 모습 요청으로 구성된다.
- 각 질문 사이의 준비 시간은 30초이며 각 질문당 3분의 시간이 주어진다. 비디오 면접을 보기 위해 주어진 시간 내에는 하이어뷰를 통해 무한 연습이 가능하다.
- 마지막 단계에서 전신 모습을 요구하므로 면접 복장을 구두까지 완벽하게 갖추어 입는다.

1 2019년 7월 기출문제

면접 질문

□ Tell us about a time when you encountered a challenging situation. What did you do to overcome it?
힘들었던 시기와 극복 방법 서술

□ A passenger is interested in knowing more about Korea. What would you suggest for them to do?
한국에 대해 관심 있는 승객에게 무엇을 하라고 추천하고 싶은지?

에세이

□ In less than 250 words, tell us what qualities you have which will make you a good cabin crew member of Singapore Airlines.
250자 이내로, 싱가포르 항공의 능력 있는 승무원으로 만들어 줄 본인의 자질이 무엇이라고 생각하는지 서술

2 2018년 하반기 기출문제

면접 질문

□ Tell me about the smartest person you know personally and why.
본인이 알고 있는 가장 스마트한 사람과 그 이유에 대해 서술

□ What would you do if you saw another cabin crew member being rude to a passenger?
다른 승무원이 승객에게 무례한 행동을 하고 있다면 어떻게 할 것인지?

에세이

□ Tell me about a time you had put yourself for a difficult goal.
어려운 목표를 위해 본인이 노력했던 순간에 대해 서술

3 2018년 상반기 기출문제

면접 질문

□ Can you tell me a difficult situation that you overcame?
본인이 극복한 어려웠던 상황에 대해 말할 수 있는지?

□ How would you help a nervous first-time traveller?
첫 여행으로 인해 긴장한 승객을 어떻게 도와줄 것인지?

에세이

□ Tell us if you were stranded on a deserted island, what three things would you take? and why?
무인도에 가게 된다면 가지고 갈 세 가지는? 그리고 그 이유는?

2 캐세이퍼시픽 항공

- 2가지 유형의 질문(스몰 토크와 서비스 상황별 시나리오)이 한 세트로 나온다.
- 각 질문 사이의 준비 시간은 30초이며 각 질문당 2~3분의 시간이 주어진다. 비디오 면접을 보기 위해 주어진 시간 내에는 하이어뷰를 통해 무한 연습이 가능하다.
- 캐세이퍼시픽 항공은 비디오 면접을 보는 시기에 따라서 다른 문제가 출제된다.

1 2019년 7월 기출문제

스몰 토크

□ What do you like the most about the city you live and why?
현재 거주하는 도시의 어떤 점을 가장 좋아하는지? 그 이유는?

□ What is the most profitable market now?
현재 수익성이 가장 있는 시장은?

□ Why do you think K-pop is popular worldwide?
왜 K-pop이 세계적으로 인기를 얻고 있다고 생각하는지?

□ What is your favorite Korean dish? And why?
가장 좋아하는 한국 음식은? 그 이유는?

□ What is your favorite city in Korea?
한국에서 가장 좋아하는 도시는? 그 이유는?

□ What is the must-do activity as a first time traveler to Seoul?
서울을 처음 방문하는 여행자가 꼭 해야 하는 것은?

□ What is your favorite cartoon character and why?
가장 좋아하는 만화 캐릭터는? 그 이유는?

□ What is your favorite Korean brand?
가장 좋아하는 한국 브랜드는?

서비스 상황별 시나리오

□ You work in an amusement park as a supervisor. A guest complains you that one of the staff favors some visitors by giving them free fast track entry passes. The guest has been waiting in the queue for over an hour and thinks this is unfair to those who have paid for expensive fare. How would you handle this situation as a supervisor?

당신은 놀이 공원의 매니저로 일하고 있다. 한 고객이 당신의 직원 중 1명이 패스트트랙 카드를 다른 몇몇의 고객들에게 무료로 나누어 주고 있다고 불만을 제기한다. 그 고객은 1시간이 넘게 대기 중이었고, 비싼 티켓을 구입한 고객들에게도 불공평한 일이라고 말한다. 매니저로서 이런 상황을 어떻게 해결할 것인가?

□ You work in a hotel as a front desk officer. A loyal guest comes to you and asks you for a free upgrade of his room because it is his birthday. You check on the computer and find there is only one presidential suite left. Your manager is currently in a meeting and you have to make a decision now. Would you upgrade this guest and why?

당신은 호텔 프런트 데스크에서 일하고 있다. 한 충성 고객이 본인의 생일이니 그의 방을 업그레이드해 달라고 부탁한다. 당신은 스위트룸이 단 1개가 남아 있는 것을 확인했다. 당신의 매니저는 회의 중이고 당장 결정을 내려야 하는 상황이다. 당신은 그 고객의 방을 업그레이드해 줄 것인가? 그 이유는?

□ You work in a bank as a branch manager. A few customers complain to you that they have been waiting in the queue for over 45 minutes, and they notice that one of the bank tellers is constantly texting on her mobile phone. They are very disappointed with the service. How would you handle this situation?

당신은 지점의 매니저로 은행에서 일하고 있다. 몇몇의 고객이 45분이 넘게 기다리고 있다며 불만을 제기한다. 그리고 그들은 창구 직원 중 1명이 휴대폰으로 계속 문자를 보내고 있다는 것을 알았다. 고객들이 서비스에 실망한 상황을 어떻게 해결할 것인가?

□ You are a store manager at a restaurant. A customer complains to you that one of your staff has spilled red wine over his shirt and he was only offered some tissues to clean up. The customer is very upset with the stain now. How would you handle this situation as a store manager?

당신은 한 레스토랑의 매니저이다. 한 고객이 당신의 직원 중 1명이 고객의 셔츠에 레드 와인을 쏟았는데, 단지 얼룩을 닦을 냅킨만 제공받았다고 불만을 제기한다. 그 고객은 셔츠의 얼룩 때문에 굉장히 화가 나 있다. 매니저로서 이 상황을 어떻게 해결할 것인가?

□ You are a librarian, a visitor complains to you that books on the shelves are in a mess and there is a group of kids making noise at children's corner. How would you handle this situation?

당신은 도서관의 사서이다. 한 고객이 책들이 정리가 되어 있지 않고 아동 코너에 있는 아이들이 시끄러운 소음을 내고 있다는 불만을 제기한다. 이 상황을 어떻게 해결할 것인가?

3 플라이 두바이

• 면접 질문 3개로 구성되어 있다.

• 각 질문 사이의 준비 시간은 30초이며 각 질문당 2~3분의 시간이 주어진다.

• 비교적 질문의 난이도가 쉬운 편이며 서류 전형 후 실시하는 온라인 영어 테스트에 합격한 지원자들에 한해 비디오 면접을 진행한다.

1 대표 기출문제

□ Talk about yourself and your previous work experience.

자신과 이전 근무 경력에 대해서 소개

□ Why do you want to join Fly Dubai?
왜 플라이 두바이에 지원하게 되었는지?

□ What does 'Excellent customer service' mean to you?
본인에게 '탁월한 서비스'라는 말은 어떤 의미인지?

□ Anything else you would like to add to support your application?
본인의 지원을 뒷받침하기 위해 더 하고 싶은 이야기가 있는지?

□ Would you like to add anything more about yourself that is not on your resume?
이력서에는 없는, 본인에 대해 더 하고 싶은 이야기가 있는지?

□ What made you qualified to become a flight attendant?
승무원의 직무에 적합한 본인의 자질은?

제자들의 합격 후기 ④ - 2016년 에어아시아, 2019년 캐세이퍼시픽 항공 합격생

모든 것을 가능하게 만든 한 마디 "나는 할 수 있다."

Q 현재 근무하는 항공사

A 에어아시아에서 비행을 시작했고 현재는 캐세이퍼시픽 항공에서 근무 중입니다.

Q 승무원 준비를 하면서 가장 힘들었던 점

A '정말 승무원이 될 수 있을까?'라는 생각 때문에 불안했던 적이 많았습니다. 친구들이 졸업 후 취업을 해서 사회생활의 첫 걸음을 시작하는데 비해서, 저는 언제 채용이 있을지도 모르는 항공사 승무원을 꿈꾸며 면접을 준비해야 했기 때문입니다. 무엇보다 '준비하고 있는 답변이 면접관들이 좋아할 답변인가?'에 대한 확신이 없었습니다.

Q 한 번도 어려운 승무원 면접을 두 번이나 합격한 면접 준비 및 합격 꿀팁

A 답변 시에는 밝은 태도를 유지하려고 애썼습니다. 밝고 재미있는 사람은 면접관이 국적과 상관없이 좋아할 것이라고 굳게 믿었기 때문입니다.

또한 면접관이 좋아할 법한 대답을 찾는 것 대신에 제가 가지고 있는 많은 경험들 중에 매력적이고 흥미로운 이야기를 찾아서 정리했습니다. 대부분의 외항사 면접은 기본적으로 개인이 가지고 있는 경험이나 생각을 묻는 형식이기 때문에 진실되고 재미있는 에피소드가 많을수록 유리하다는 생각이 들었습니다.

한편 답변을 준비할 때, 남들이 다 알고 있고 인터넷에 너무 많이 나와 있는 뻔한 정보보다는(예를 들어, 카타르 항공에 대해 질문하면 5성급 항공사라고 대답하는 분들이 너무나도 많습니다) 다양한 경로를 통해 최신 정보를 찾으려 애썼습니다. 답변을 구체적으로 작성할 때는 답변 시에 쉽게 지나칠 수 있는 단어 하나하나도 맥락상 적절한 단어인지, 외국인 면접관의 입장에서 들었을 때 알기 쉬운 표현인지 고민했습니다.

마지막으로 표정, 미소 등을 하나하나 세심하게 연습하며 준비했습니다. 저 같은 경우에는 환한 미소와 올바른 자세가 제 생활 속의 일부분이 되게끔 항상 연습했던 것 같습니다. 수업 시간에도 무표정으로 수업을 듣지 않고 그 수업 시간 내내 미소를 띠면서 수업을 들었으며, 대중교통을 이용할 때나 식당에서 음식을 주문할 때도 최대한 밝은 미소와 곧은 자세를 유지하려고 애썼습니다.

Q 도전하는 예비 승무원들에게

A 승무원 준비를 하면서 가장 중요한 부분 중 하나는 마음가짐이라고 생각합니다. 붙을지 떨어질지 모르는 면접을 준비하면서 짧게는 몇 달, 길게는 몇 년을 끌고 가야 하니까요. 저는 자신감, 자존감이 떨어질 때 제 단점을 계속 생각하기보다는 제 장점이나 전보다 나아진 점에 집중하면서 자신감을 끌어올리도록 노력했습니다. 한편으로는 같이 준비를 하던 친구들과 지윤(빅키) 선생님이 주는 따뜻한 조언이 정말 큰 힘이 되었습니다. 그런 순간들이 모이면서 저도 모르게 점점 더 자신감 있고 긍정적인 사람, 그리고 제가 가진 꿈에 최선을 다할 수 있는 열정적인 사람으로 변했습니다.

꿈이 생겼다면, '이젠 할 수 있을까?', '될 수 있을까?'라는 고민은 접어 두고 긍정적인 생각을 가지고 하루하루 최선을 다하시기 바랍니다. 그렇게 긍정적으로 생각하며 노력을 한다면 자신도 모르는 사이에 그 꿈을 이뤄서 비행을 하고 있을 것이라고 자신 있게 말할 수 있습니다. 꿈을 가진 여러분들을 응원합니다. 화이팅!

It's now or never!

Part 05

그룹 디스커션

Chapter 01

그룹 디스커션

그룹 디스커션(Group Discussion)은 토론 면접이라고도 하며, 그룹 활동을 통해 지원자의 팀워크와 타인에 대한 배려심을 평가하기 위한 면접 방식이다. 항공사마다 적게는 4~5명, 많게는 15~25명이 한 조가 되어서 주어진 주제에 대해 주어진 시간 내에 토론한다. 정답이 정해져 있지 않으므로 유연하고 창의적으로 사고하는 것이 중요하다. 또한 조원의 의견을 경청하고 적극적으로 호응해 주며 즐거운 토론 분위기를 만드는 것이 포인트이다. 그룹 디스커션은 크게 디스커션과 디베이트로 나뉜다.

핵심 TIP 디스커션 vs 디베이트

디스커션 : 주어진 주제에 대해 의논과 협의를 통해 결론을 도출

디베이트 : 주어진 주제에 대해 찬성과 반대의 입장에서 각자 자신의 주장을 논리적으로 내세워 자신의 입장이 옳음을 입증

예 한국의 성형 문화가 주제인 경우

디스커션 : 한국의 성형 문화에 대해 서로의 의견을 제시하라.

디베이트 : 한국의 성형 문화에 대해 찬성 팀과 반대 팀으로 나눈 후, 결론을 도출하라.

1 토론 시 주의할 점

- 말하는 사람과 듣고 있는 사람 모두 평가 대상임을 잊지 말자.
- 혼자서 대화를 주도하거나 다른 사람의 발언 기회를 빼앗지 않도록 주의한다.
- 상대방의 의견에 대한 적극적인 리액션과 경청하는 자세를 보여 주도록 한다.
- 반대 의견을 말할 때는 상대방의 의견도 존중하는 태도를 지킨다.
- 주어진 시간 안에 토론을 끝낸다.

2 지원자들이 흔히 하는 실수

• 면접관의 지시를 잘 이해하지 못했음에도 질문하지 않는다.

Point! 토론을 시작하기 전에 질문하는 것을 두려워하지 말자.

• 팀원을 도와주려는 마음에 의견을 제시하지 않은 지원자를 지목한다.

Point! 지목받은 팀원을 당황시키는 행동이다.

• 반드시 아이디어를 제시해야 한다는 생각에 사로잡혀 토론에 집중하지 못한다.

Point! 다른 팀원의 의견에 덧붙이거나 적극적으로 동의하는 것도 참여의 일부이다.

• 상대팀을 반드시 이겨야 한다고 생각해서 끝까지 본인의 의견만 주장한다.

Point! 항공사 면접에서 토론의 목적은 지원자의 팀워크와 배려심을 보기 위함임을 잊지 말자.

• 시간 배분을 잘하지 못해서 주어진 시간을 지키지 못한다.

Point! 주어진 시간 내에 토론을 마무리하지 못하는 것도 감점의 요인이 될 수 있다.

Chapter 02

토론 시 유용한 표현

토론을 할 때 같은 표현을 여러 번 반복하기보다는, 각 상황별 다양한 표현을 2~3개 숙지해 두면 토론을 자연스럽게 이끌어갈 수 있다.

1 토론 시작 전

1 토론을 시작할까요?

□ Shall we start?

□ May I go(start) first?

□ Is it okay if I start first?

2 제가 이해하기로 이번 토론의 주제는~

□ As far as I understand, our topic is~

2 의견 제시 시

1 제 생각(경험)으로는~

□ In my opinion,

□ In my view,

□ In my experience,

□ From my point of view,

□ As far as I know,

□ It seems to me that~

□ As far as I'm concerned,

□ As far as I can see,

3 상대방의 의견에 반대할 때

1 그 의견도 일리가 있지만~

- □ I can see your point, but what bothers me is~
- □ I partially agree with you, but~
- □ I got your point. But wouldn't it be better to~?
- □ That's a good point(idea), but~
- □ I agree with your point, but~
- □ That maybe true, but what I'm afraid of is~
- □ Yes, I suppose so, however~
- □ That's worth thinking about, but~
- □ Well, it depends. Because~

2 그 의견에 동의하지 않습니다. 왜냐하면~

- □ I'm not sure about that, because~
- □ I'm afraid I can't agree on that. Because~
- □ I understand your point about it, but I cannot agree with you because~

4 상대방의 의견에 동의할 때

1 그 의견에 동의합니다

- □ Exactly!
- □ Precisely!
- □ Totally!
- □ I love what you said.
- □ That is a good point(idea).
- □ I agree with you on what you said.

- □ I couldn't agree with you more.
- □ I'm with you on that.
- □ I was about to say that! I totally agree with you because~
- □ That is exactly what I wanted to say.
- □ That's what I was going to say.
- □ That's exactly what I was thinking.
- □ That sounds great! I really like your opinion.

5 다른 사람의 말을 잘 이해하지 못했거나 질문할 때

1 다시 한번 말씀해 주시겠습니까?

- □ I beg your pardon?
- □ Sorry, I didn't get that. Could you say that again?
- □ Would you mind repeating that again?

6 상대방 의견에 나의 의견을 덧붙일 때

1 그 의견에 덧붙이자면~

- □ Let me support your idea.
- □ May I add something on your idea?

2 방금 말한 것처럼~

- □ Like you said,
- □ As you said earlier,
- □ As you have mentioned about~

7 시간 관리

1 시간이 얼마 남지 않았으니, 결론을 내는 게 어떨까요?

□ Time is running out(= We're running out of time). We need to come to a conclusion now.

□ It's time to wrap up.

□ I think it's time for us to narrow down the options.

□ I'm afraid we have only 3 minutes left. Shall we make a conclusion?

□ I think it's a good time for us to arrange our ideas on what we have discussed.

8 결론을 도출하거나 토론을 마무리지을 때

1 정리하자면,

□ To sum up,

□ Just to recap,

□ In conclusion,

Chapter 03 항공사별 그룹 디스커션 기출문제

1 에미레이트 항공

에미레이트 항공은 1차 그룹 디스커션 합격자에 한해 2차 디스커션을 실시하므로 지원자는 총 두 번의 그룹 디스커션을 하게 된다. 1차 및 2차 디스커션 유형은 다음과 같다.

- 1차 디스커션
  - 유형 1 : 사진 묘사
  - 유형 2 : 사물 카드 & 직업 카드
- 2차 디스커션 : 오버부킹 시나리오

1 1차 디스커션 유형 1 : 사진 묘사

2인 1조로 파트너와 다양한 기내 상황이 담긴 사진에 대해 토론한다. 이후 자리에서 일어나서 사진 속의 상황을 설명하거나 사진 뒷면에 적힌 질문 또는 사진 속 상황과 관련된 면접관의 질문에 답변한다.

사진 앞면

사진 뒷면

질문 1 : 사진은 어떤 상황일까?

질문 2 : 이 여자 승객의 직업이 무엇일까?

질문 3 : 이 상황에 승무원으로서 어떻게 해야 할까?

2 1차 디스커션 유형 2 : 사물 카드 & 직업 카드

먼저, 각 조마다 사물 카드를 한 장씩 받은 다음, 카드 안에 적힌 사물을 원래의 용도가 아닌 창의적으로 사용할 수 있는 방법에 대해 파트너와 5분 동안 토론하고 한 사람씩 발표한다. 발표 후에는 다양한 직업이 적혀 있는 카드를 받고, 같은 파트너와 그 직업과 관련된 면접관의 질문에 대해 3~5분 동안 토론한 후 발표한다.

사물 카드

질문 : 장미를 어떻게 창의적으로 사용할 수 있을까?

직업 카드

질문 1 : 농부가 장미를 어떻게 창의적으로 사용할 수 있을까?

질문 2 : 농부에게 필요한 교육은?

질문 3 : 농부에게 필요한 자질은?

3 카드 기출

사물 카드 기출

lipstick, wood, pillow, shoes, coffee beans, orchid, chocolate, rose, cherry, candies, strainer, chewing gum, alarm clock, starfish, bucket, car, water bottle, hairband, towel, book, plastic cup, hair comb, pen, heater, paper bag, chair, scissors, mirror, vacuum cleaner, earphones, pencil case, colored paper, fan, body lotion, toothbrush, sweater, USB, white board, stamp, postcard, pain-killer, bicycle, spoon, sofa, curtain, picture, ruler, remote controller, fireplace, carpet, speaker

직업 카드 기출

photographer, fire fighter, painter, florist, computer programmer, actor, singer, radio presenter, personal shopper, astronaut

4 2차 디스커션 : 오버부킹 시나리오

한정된 자원을 배분하는 시나리오이다. 결론을 도출하기 위해 팀원 모두의 동의를 이끌어 내야 한다. 각자 이 손님들을 왜 선택했는지, 그리고 왜 선택하지 않았는지에 대한 의견이 있어야 하며, 토론 후 한 사람이 토론 결과에 대해 요약해서 설명한다.

면접관으로부터 다양한 상황에서의 오버부킹(호텔, 비행기, 레스토랑 등에서 보유 객실 또는 좌석 이상의 예약을 받는 일) 시나리오를 받는다. 주어진 시간(약 10~15분) 내에 한정된 자원을 배분할 일부 고객을 선정해야 한다. 발표 후, 면접관이 추가 질문을 통해 지원자의 문제 해결 능력을 평가하기도 한다.

기출1 You are a cabin crew member of Emirates. During a flight, you realize that the in-flight entertainment systems of seven seats are malfunctioning. Unfortunately, there's only one seat available with a functional system now. Which passenger will you give the seat to and why?

당신은 에미레이트 항공의 승무원이다. 비행 도중 7개 좌석의 기내 엔터테인먼트 시스템이 제대로 작동되지 않는다는 사실을 알게 되었다. 불행히도, 시스템이 제대로 가동되는 여유 좌석은 하나뿐이며 7명의 승객이 모두 그 자리로 가기를 원한다. 당신은 누구에게 그 좌석을 줄 것이며 그 이유는 무엇인가?

The guests are the following 예약 고객 리스트

- The first time traveler with Emirates 에미레이트 항공을 처음 이용하는 고객
- An old gentleman reading a newspaper 신문을 읽고 있는 나이 든 신사
- A valued customer VIP 고객
- A pregnant woman 임신한 여성
- UM(= an unaccompanied minor) 보호자 없이 혼자 여행하는 미성년자
- A famous blogger 유명한 블로거
- A disabled lady 장애를 가진 여성

기출 2 You are running a cruise company and operating its last cruise for the season. Unfortunately, you have to deal with overbooking due to a system error. This error involves eight people(group), but you have only rooms for two people(group). How will you deal with this situation? Which people(group) will you accommodate?

당신은 유람선 회사를 운영하고 있으며 이번 시즌의 마지막 유람선을 곧 운행한다. 시스템 고장 때문에 8명(그룹)이 오버부킹된 상황이지만, 이용이 가능한 객실은 2개밖에 없는 상황에서 당신은 어떻게 이 상황을 해결하겠는가? 어떤 고객에게 객실을 내줄 것인가?

The guest are the following 예약 고객 리스트

- A valued customer VIP 고객
- Honeymoon couple 신혼여행 커플
- An elderly lady who got her cruise ticket from her son one year ago 1년 전에 아들로부터 티켓 선물을 받은 나이 든 여성
- A famous magazine editor 유명한 잡지 편집장
- A party girl like Paris Hilton 패리스 힐튼 같은 유명한 파티 걸
- The minister of transport 교통부 장관
- A travel agent 여행사 직원
- A student on graduation trip 졸업 여행 참가 학생

핵심 TIP 2차 디스커션 시 추가 유의 사항

1. 면접관이 선택을 받지 못한 나머지 고객을 어떻게 응대할 것인지에 대해 1~2명을 지목해 추가 질문을 하기도 한다.

기출 2 추가질문 A party girl always tags along with lots of people who can enjoy the party together. If she was not selected, her other friends would cancel the tickets and it would cause damage or loss in business. How would you deal with this situation?

파티 걸은 항상 함께 파티를 즐기는 많은 사람들과 같이 다닌다. 만약 그녀가 선택받지 못한다면, 그녀의 많은 친구들도 크루즈 여행 예약을 취소할 것이며 이는 회사에 손실을 입히게 된다. 당신은 어떻게 이 상황을 해결할 것인가?

2. 어떤 고객(그룹)을 선택해야 하는지에 대한 정답은 없다. 근거가 적당하다면 어떤 선택을 해도 무방하다. 지원자의 논리적인 사고력, 팀워크, 문제 해결 능력을 알아보고자 하는 것이 목적이므로 정해진 시간 내에 팀원들과 합의를 도출해 내는 것이 중요하다.

2 싱가포르 항공

그룹 디스커션 또는 디베이트를 실시한다. 기존에 출제되었던 문제들이 상당수 다시 출제되는 경향이 있다.

1 디스커션 및 디베이트 기출

디스커션 기출

□ 외국인에게 소개하고 싶은 한국 음식

□ 외국에 한 번도 안 가 본 친구를 위한 여행지 추천 3곳

□ 외국인에게 소개하고 싶은 한국의 엔터테인먼트

□ 외국인에게 소개하고 싶은 한국의 장소

□ 한국 문화의 장단점

□ 외국에서 사는 것의 장단점

□ 팀으로 근무하는 것의 장단점

디베이트 기출

□ 돈으로 행복을 살 수 있다.

□ 중매결혼이 좋다.

□ 돈은 악의 근원이다.

□ 형제자매가 있는 것이 외동인 것보다 좋다.

□ 결혼은 일찍 할수록 좋다.

□ 아름다운 사람들이 성공한다.

□ 직업에서 직업 만족도가 높은 연봉보다 중요하다.

□ 시성이 미보다 중요하다.

□ 결혼 후에도 부모님과 사는 것이 좋다.

□ 노인들은 요양원에서 지내는 것이 좋다.

□ 대학 교육이 꼭 필요하다.

□ 오늘날에도 미인대회가 필요하다.

□ 소셜 미디어는 사람들을 연결시키며 더 가까워지게 한다.

□ 안락사는 필요하다.

□ 입양 제도는 필요하다.

□ 낙태 제도는 필요하다.

□ 이른 나이에 아이를 낳는 것이 좋다.

□ 맞벌이 부부가 아이를 직접 양육하는 것보다 양육 기관에 맡기는 것이 좋다.

□ 남성은 가정의 중심이어야 한다.

□ 남성이 부모님을 모셔야 한다.

□ 출산 전 산모가 아이의 성별을 미리 아는 것이 좋다.

□ 사람을 만날 때 이미지(그루밍)가 중요하다.

2 디베이트 기출문제와 입장별 아이디어 예시

디베이트 시 찬반 팀은 면접관에 의해 정해지므로 기출문제를 중심으로 각 입장별 주장을 미리 생각해 두면 도움이 된다.

기출 1 Males should be the center of the family.

남성은 가정의 중심이어야 한다.

찬성(pros)

의견1 If the cultural set-up has been like that for centuries, it's better to maintain that custom. Otherwise, we might face some disorders and confusion. Especially, Korea has been a patriarchal society since a long time ago so the idea that a man takes a leader(leadership) role is very natural and efficient.

문화적 전통이 오랜 시간 동안 이어져 왔다면, 그 관습을 유지하는 것이 낫습니다. 그렇지 않으면 혼란과 무질서에 직면하게 될 것입니다. 특히 한국은 오랜 기간 동안 가부장적인 사회였기 때문에 남성이 리더의 역할을 한다는 생각은 자연스럽고 효율적입니다.

의견2 In general, males are physically stronger than females.

대부분 남성이 신체적으로 우월합니다.

의견3 When it comes to a financial issue, males should be the head of the family because man can't become pregnant which means they don't need to take off time from their work and they can continuously make(generate) money(income).

남성의 경우 임신을 하지 않으므로, 지속적인 경제 활동이 가능합니다.

반대(cons)

의견1 These days most women have high educational backgrounds and abilities so not only males but also females generate income when they get married. If they have the same responsibilities for their daily bread, having the same rights is necessary and essential. Thus both of them could be the center of the family.

요즘은 대부분의 여성이 고학력에 능력이 출중하므로, 여성도 결혼 후에도 경제 활동이 가능합니다. 부부가 경제적인 책임을 동등하게 진다면, 같은 권리를 가지고 누릴 필요가 있습니다. 그러므로 부부가 모두 가정의 중심이 될 수 있습니다.

의견2 This idea causes inequality between sexes and prevents our society from developing further.

남성이 가정의 중심이어야 한다는 생각은 성차별일 수 있고, 사회 발전을 저해합니다.

의견3 These days, our society advocates paternity leave and maternity leave for both males and females. In other words, our society encourages us to have the perspective that both sexes are equal. So not only males but also females could be the center of the family.

요즘 사회에서는 남성과 여성의 육아 휴직을 지지하고 있습니다. 즉, 사회가 양성평등을 권장하고 있습니다.

의견4 Everyone's ability and qualifications are all different regardless of sex. Some males could be very soft and emotional while some females could be rational and very physically strong. If a female(wife) has better capability to make money, I think she should be the head of the family.

사람들의 능력이나 자질은 성별과 상관없습니다. 일부 남성은 매우 섬세하고 감정적이며, 일부 여성은 매우 이성적이고 신체적으로 강합니다. 만일 아내가 경제적으로 더 능력이 있다면, 아내가 가정의 중심이 되는 편이 낫습니다.

기출 2 The earlier we get married, the better.

결혼은 일찍 할수록 좋다.

찬성(pros)

의견1 In terms of biological reasons, conditions such as intelligence and physical health of young mothers' babies are better than those babies whose mothers tend to be old.

생물학적 관점으로 봤을 때, 젊은 여성이 출산한 아기의 지능이나 신체적 건강이 젊지 않은 여성의 아기보다 낫습니다.

의견2 Early married couple might build(develop) a strong bond because they have known each other since they were young. Getting old together with a loved one is a very beautiful and cool idea.

어릴 때부터 알아 왔으므로, 부부는 매우 강한 결속력을 가지게 될 것입니다. 사랑하는 사람과 함께 나이 들어가는 것은 아주 아름답고 멋진 생각입니다.

의견3 The earlier they get married, the sooner they both can generate money for themselves. So they can start saving for their old age earlier than someone who gets married later.

일찍 결혼할수록 가정을 위해 더 많은 돈을 모을 수 있으므로 노후 대비 차원에서 유리합니다.

반대(cons)

의견1 These days, there are many things to enjoy without getting married. For example, we can travel to other countries easily and enjoy partaking in various activities by ourselves. Once we get married, we, as a wife and a daughter-in-low have to deal with many things and lots of responsibilities. So being single as long as we can and then getting married later are better than getting married earlier.

요즘은 결혼하지 않고 즐길 수 있는 많은 방법이 있습니다. 예를 들어, 우리는 해외여행이나 여러 활동을 즐길 수 있습니다. 일단 결혼을 하면 아내와 며느리로서 많은 책임과 부담을 맡아야 합니다. 최대한 오랫동안 싱글 라이프를 즐기고 결혼을 늦게 하는 것이 일찍 결혼을 하는 것보다 낫습니다.

의견2 In general, young people are spontaneous and fall in love easily. Some research indicates that the one who gets married early could get divorced easily.

보통 젊은 사람들은 충동적이고 쉽게 사랑에 빠집니다. 몇몇 연구는 일찍 결혼한 커플이 쉽게 이혼한다는 결과를 보여 줍니다.

의견3 In order to choose a good partner to spend rest of our life with, we should have a lot of experience and relationships so that we know which type of man or woman fits(suits) me and my personality. So we must have enough time to get to know each other.

함께 여생을 보낼 파트너를 선택하기 위해서는 많은 관계를 경험해 봐야 한다고 생각합니다. 그래야 내 성격과 잘 맞는 사람을 알 수 있기 때문입니다. 그래서 서로를 알기 위해 충분한 시간을 가져야 합니다.

기출 3 A pregnant woman should know the baby's sex before childbirth.

출산 전에 산모가 아기의 성별을 미리 아는 것이 좋다.

찬성(pros)

의견1 If a mother knows her baby's sex ahead of time, she can prepare many things such as buying clothes, decorating baby's room according to its sex. That makes everything easier for the mother.

산모가 미리 아기의 성별을 알 수 있다면, 아기용품이나 아기 방을 꾸밀 때 성별에 맞게 꾸밀 수가 있어 편합니다. 그러므로 산모의 입장에서 아기의 성별을 미리 아는 것이 아기를 맞을 준비를 할 때 훨씬 수월합니다.

의견2 In Korea, someone's name isn't just mere letters but has lots of meanings and wishes attached to it. So if we know our babies' sex in advance, we can have more time to decide upon a baby's name without a rush.

한국에서는 아기 이름을 짓는 것이 매우 중요하고 오래 걸리므로, 아기의 성별을 미리 아는 것은 서두르지 않고 아기 이름을 짓는 데 도움이 됩니다.

의견3 If there is another older brother and older sister in the family, we have to take care of them as well. In order to make up their minds, it's better to let them know their younger sibling's sex in advance to make them have a better understanding of brotherhood or sisterhood.

만일 가족 내에 먼저 태어난 아이들이 있다면, 그 아이들의 마음도 배려해야 합니다. 아이들이 마음의 준비를 할 수 있도록 아기의 성별을 미리 알려 주는 것이 좋습니다.

반대(cons)

의견1 Just as we are happier when we are surprised by an unknown birthday present, so parents will be happier when they are surprised by the baby's sex at its time of birth.

깜짝 생일 선물을 받을 때 더 기쁘듯이, 아기의 성별을 출산 시에 알면 더 기쁠 것입니다.

의견2 When a doctor checks the baby's sex before childbirth, she or he does an ultra-sound test and a blood test. It may irritate the baby.

아기의 성별을 알기 위한 초음파, 피검사 등의 여러 검사들이 아기에게 안 좋은 영향을 줄 수 있습니다.

기출 4 It's better for the old people to live with their peers in a well-conditioned health care center.

노인들은 친구들과 함께 시설이 좋은 요양원에서 지내는 것이 좋다.

찬성(pros)

의견1 The old people often say that they are lonely. So if they can mingle with their peers, they will feel better and a sense of belonging.

노인들은 친구가 없으면 외로움을 느끼기 쉽습니다. 친구들과 함께 지낸다면 소속감을 느끼고 더 행복할 수 있습니다.

의견2 The old people need specialists and doctors who have medical knowledge and know how to take care of them. I'm sure there are enough doctors and specialists who can help the old people in a well-conditioned center.

노인들은 자신들을 돌볼 수 있는 전문가와 의사들을 필요로 합니다. 시설이 좋은 요양원은 건강한 삶을 유지시켜 주기 위한 해당 전문가들이 상주할 것이므로 찬성합니다.

의견3 In most cases, whole family is very busy except the old people. For instance, the son and daughter-in-law may go to work and the grandchildren may go to school, so the old people often stay home and do nothing. So it's way better to keep them busy hanging out with their peers.

대부분의 경우, 노인을 제외한 나머지 가족들은 바쁩니다. 예를 들어, 자녀 부부는 일을 가야 하고 손주들은 학교에 갑니다. 그래서 노인들은 대개 아무 일도 하지 않으며 집에서 시간을 보냅니다. 그렇기 때문에 동료들과 시간을 보낼 수 있는 생활이 낫습니다.

의견4 I think it is more reasonable to receive some special services if they all live together in one place such as a health care center.

요양원처럼 한 곳에서 살면서 의료 혜택을 누릴 수 있는 것이 더 합리적입니다.

반대(cons)

의견1 There's no place like home. The old people definitely feel more comfortable when they stay home with their family members.

집이 가장 편안한 곳입니다. 노인들은 가족과 함께 집에서 머무는 것을 가장 편안하게 느낍니다.

의견2 Well-conditioned health care centers with frail-care specialists can't compare with family affection when it comes to giving comfort and trust on the part of the old people. They feel definitely relaxed and free when they stay home which is very familiar to them.

전문가들이 상주하는 좋은 시설도 그들에게 안정감과 신뢰를 주는 가족의 애정과는 비교할 수 없습니다. 노인들은 그들에게 매우 익숙한 집에서 머물 때 가장 편하고 자유롭다고 느낍니다.

의견3 The old people might feel abandoned.

시설에 보내진다면, 가족에게서 버림받은 듯한 느낌을 받을 수 있습니다.

의견4 Positive mind and being stress-free are the basic keys to living longer and healthier. And I believe family members are essential in making them feel positive.

긍정적인 마음과 스트레스를 최소화하는 것이 더 건강한 삶의 가장 중요한 요소입니다. 그리고 가족들은 그들을 행복하게 해 줍니다.

의견5 I think old people become childish. So they need someone who knows them very well and that's a family member.

노인들은 나이가 들어 감에 따라 점점 아이 같아집니다. 그런 그들을 가장 잘 이해하고 아는 것이 가족입니다.

3 카타르 항공

지원자 2명씩 짝을 지어서 사물 카드 한 장을 가지고 토론한 후 1명은 사물의 외관 및 원래 용도에 대해, 다른 1명은 그 사물의 창의적인 용도에 대해 자리에서 일어나서 발표하는 형식의 디스커션을 실시한다. 카타르 항공의 경우, 면접의 절차가 면접관의 재량에 따라 유동적인 편이라서 1분 스피치 또는 센텐스 슈팅으로 대체되기도 한다.

1 사물 카드 기출

boxing gloves, umbrella, fishing rod, safety jacket, rocket, hammer, submarine, boat, toy, rolling pin, christmas tree, mug cup, slide, shoes, starfish, bucket, flower, car, water bottle, hair band, towel, book, plastic cup, coffee, hair comb, pen, vacuum cleaner, heater, earphones, pencil case, colored paper, fan, mirror, chair, scissors, body lotion, tooth brush, sweater, USB, white board, stamp, postcard, pain-killer, bicycle, spoon, sofa, curtain, picture, remote, fireplace, carpet, speaker, ruler

4 캐세이퍼시픽 항공

그룹 디스커션 혹은 디베이트를 실시한다. 디스커션의 경우 약 20~25명이 한 조가 되며, 토론 참여 인원이 많은 만큼 적절한 시간 분배와 적극적인 참여가 중요하다.

1 디스커션 및 디베이트 기출

디스커션 기출

- □ 최고의 직원이 가져야 할 자질
- □ 기내에서 제공할 수 있는 효율적인 서비스
- □ 새로운 기내 서비스 제안
- □ 외국인들을 위한 홍콩 2박 3일 여행 일정
- □ 최고의 서비스 제공을 우선으로 하는 캐세이퍼시픽 항공에서 지속적으로 최고의 서비스를 제공할 수 있는 방안
- □ 지금 현재 진행하고 있는 서비스가 아닌 새로운 서비스 세 가지를 제안해 보고 우선순위 정하기

□ 새로운 기내 판매품 제안

□ 카페를 오픈할 때 위치, 메뉴, 인테리어, 가격 등에서 가장 중요한 것

디베이트 기출

□ 태아의 성별을 미리 아는 것이 좋다.

□ 낙태 제도는 필요하다.

5 에티하드 항공

약 5~6명이 한 조로 이루어져서 디스커션을 진행한다. 팀워크를 무엇보다 중시하는 항공사인만큼 토론 내내 조원들과 좋은 팀워크를 보여 주는 것이 가장 중요하다.

1 디스커션 기출

□ 가라앉고 있는 배에 타고 있는 7명 중 구명보트에 태울 5명을 선택하라.

□ 은행, 학교 등 마을에 필요한 시설 20개 중 15개를 골라 한 마을의 지도 위에 위치시켜라. 선택한 15개의 시설 중 다시 5개를 없애고 공항의 위치를 정해라.

□ 국적과 나이가 각기 다른 14명의 승무원들을 2명씩 짝지어 7개의 방에 배치하라.

□ 10명 중 화성에 거주할 3명을 선택하라.

6 오만 항공

지원자 5명이 한 조로 이루어지며 면접관 2명의 지시에 맞추어 5~10분 동안 조원들과 주어진 주제에 대해 토론하는 방식이다.

1 디스커션 기출

□ 면접관을 관광객으로 가정하고 면접관을 위해 한국과 인도네시아에서의 여행 계획을 세워 보라.

□ 여러분은 모험을 좋아하는 5명의 남자 아이들이다. 인도네시아에서의 여행 계획을 세워 보라.

□ 신규 취항지를 제안해 보라.

제자들의 합격 후기 ❺ - 2018년 싱가포르 항공 합격생

합격으로 가는 길 - Be Yourself!

Ⓠ 승무원 도전 과정

Ⓐ 저는 현재 싱가포르 항공에서 비행을 하고 있습니다. 운이 좋게도 외국 항공사 첫 지원에 합격하게 되었습니다.

Ⓠ 면접 준비 및 꿀팁

Ⓐ 저는 외항사 면접을 전혀 준비해 본 적이 없는 상태에서 민아 선생님의 10회 정규 수업을 수강했습니다. 면접을 준비한 기간은 길지 않지만 열심히 준비했습니다. 수업 초반에는 매주 정해진 수업 계획에 맞춰 차근차근 답변을 준비했고, 파이널 답변 이외에도 스몰 토크, 디스커션, 디베이트, 기내 방송문 읽기 등 면접 전반에 필요한 부분들을 준비하고 연습했습니다.

당시에는 대학교 졸업을 한 지 얼마 되지가 않았기에, 서비스 경력이 많이 부족하다고 생각해서 카페에서 아르바이트로 일을 하면서 면접을 준비했습니다. 또한 싱가포르 항공의 채용 발표 이후에는 해당 항공사의 최근 기출문제들을 정리한 후, 모범 답안 같은 누구나 할 수 있는 답변이 아닌 최대한 진정성 있는 저의 이야기를 에피소드 중심으로 준비했습니다. 여러 명의 면접관들 앞에서 면접을 본 경험이 없었기 때문에, 혼자 완성된 답변을 연습할 때는 앞에 인형을 몇 개 놓고 실제 면접을 본다고 생각하며, 인형들과 아이컨택을 하면서 바른 자세로 서서 연습을 하기도 했습니다. 그러한 연습들 덕분인지 실제 면접에서 많이 떨지 않았던 것 같습니다. 싱가포르 항공의 경우 그루밍을 확인할 때 피부 상태를 꼼꼼하게 보는 편이니 면접 준비 기간 동안 피부 관리도 중요하다는 것을 기억하시길 바랍니다.

Q 첫 지원에 합격하게 된 비결

A 싱가포르 항공의 파이널 인터뷰의 경우 이미지나 목소리 톤, 말투 등을 중요하게 생각한다는 느낌을 받았습니다. 저 같은 경우는 예상 기출문제 이외에도 형식적인 질문들이 아닌 사적인 질문들도 많이 물어보셔서 재미있게 대화하는 분위기로 면접을 이끌어 갈 수 있었습니다. 면접에서는 무엇보다도 면접관의 마음에 드는 것이 중요하기 때문에 최대한 많이 웃고 자연스러운 모습을 보여 주는 것이 중요합니다.

Q 도전하는 예비 승무원에게

A 답변을 완벽하게 준비하는 것도 중요하지만, 본인의 강점을 믿고 면접관 앞에서 자신 있는 태도로 어필하는 것이 합격의 열쇠인 것 같습니다. 무엇보다도 선생님이 항상 강조하신 긍정적인 태도와 마인드가 가장 중요합니다. 제가 가장 좋아하는 말은 "Believe in yourself and your ability."라는 말입니다. 평소에는 자신감을 갖고 준비하고 면접장에 가서는 진정성 있는 나의 모습을 보여 주는 "Be myself!"의 태도가 중요하다고 생각합니다. 항상 기억하시고 좋은 결과 있으시기를 바랍니다.

Do your best!

Part 06

파이널 인터뷰 기출 50

Chapter 01

개인 신상

1 자기소개

Q. Tell me about yourself.

면접관의 속마음

지원자는 어떤 사람이며 승무원직에 얼마나 적합한 사람인지?

쌤들의 면접 팁

- 자기소개는 많은 항공사에서 가장 높은 빈도로 물어보는 질문이므로, 반드시 잘 준비해 놓아야 한다.
- 자신의 가장 큰 매력과 다른 지원자들과 차별화할 수 있는 나만의 이력이나 강점은 무엇인가에 대해 충분히 고민한 후 답변을 구성한다.
- 자유 형식이므로 기본적인 이력 위주의 자기소개 이외에도 좌우명, 강점, 별명 등을 이용해 본인의 강점들이 잘 드러나는 자기소개를 만들어 보자.

답변 구성

도입부 : 이름 소개, 인생 가치관, 지원 동기, 성격

중반부 : 학교 생활, 자격증, 주요 성취, 수상 경력, 일 경력

마무리 : 열정, 포부, 향후 계획

유용한 표현

자기소개 시작 전 감사의 말을 전하기 위한 표현

(감사의 말이 필수는 아니며, 답변이 길어질 경우 생략 가능)

- First of all, thank you for granting me this interview.
  먼저, 인터뷰 기회를 주셔서 감사드립니다.
- First of all, I'm very pleased to meet you.
  먼저, 만나 뵙게 되어 기쁩니다.
- I'm so glad for the opportunity to show you that I'm a suitable match for this position.
  제가 이 직업에 적합한 사람인지 보여 드리게 되어 기쁩니다.
- Before I start, I would like to thank you first for inviting me today for this interview.
  제 소개에 앞서, 인터뷰 기회를 주셔서 감사드립니다.

자기소개를 위한 표현

- My friends and colleagues describe me as~
  제 지인이나 동료들은 저를 ~한 사람이라고 말합니다.
- I can define myself with the word OO because~
  저는 제 자신을 OO라는 단어로 정의하고 싶습니다. 그 이유는~
- As for my personality,
  제 성격에 대해 말씀드리자면,
- As for my experience,
  제 경험에 대해 말씀드리자면,

장점 및 자질 관련 표현

- I believe everything depends on how I think, so I always try to look on the bright side of life.
  저는 모든 일은 내가 생각하기 나름이라고 믿기 때문에 항상 삶의 밝은 면을 보려고 노력합니다.
- I think my OO skills could be particularly valuable to your team.
  제가 가진 OO 기술(능력)이 특히 승무원직에 유용하게 쓰일 것이라 생각합니다.

- I have an excellent attention to detail that helps me cater to the every passenger's needs; a calm and flexible approach will get everyone to their destination carefully and securely.
  저는 모든 승객의 니즈를 충족시키는 데 도움이 되는 세심한 주의력을 갖추고 있습니다. 저의 침착하고 유연한 태도는 승객들을 목적지까지 조심스럽고 안전하게 모셔다 드리는 데 도움이 될 것입니다.

- My strong ability to develop positive relationships and faith in the power of teamwork make me an ideal candidate.
  팀원들과 긍정적인 관계를 맺는 능력과 팀워크에 대한 믿음이 제가 이 직무에 이상적인 지원자인 이유입니다.

- I'm a people-oriented person with a solid reputation of assisting others whenever possible.
  저는 가능한 한 저를 필요로 하는 이들을 돕는 것으로 정평이 난, 사람을 우선시하는 사람입니다.

- My experience for many years have made me learn how to deal with customers and work in a team; these help me to work fast and efficiently.
  다년간의 경험을 통해, 저는 고객을 대하는 법과 팀으로 일하는 법을 배웠습니다. 이 경험 덕분에 저는 빠르고 효과적으로 일할 수 있습니다.

- I have completed many useful and beneficial courses and training to interact with many different customers and work in a team.
  저는 다양한 고객들을 대하고 팀으로 일하는 것에 도움이 되는 많은 유용한 교육과 트레이닝을 받았습니다.

- I have a variety of work experience in the service industry and I enjoyed them very much. I'm fond of meeting all kinds of people, and I love to help people naturally and professionally.
  저는 서비스 분야에서 다양한 경험을 쌓았고 무척 즐겁게 일했습니다. 저는 다양한 사람들을 만나는 것을 즐기며 성격적으로나 직업적으로나 사람들을 돕는 데 기쁨을 느낍니다.

학업 및 일 관련 표현

- When I stayed in the UK, I experienced a cultural diversity and broaden my view of the world to the full.
  영국에 머무르면서, 문화적 다양성을 경험하고 제 시야를 한껏 넓힐 수 있었습니다.

- After studying (전공명), I knew I wanted to go into the service field.
  (전공명)을 공부한 후에, 저는 제가 서비스 분야에서 몸을 담고 싶어 한다는 것을 알았습니다.

- I've been in the service field for (근무 기간) and I still enjoy the challenges it brings.
  저는 (근무 기간) 동안 서비스 분야에서 일해 왔으며, 여전히 서비스직에서 경험하는 여러 도전들을 즐겁게 받아들이고 있습니다.

- I began my career as a (직업명) with (직장명), I've developed expertise in (일한 분야), which I think will be very helpful in this role.
  저는 (직장명)에서 (직업명)으로 일을 시작했고 승무원직에 도움이 될 (일한 분야)에서 전문성을 쌓아 왔습니다.

- Some of my major accomplishments include OO, OO, and OO, and if you determine I'm a good fit for this role, I'm sure I could achieve better performance for your airline.
  저의 주요 성취는 OO, OO 그리고 OO입니다. 만약 면접관님께서 제가 이 직업에 적합한 인재라고 생각하신다면, 저는 이보다 더 훌륭한 결과를 보여 드릴 수 있습니다.

포부 및 마무리 표현

- My personality and skills will be an asset to your company.
  저의 성격과 기술이 귀사에 자산이 될 것입니다.

- I believe I would make a worthy addition to your team.
  저는 귀사의 팀에 귀중한 인적 자원이 되리라 믿습니다.

- I'm sure I can be a great contribution to your team.
  저는 귀사에 많은 공헌을 할 수 있으리라 확신합니다.

- As a friendly and confident candidate who has a passion to provide excellent on-board service, I'm eager to leverage my skills to contribute to SKY Airlines.
  훌륭한 기내 서비스를 제공하고자 하는 열정으로 가득한 사교적이고 자신감 넘치는 지원자로서, 저는 SKY 항공에 기여하기 위해 저의 능력을 활용하고 싶습니다.

- Along with my knowledge in hospitality management and many years of experience in the service industry, I'm confident to become a vital member of SKY Airlines.
  서비스에 대한 지식과 서비스 분야에서 쌓은 다년간의 경험을 바탕으로, 저는 SKY 항공의 중요한 인재가 되리라 확신합니다.

- I believe I'm a suitable candidate for this position in view of my customer service background and interest in serving people from all cultures.
  저의 서비스 분야에서의 경험과 다양한 문화권의 고객들에게 서비스를 제공하는 것에 관심이 있다는 점에서, 제가 승무원직에 적합한 지원자라고 생각합니다.
- I sincerely hope I can be a part of the important factors to contribute and make your company grow.
  저는 귀사의 성장에 공헌할 수 있는 중요한 일원이 되기를 진심으로 희망합니다.
- My excellent communication skills and proven ability to remain calm under stressful situations are two personal traits that will be beneficial for SKY Airlines.
  뛰어난 의사소통 능력과 스트레스를 받는 상황에서도 침착함을 유지하는 능력이 SKY 항공에 많은 도움이 되리라 생각합니다.
- It would be so great for me to work as a position of flight attendant in your airline because I have always wanted to have a career that I can utilize what I learned and what I experienced in an international environment.
  귀사에서 승무원으로 일하게 된다면 저에게 영광일 것입니다. 왜냐하면 저는 항상 국제적인 환경에서 제가 배운 것들과 경험한 것들을 활용할 수 있는 직업을 가지기를 원해 왔기 때문입니다.
- I've had a strong interest in this field for a long time. I've done a lot of research and learned as much as I can about it, and I'm eager to start contributing.
  저는 오랫동안 이 분야에 관심을 가져 왔습니다. 저는 승무원직에 대해 많은 것을 배우고 조사했으며 현재 열심히 일할 준비가 되어 있습니다.

샘플 답변

MP3 06-1

1 해외 경험 X 서비스직 경험 O(키워드 : 이름의 뜻, 성격, 전공, 일 경력)

My name is Sejeong Son. My name means 'make the world a better place with your kindness and wisdom.' As my name suggests, I love to serve and care for people. That's why I majored in social welfare studies in college and have been participating in a lot of volunteer jobs. With many years of volunteer experience, I'm now confident to take care of various groups of people, including children and seniors, who need extra care. In addition, I learned communication and teamwork skills through various part-time jobs. In view of what I have and what I strive for, I'm sure that I'm the one who can provide a genuine service from the bottom of my heart to the passengers of SKY Airlines.

안녕하세요, 제 이름은 손세정입니다. 제 이름의 뜻은 '친절함과 지혜로 더 나은 세상을 만들어라.'라는 뜻입니다. 제 이름이 뜻하는 것처럼, 저는 다양한 사람들을 돕고 돌보는 일을 좋아합니다. 그것이 제가 대학에서 사회복지학을 전공하고 다양한 자원봉사에 참여해 오고 있는 이유입니다. 다년간 자원봉사를 하면서, 저는 아이와 노인과 같은, 관심과 돌봄이 더 필요한 사람들을 돕고 보살피는 법을 배울 수 있었습니다. 또한 다양한 아르바이트 경험을 통해 의사소통과 팀워크 능력을 기를 수 있었습니다. 제가 가진 자질과 제가 일에서 추구하는 바를 고려할 때, 저는 제가 SKY 항공의 고객들을 위해 진심에서 우러나온 정성 어린 서비스를 제공할 적임자라고 믿습니다.

2 해외 경험 X 서비스직 경험 O(키워드 : 성격, 서비스 경험)

First of all, thank you for giving me the opportunity to be here. My name is Eunyoung Son. I'm a people person who gets motivated by learning from others. I've always been passionate about providing good customer service as it is truly rewarding to see people satisfied. Since entering university, I've worked in diverse service fields such as the education and hospitality industry. There I've learned how to read people's needs and how to handle and entertain children. I believe that there is nothing better in life than to love what I do and to do what I love. Considering what I have and what I'm passionate about, I'm sure I'm the right fit for this job and I'll be a good asset as a member of the cabin crew in SKY Airlines.

우선, 저에게 인터뷰 기회를 주셔서 감사합니다. 제 이름은 손은영입니다. 저는 사람들과 어울리는 것을 좋아하고 사람들로부터의 배움을 통해 동기 부여를 받는 성격입니다. 저는 고객이 제 서비스에 만족해 할 때 큰 보람을 느끼기에, 항상 고객들에게 좋은 서비스를 제공하는 것에 열정을 가져 왔습니다. 대학 입학 이후로, 저는 교육과 서비스 등 다양한 분야에서 일해 왔습니다. 그러한 경험을 통해 저는 사람들이 필요로 하는 것을 파악하고 아이들을 다루고 즐겁게 해 주는 방법을 배우게 되었습니다. 저는 자신이 하는 일을 사랑하고, 사랑하는 일을 하는 것보다 삶에서 더 좋은 것은 없다고 생각합니다. 제가 가진 자질과 서비스에 대한 열정을 바탕으로, 저는 제가 이 직업에 적합한 사람이며 SKY 항공의 훌륭한 자원이 되리라 믿습니다.

3 해외 경험 X 서비스직 경험 O(키워드 : 언어 능력, 서비스 경험 및 철학)

My name is Sera Park. Let me tell you about my strong points. First, I'm trilingual. I can speak English, Japanese and Korean fluently, So I can handle more linguistically diverse customers. Second, I have wide-ranging experience in the service field. It has developed me into a skillful professional with a service-oriented mind. My motto is 'Customer-first'- the same as one of SKY Airlines' service values. Third, I'm a sincere and sociable person, so I will be able to build good relationships with customers as well as team members. With my strengths and qualifications, I believe I'm a perfect fit to be a cabin crew member of SKY Airlines.

제 이름은 박세라입니다. 저의 강점을 세 가지로 말씀드리겠습니다. 첫째, 저는 한국어, 영어, 일본어를 유창하게 구사할 수 있습니다. 그래서 다양한 언어를 구사하는 고객들을 더 잘 응대할 수 있다고 생각합니다. 둘째, 저는 서비스 경험이 풍부합니다. 이러한 풍부한 경험은 저를 서비스 마인드를 가진 유능한 서비스인으로 성장하게끔 만들었습니다. 저의 서비스 철학 중 하나는 SKY 항공의 가치와 같은 '고객 우선'입니다. 셋째, 저는 진실하고 사교적인 성격입니다. 때문에 저의 고객들, 동료들과 좋은 관계를 만들 수 있습니다. 이런 저의 강점과 자질들을 바탕으로, 저는 SKY 항공의 승무원이 되기에 적합한 지원자라 확신합니다.

4 해외 경험 X 서비스직 경험 O(키워드 : 성격, 서비스 경험)

Hello, my name is Jiyoun Choi. You can just call me Choi. I'm from a loving family who has always supported me, so I was very lucky in that I could try many different things and develop many sides of me as I grew up. Also, thanks to my family, I naturally became a glass-half-full person who believes everything depends on how I think. When it comes to my career, I can confidently say that I'm a professional service provider. I have eight years experience in the customer service field. I started my career at a cafe, and then I worked for a hotel for the last five years. While working in these places, I picked up good communication skills and an ability to handle various situations. Now I'm looking forward to taking my career to the next level at your airline.

* a glass-half-full person 긍정적인 사람

안녕하세요. 제 이름은 최지윤이며 편하게 '초이'라고 부르셔도 됩니다. 저는 항상 저를 지지해 주는 사랑스러운 가족 안에서 자랐습니다. 그래서 운 좋게도 자라면서 많은 것들을 도전해 볼 수 있었고 저 자신의 다양한 모습을 발견할 수 있었습니다. 또한 가족들 덕분에 모든 것은 생각하기에 달렸다고 믿는 긍정적인 사람으로 자랄 수 있었습니다. 저는 저를 일에 있어서는 전문적인 서비스인이라고 자신 있게 말할 수

있습니다. 저는 서비스 분야에서 8년간의 경력이 있습니다. 그 시작은 카페였고, 이후 호텔에서 최근 5년간 근무했습니다. 다양한 곳에서 일하면서 저는 의사소통 능력과 다양한 상황에 대처하는 능력을 가지게 되었습니다. 현재 저는 저의 향후 커리어를 귀사와 함께 하기를 진심으로 바라고 있습니다.

5 해외 경험 O 서비스직 경험 X(키워드 : 성격, 전공, 해외 경험, 취미)

Good morning(afternoon/evening). My name is Soyeon Ju and my English name is Claire. I'm a bright and energetic person. In college, I majored in Spanish and studied with people of various nationalities. I also stayed abroad in Spain and Mexico as a language exchange student which granted me the opportunity to learn how to respect and embrace different cultures and people. I believe my strong language skills and overseas experience will help me to communicate with coworkers and passengers from different cultural backgrounds. And as a person who enjoys boxing and running, I'm sure I can keep myself fit to fly at all times. Considering my personality and background, I'm sure that I'm a good fit for this position and will be a good asset to your company.

안녕하세요. 저의 이름은 주소연이고 영어 이름은 Claire입니다. 저는 밝고 에너지가 넘치는 사람입니다. 저는 대학에서 스페인어를 전공하며 다양한 나라에서 온 친구들과 공부를 했습니다. 또한 교환 학생으로 스페인과 멕시코에서 거주하며 다양한 문화와 사람들을 존중하고 포용하는 법을 배울 수 있었습니다. 저는 저의 뛰어난 언어 능력이 다양한 문화적 배경을 가진 동료 및 승객들과 소통하는 데 도움이 되리라 생각합니다. 또한 권투와 달리기를 즐기는 사람으로서, 항상 좋은 컨디션을 유지하며 비행을 할 수 있도록 저 자신을 관리할 수 있습니다. 저의 성격과 배경을 고려할 때, 제가 이 직무에 적합한 사람이며 귀사에 도움이 될 수 있으리라 믿습니다.

6 해외 경험 O 서비스 경험 X(키워드 : 전공, 학교 생활, 해외 경험)

My name is Seah Kim. Before telling you about myself, I would like to say that I'm so glad to be here for this interview because SKY Airlines is my dream company. I double-majored in English and advertising at university. My language major enabled me to work as an interpreter for five years so I'm very comfortable with English. My major in advertising allowed me to study in London as an exchange student. Interacting and studying with people from diverse backgrounds helped me become open-minded and gain knowledge on international etiquette. Also, my overseas experience made me a better person who can now easily absorb and understand different ideas and cultures. I believe my majors and overseas experience will be very useful when I work as a part of your team.

안녕하세요. 제 이름은 김세아입니다. 자기소개를 하기 전에 이 자리에 오게 된 것이 영광이라고 말씀드리고 싶습니다. 왜냐하면 SKY 항공은 제 꿈의 회사이기 때문입니다. 저는 대학에서 영어와 광고학을 복수전공했습니다. 언어를 전공한 덕분에 통역가로 5년째 일하고 있으며 영어 구사에 어려움이 없습니다. 복수전공인 광고학은 제가 교환 학생으로서 영국에서 공부할 기회를 주었습니다. 저는 이를 통해 다양한 배경을 가진 사람들과 관계를 맺고 공부를 하면서 열린 마음과 국제 매너에 대한 지식을 가질 수 있었습니다. 또한 해외 경험으로 인해 다양한 아이디어와 문화를 더 쉽게 흡수하고 이해할 수 있게 되었습니다. 저는 제 전공들과 해외 경험이 귀사에서 일할 때 큰 도움이 될 것이라 믿습니다.

7 해외 경험 O 서비스직 경험 O(키워드 : 성격, 전공, 서비스 경력)

Good morning. My name is Yuna Kim. I consider myself a good listener and social person who can mingle with different people no matter where they're from. As I want to build my career in the service industry, I majored in international tourism and hospitality management, and have worked at ABC Hotel in Singapore for three years. Through my major and a wide range of experience in the service field, I learned the art of hospitality and five-star customer care. It also enabled me to work in a team with people of different backgrounds and cultures. Now I would like to contribute to SKY Airlines through my multicultural experience and dedication to customer service.

안녕하세요. 제 이름은 김유나입니다. 저는 출신지에 상관없이 다양한 사람들과 잘 어울리는 사교적인 성격이며, 사람들의 말을 경청할 줄 아는 사람입니다. 저는 서비스직에서 제 커리어를 쌓고자 대학에서 국제 관광학과 서비스 경영을 전공했습니다. 그리고 싱가포르 ABC 호텔에서 3년 동안 근무했습니다. 제 전공과 서비스 분야에서의 다양한 경험을 통해 저는 고객 서비스 정신과 5성급 고객 서비스를 배울 수 있었습니다. 또한 이 경험으로 다양한 배경과 문화권의 사람들과 일할 수 있는 능력을 갖추게 되었습니다. 이제 저는 저의 고객 서비스에 대한 열정과 다양한 문화권에서의 일 경험을 바탕으로 SKY 항공에 기여하고 싶습니다.

8 해외 경험 O 서비스직 경험 O(키워드 : 해외 경험, 서비스 경험, 성격)

Good morning, my name is Jooa Park. I'm so glad for the opportunity to show you that I'm a suitable match for this position. As indicated in my resume, I worked at an international hotel in Canada for five years. All those years made me confident in working with people from different cultures and backgrounds. And it was also a good chance to gain essential qualities such as communication skills and teamwork skills. I found learning and practicing five-star service to be very beneficial for my career. What's more, I truly enjoy my job because I feel so happy when I see customers satisfied with my service. Based on my personality and experience, I believe I can add value to your company.

안녕하세요. 제 이름은 박주아입니다. 제가 이 일에 적합한 지원자라는 것을 보여 드릴 수 있어 기쁩니다. 제 이력서에 나와 있듯이, 저는 캐나다의 인터내셔널 호텔에서 5년 동안 일했습니다. 이러한 경험을 통해 다양한 배경과 문화권을 가진 사람들과 일하는 것에 자신감을 얻게 되었습니다. 또한 이 경험은 의사소통 능력과 팀워크 등 서비스직 종사자에게 필수적인 자질과 기술을 배울 수 있는 좋은 기회였습니다. 5성급 서비스를 배우고 실습할 수 있었던 것이 저의 경력에 많은 도움이 되었습니다. 또한 저는 고객이 제 서비스에 만족하는 것을 볼 때 행복하기에 진정으로 즐기면서 일합니다. 제 성격과 제가 가진 경험으로 볼 때 제가 귀사에 공헌할 수 있으리라 믿습니다.

9 해외 경험 O 서비스 경험 O(키워드 : 인생 가치관, 외국 경험)

Good morning. My name is Sinhee Kim. My motto in life is 'Don't be afraid of challenges and changes.' I genuinely enjoy learning new things and I'm not afraid of change and challenges that come with it. I believe that stepping out of my comfort zone and thinking out of the box is the best way to learn new things, explore a new world and have a better understanding of life. That's why I experienced lots of valuable things without any hesitation while staying in Paris as a language exchange student. Also, thanks to my personality, I learned how to adapt quickly to changes and accept differences as they are. With my substantial experience in the service field and professional mindset, I'm ready to enjoy this big world as a member of your airline.

안녕하세요. 제 이름은 김신희입니다. 제 인생의 가치관은 '도전과 변화를 두려워하지 말자.'입니다. 저는 새로운 것들을 배우기를 진심으로 즐기며, 그에 따라 올 수 있는 변화와 도전들을 두려워하지 않습니다. 저는 제게 익숙한 곳과 제가 가진 고정관념에서 벗어나는 것이야말로, 새로운 것을 배우고 넓은 세계를 경험하며 삶에 대한 더 나은 이해를 가지는 데 있어 최고의 방법이라 믿습니다. 그것이 제가 파리에서 교환 학생으로 있을 때 망설임 없이 많은 것을 경험한 이유입니다. 또한 이러한 제 성격 덕분에 저는 변화에 빨리 적응하고 차이를 있는 그대로 받아들이는 법을 배우게 되었습니다. 저는 다양한 서비스직 경험과 전문적인 서비스 마인드를 기반으로, 다양한 국적의 승객들에게 좋은 서비스를 제공하며 귀사의 일원으로 넓은 세상을 즐길 준비가 되었습니다.

10 해외 경험 O 서비스 경험 O(키워드 : 전공, 해외 경험, 호텔 인턴십, 자질)

Hello. My name is Hana Yu. I'm currently majoring in hotel hospitality management at a university in Korea but I used to live in the States for four years during high school. In college, I have been on the student council for two years and now I'm the vice president leading a team of twenty in planning and organizing school events and activities. As for my work experience, I have worked at several cafes and restaurants and recently did an internship at ABC Hotel in Australia as well. It was a great opportunity for me because I was able to work with diverse teams and meet customers from all over the world. I've since realized that the service industry or - more specifically - a job as a flight attendant is where I want to pursue my career. I'd love to do that at SKY Airlines as my passion and positive energy to fulfill my dream will make me a promising asset to your company.

안녕하세요. 저의 이름은 유하나입니다. 저는 현재 한국에 있는 대학교에서 호텔 경영을 전공하고 있으며, 고등학교 시절 미국에서 4년간 거주했습니다. 대학교에서 학생회에 2년째 참여하고 있으며, 현재는 부회장으로서 20명의 팀원들을 이끌며 학교의 행사 등을 기획하고 진행하고 있습니다. 직장 경험과 관련해서는 카페와 레스토랑 등에서 일한 경험이 있고 최근에는 호주의 ABC 호텔에서 인턴으로 근무했습니다. 다양한 팀과 함께 일하며 전 세계에서 온 고객들을 만날 수 있었기에 인턴십은 저에게 좋은 경험이었습니다. 이러한 경험을 통해 서비스 분야의 일, 좀 더 구체적으로는 승무원이 제가 진정 원하는 일이라는 것을 깨달았습니다. 제 꿈을 향한 열정과 긍정적인 에너지가 귀사에 귀중한 자산이 되리라 믿기에, SKY 항공에서 저의 커리어를 더 발전시키고 싶습니다.

11 해외 경험 O 서비스 경험 O(키워드 : 전공, 서비스 경험, 교환 학생 경험, 언어 능력, 활동적인 성격)

Good morning, my name is Yujin Kim. Thank you for giving me a chance to be interviewed. I'm currently in my last semester majoring in airline cabin service management. From my major, I gained a general understanding of the aviation industry as well as customer service. What I learned from my major helped me work well in the service field such as cafes and restaurants. In addition to my major and employment history, I have overseas experience in China where I lived for a year as an exchange student. There I could learn Chinese and expand my world view. Now, I'm trilingual, speaking Chinese, English and Korean fluently. As an active and open-minded person who enjoys doing tae-kwon-do and jiujitsu, I believe my bright personality on top of my other qualities will be great assets when I become a member of the cabin crew of SKY Airlines.

안녕하세요. 제 이름은 김유진입니다. 인터뷰 기회를 주셔서 감사드립니다. 저는 현재 항공운항 전공으로 마지막 학기를 보내고 있는 학생입니다. 저는 전공을 통해 항공 산업에 대한 전반적인 지식을 배웠을 뿐 아니라 고객 서비스에 대해서도 배웠습니다. 제가 전공을 통해 배운 지식은 카페, 식당 등 서비스 분야에서 일하는 데 큰 도움이 되었습니다. 전공 및 서비스 경험 이외에도, 1년간 교환 학생으로 중국에서 지낸 경험도 있습니다. 저는 그곳에서 중국어를 배웠을 뿐만 아니라 세상을 보는 눈을 넓힐 수 있었습니다. 저는 현재 한국어, 영어 그리고 중국어를 포함한 3개 국어로 의사소통이 가능합니다. 태권도와 주짓수를 즐기는 활동적이고 열린 사고를 가진 사람으로서, 저의 밝은 성격과 제가 가진 자질들은 SKY 항공에 큰 자산이 될 수 있을 것이라 확신합니다.

⑫ 해외 경험 O 서비스직 경험 O(키워드 : 성격, 해외 경험, 서비스 경험)

Good morning, my name is Jina Hong. I like to socialize and bond with people. My experience living abroad in the States and Ireland for a couple of years opened my eyes to the world. I've come to realize how exciting it is to meet people from different cultures. Utilizing my communication skills, I feel delighted to work and help people in multicultural environments. And with six years of experience in the service industry, I learned the art of hospitality and customer care. Considering what I have and what I'm passionate about, I'm sure I will be a good asset to SKY Airlines.

안녕하십니까, 제 이름은 홍진아입니다. 저는 사람들과 어울리고 유대감을 형성하는 것을 좋아합니다. 여러 해 동안 미국과 아일랜드에서 체류하면서, 저는 더 넓은 세상에 눈을 뜨고 다른 문화권의 사람들과 만나는 즐거움을 알게 되었습니다. 저는 저의 의사소통 능력을 이용해 다문화 환경에서 사람들과 함께 일하고 그들을 돕는 것에 기쁨을 느낍니다. 또한 저는 서비스직에서 6년 동안 일하면서 고객 서비스 정신과 응대 기술을 배울 수 있었습니다. 제가 가진 자질과 저의 열정을 바탕으로, 제가 SKY 항공에 훌륭한 자산이 되리라 확신합니다.

13 자신을 막대 사탕과 블랙 드레스에 비유

I would like to describe myself as a lollipop and a black dress. Just like a lollipop makes people smile and feel happy, I can easily make people feel good and upbeat with my positive energy. And like a black dress is a must-have for all women since it's a very practical color, I can get along and bond with any type of people from all around the world.

저는 저 자신을 막대 사탕과 블랙 드레스라고 표현하고 싶습니다. 막대 사탕이 사람들을 행복하게 하고 미소 짓게 만들듯이, 저는 저의 긍정적인 에너지로 쉽게 사람들을 기분 좋게 하고 유쾌하게 만드는 사람입니다. 또한, 어떤 색상에도 잘 어울리는 블랙 드레스가 모든 여성들의 필수 아이템이듯이, 저는 다양한 나라의 그 어떤 유형의 사람들과도 잘 어울릴 수 있습니다.

14 자신을 따뜻한 담요와 흰색에 비유

I would describe myself as a blanket and the color white. My friends often say that I remind them of a blanket as I care for people and embrace them warmly when they are in need. I'm also good at cooperating with various people, brightening up an atmosphere with a happy vibe just as white can brighten up all the other colors.

저는 저 자신을 담요와 흰색이라고 표현하고 싶습니다. 제 친구들은 종종 제가 담요 같다고 하는데, 그 이유는 제가 사람들을 보살피고 그들이 필요로 할 때 늘 따뜻하게 포용하기 때문입니다. 또한 흰색이 모든 색을 더 밝게 만들듯이, 저 역시 다양한 사람들과 잘 어울리며 저만의 유쾌한 에너지로 주변 분위기를 한층 밝게 만드는 사람입니다.

2 본인의 장점

Q. What's your strength(strong point)?

면접관의 속마음

승무원 일에 적합한 강점과 자질을 가진 지원자인지?

쌤들의 면접 팁

- 지원자가 승무원의 직무에 적합한 성향과 자질을 갖추었는지를 판단하기 위한 질문이니 서비스 직무와 연관된 본인의 강점을 어필하자.
- 근거 없는 좋은 말들을 나열하기보다는, 승무원의 직무에 맞는 강점 중 본인을 가장 잘 나타내 줄 수 있는 형용사 2~3가지 정도를 말하고 신뢰감을 줄 수 있도록 부연 설명(경험, 사례 등)을 하는 것이 효과적이다.

이런 답변은 피하자

너무 흔한 답변

- I'm friendly and positive.
  저는 친근하고 긍정적인 사람입니다.

승무원 직무와 관련이 없는 답변

- I'm very athletic.
  운동 신경이 좋습니다.
- I'm good at video editing.
  영상 편집을 잘 다룹니다.

답변 구성

- 승무원의 직무와 관련 있는 장점 최대 2~3개 + 근거 제시(장점을 뒷받침할 수 있는 일화나 그 장점을 통해 이루어 낸 결과 등)

유용한 표현

장점을 나타내는 표현

- A person who makes people feel comfortable
  사람들을 편하게 만드는 사람
- A good listener
  잘 들어 주는 사람
- A person who can harmonize well with people
  다른 사람들과 조화를 잘 이루는 사람
- A person who can grasp people's characters and moods
  다른 사람들의 성격이나 기분을 잘 읽는 사람
- A person who has a happy vibe
  밝고 활기찬 에너지를 가지고 있는 사람
- A person who takes the initiative
  앞장서서 능동적으로 일하는 사람

성격을 나타내는 표현

- Adaptable
  잘 적응하는
- Broad-minded/Open-minded
  열린 마음의
- Adventurous/Pioneering
  모험심이 강한
- Brave
  용감한
- Ambitious
  야심 있는
- Affectionate/Caring/Warm-hearted
  다정한
- Compassionate/Sympathetic
  동정심이 많은
- Considerate/Thoughtful
  사려 깊은, 남을 배려하는

- Friendly/Kind
  친절한
- Generous
  관대한
- Helpful
  남을 기꺼이 돕는
- Amiable/Lovely
  사랑스러운
- Cheerful/Bright
  유쾌한, 쾌활한
- Approachable
  다가가기 쉬운, 편안한
- Sociable
  사교적인
- Amusing/Funny/Humorous/Witty
  재미있는
- Calm
  침착한
- Careful
  세심한, 꼼꼼한
- Discreet
  신중한
- Attractive/Charming
  매력적인
- Communicative
  의사소통을 잘하는
- Creative
  창의력 있는
- Imaginative
  상상력이 풍부한
- Decisive
  결단력이 있는
- Diligent/Hard-working
  부지런한
- Dynamic
  활동적인
- Easygoing
  느긋한, 편안한
- Emotional
  감성적인
- Energetic/Enthusiastic/Passionate
  열정적인
- Proactive
  진취적인
- Autonomous
  시키지 않아도 하는, 자율적인
- Impartial/Fair-minded
  공정한
- Faithful/Loyal/Reliable/Sincere
  믿음직한, 충실한
- Frank/Honest
  솔직한
- Gentle
  점잖은, 매너 있는
- Independent
  독립적인
- Intellectual/Intelligent
  지적인
- Quick-witted
  두뇌회전 또는 눈치가 빠른

- Intuitive
  직관적인
- Humble/Modest
  겸손한
- Neat/Tidy
  깔끔한
- Optimistic/Positive
  긍정적인
- Patient
  인내심이 강한
- Persistent
  꾸준한
- Polite
  예의 바른
- Practical
  실용적인
- Rational/Sensible
  합리적인
- Reserved/Shy
  내성적인
- Self-confident
  자신감 있는
- Self-disciplined
  자제력이 강한
- Sensitive
  세심한
- Straightforward
  직설적인
- Versatile
  재능이 다양한
- Cooperative/Team-oriented
  협동적인
- Self-motivated
  스스로 동기를 부여하는
- Devoted
  헌신적인
- Flexible
  융통성 있는
- Insightful/Perceptive
  통찰력이 풍부한
- Meticulous
  꼼꼼한
- Punctual
  약속을 잘 지키는

답변 골라잡기

- I'm a service-oriented person, so my most inspiring and happiest moments at work are when I offer customers good service and satisfy their needs.
  저는 서비스 지향적인 사람이라서 고객에게 좋은 서비스를 제공하고 고객의 니즈를 만족시켰을 때 가장 행복하고 보람을 느낍니다.

- I'm good at recognizing people's faces and memorizing their names. I believe this is very useful as a service provider because most people like to be remembered.

  저는 사람들의 얼굴을 잘 구분하고 이름을 잘 기억합니다. 대부분의 사람들은 상대방에게 기억되기를 좋아하므로 저는 이 점이 서비스직 종사자로서 매우 유용한 점이라 생각합니다.

- I think I'm quick-witted, so I learn new things quickly and adapt myself well to a new environment.

  저는 눈치가 빠른 편이라 새로운 것을 빨리 배우고 새로운 환경에 빨리 적응합니다.

  * quick-witted 눈치가 빠른, 두뇌회전이 빠른

- I can get my work done even under extreme pressure because I try to put my best effort into whatever task is given to me.

  저는 제게 주어진 그 어떤 일이라도 늘 최선을 다하기 때문에, 아주 힘든 상황에서도 맡은 일을 해낼 수 있습니다.

- I'm a person who likes to socialize and bond with people, and it helps me to get along well with various people from different nationalities and backgrounds.

  저는 사람들과 어울리는 것을 좋아하며, 이러한 제 성격은 다양한 국적과 배경을 가진 사람들과 어울리는 데 도움이 됩니다.

- I have three strong points; I'm a person who is responsible, caring and cooperative.

  저에게는 세 가지 장점이 있습니다. 저는 책임감이 강하며 남을 잘 보살피고 강한 협동심을 가지고 있습니다.

- People say that I have a happy vibe and it's so contagious that it makes them happy too.

  사람들은 제가 밝고 긍정적인 기운을 가졌으며 그 긍정적인 기운으로 인해 그들도 덩달아 기분이 좋아진다고 말합니다.

- I'm a man of my word. I always try to keep my word and that's why people see me as a trustworthy person. For example, I always try to get things done on time.

  저는 약속을 잘 지키는 성격입니다. 저는 항상 제가 한 말은 반드시 지키려 노력하고 그래서 사람들은 저를 신뢰할 수 있는 사람이라 생각합니다. 한 예로, 저는 항상 일을 주어진 시간 내에 마무리합니다.

- I'm proactive. I don't wait till someone helps or tells me what to do, especially at work. I observe, research, and ask questions whenever necessary. And that leads to good performance.

  저는 적극적이고 진취적인 사람입니다. 특히 직장에서 누군가 저에게 도움을 요청하거나 지시를 내릴 때까지 기다리지 않습니다. 저는 주의 깊게 관찰하고, 조사하고, 그리고 필요할 때마다 질문합니다. 이러한 점은 제가 직장에서 좋은 성과를 내는 데 도움이 됩니다.

- I think on my feet. In other words, I'm good at making quick decisions under pressure.

  저는 상황 대처가 빠릅니다. 즉, 스트레스를 받는 상황에서 빠른 결정을 내리는 데 능숙합니다.

샘플 답변

MP3 06-2

1 스스로 동기 부여를 하며 일을 빨리 배움

I would say that I'm a self-starter and a fast learner who can deal with new or unfamiliar work very well. I'm always willing to learn more and that motivates me to achieve many things while working in the customer service field. My sharp memory especially helps me to learn new tasks easily and remember regular customers' names as well as their preferences. Therefore, I could give high-class service to customers and establish a good reputation among coworkers including my manager.

저는 일을 스스로 찾아 하며 업무를 빨리 배우는 편으로, 새롭거나 낯선 일을 잘 처리합니다. 언제나 기꺼이 더 배우려 하는 제 성격은 서비스직에서 일하며 많은 것을 성취할 수 있도록 동기 부여를 해 줍니다. 특히 저의 뛰어난 기억력은 새로운 일을 쉽게 배우도록 하며 단골 고객의 이름과 취향을 잘 기억하도록 해 줍니다. 이를 바탕으로 좋은 서비스를 제공해서 동료와 상사로부터 좋은 평가를 받았습니다.

2 계획대로 일을 추진하는 성격

I'm a goal-oriented person and good at planning. Once I've set up goals and plans to achieve it, I stick to them. I don't give up easily, no matter how hard it gets. This attitude helped me perform well at school and work.

저는 목표 지향적인 사람이며 계획을 세우는 데 있어 뛰어납니다. 일단 이루고자 하는 목표와 계획을 세우면, 그것이 아무리 어려운 일이라도 저는 쉽게 포기하지 않고 이루어 냅니다. 이러한 태도는 학교와 직장에서 좋은 성과를 내는 데 도움이 되었습니다.

3 배려하는 성격, 풍부한 해외 경험 및 서비스 경험

Now, I would like to highlight my strengths in three points. First, I have a caring personality. I'm also good at noticing details so that I can quickly grasp what people need. I believe that could lead to passengers' satisfaction. Second, I have overseas experience in Australia and Singapore, so I have no worries about dealing and communicating with people from all cultures. Third, with lots of service experience, I'm confident in serving any type of customers.

세 가지 장점을 말씀드리고 싶습니다. 먼저, 저는 다른 사람을 잘 보살피는 성격입니다. 또한 세심한 관찰력으로 작은 것에도 관심을 기울여 사람들이 필요로 하는 것을 빨리 알아낼 수 있습니다. 저의 이러한 장점은 승객의 만족과 연결된다고 생각합니다. 두 번째로, 저는 호주와 싱가포르에서 해외 경험을 했습니다. 그래서 다양한 문화권의 사람들과의 의사소통에 문제가 없습니다. 마지막으로 저는 다양한 서비스직 경험 덕분에 다양한 승객을 응대할 수 있습니다.

4 3개 국어 구사 능력 및 어려운 상황에서도 침착한 성격

I would like to highlight my strengths in two points. First, I can speak three different languages fluently: English, Chinese and Korean. They could be very helpful as I will be able to handle a larger customer base well. Second, I can perform my work well even under pressure. When I get into difficulties, I focus on staying calm and finding alternatives to solve the situation. This will be beneficial since any number of unexpected situations may happen on board. So I believe I'm ready to work as a cabin crew member in a professional manner with my strong language skills.

저의 장점을 두 가지로 말씀드리고 싶습니다. 첫 번째로 저는 영어와 중국어 그리고 한국어 세 가지 언어를 유창하게 구사할 수 있습니다. 이 점은 다양한 고객과 소통할 수 있다는 점에서 매우 유용하리라 생각합니다. 두 번째로 저는 급하거나 어려운 상황에서도 침착하게 일을 해낼 수 있습니다. 어려운 상황이 생기면 저는 그 상황을 해결하기 위해 침착함을 유지하고 대안을 찾는 데 집중합니다. 기내에서는 예상치 못한 다양한 상황이 많이 생길 수 있으므로 저의 이러한 능력이 도움이 되리라 생각합니다. 저는 뛰어난 언어 구사 능력을 바탕으로 전문적인 승무원으로서 일을 할 준비가 되어 있습니다.

5 고객을 우선으로 하는 태도와 의사소통 기술

I believe my strengths are my customer-oriented attitude and communication skills. This is because I truly enjoy helping customers gain the best experience. During my internship at ABC Hotel, I was able to develop a deeper understanding of how to serve customers by interacting with them. And thanks to that, I was the first intern awarded as the best employee of the month.

저의 장점은 고객을 우선으로 하는 태도와 의사소통 능력입니다. 고객이 최고의 고객 서비스를 경험하도록 도와드리는 것을 진심으로 좋아하기 때문입니다. ABC 호텔에서의 인턴십 기간 동안, 저는 고객과의 소통을 통해 좋은 서비스를 제공하는 법을 더 잘 이해하게 되었습니다. 이러한 경험 덕분에, 인턴으로서는 처음으로 이 달의 우수 사원으로 선정되었습니다.

6 긍정적인 성격

One of my strengths is the ability to see the good in everything and everyone. I always try to learn something from people and my past experiences. An advantage of this is that others regard me in the same way I regard them. It also helps me get over life's difficulties.

저의 장점 중 하나는 항상 어떤 일이나 사람을 볼 때 긍정적인 면을 보려 노력한다는 것입니다. 저는 만나는 사람들과 과거의 경험으로부터 무엇인가를 배우려 노력합니다. 긍정적인 면을 보는 성격의 장점 중 하나는 상대방도 저를 긍정적으로 바라본다는 것입니다. 저의 긍정적인 성격은 제가 인생의 어려움을 극복하는 면에도 도움이 됩니다.

7 높은 직업 윤리 의식

One of my strengths is my strong work ethic. In other words, I have an ability to perform my duty very well under any circumstances. I can get my work done even under extreme pressure because I try to put my best effort to whatever task is given to me. For example, when I worked as an MD in the fashion industry, I had to deal with so many things everyday and I sometimes felt overburdened by my tight schedule and heavy workload. But I still tried to enjoy my work at all times and get things done on time with a strong sense of responsibility. That's why I accomplished excellent outcomes and I was consequently recognized as a competent MD.

저의 장점 중 하나는 높은 직업 윤리 의식입니다. 즉 저는 어떤 상황에서도 제 맡은 바 소임을 다하는 능력을 갖추었습니다. 저는 어떤 업무를 하더라도 최선을 다하기 때문에 큰 스트레스를 받는 상황에서도 일을 해낼 수 있습니다. 예를 들어 제가 패션업계에서 MD로 일했을 때, 저는 매일 많은 일을 처리해야 했고 종종 빡빡한 일정과 과다한 업무로 압박감을 느꼈습니다. 하지만 저는 언제나 일을 즐기려 노력했고 강한 책임감으로 일을 제시간에 처리하려 노력했습니다. 덕분에 좋은 성과를 낼 수 있었고 능력 있는 MD로 인정받을 수 있었습니다.

3 자신의 단점

Q. what is your weak point?

면접관의 속마음

본인의 부족한 점을 알고 있으며, 개선하려고 노력하는 사람인지?

쌤들의 면접 팁

- 승무원 직무와 관련된 단점을 언급한다. 면접관은 지원자의 개인적인 부분의 단점에 대해서는 관심이 없다는 것을 기억하자.
- 노력하면 개선 및 보완이 가능한 단점 + 개선 방향으로 답변한다.
- 이미 고친 단점은 단점이 아니므로 언급하지 않는다.

이런 답변은 피하자

단점이 없다는 답변

- I don't have any weak point.
  특별한 단점은 없는 것 같습니다.

승무원 직무에 치명적인 단점이 포함된 답변

- I'm sometimes late for work.
  저는 가끔씩 지각을 합니다.
- I'm sometimes absent-minded.(= I'm so forgetful = I often forget things)
  저는 건망증이 심한 편입니다.
- It takes some time for me to get used to a new environment or people.
  저는 낯선 환경이나 사람들에 적응하는 데 시간이 오래 걸립니다.
- I have some mood swing issues.
  저는 감정 기복이 있는 편입니다.

유용한 표현

단점을 나타내는 표현

- My weakness is~
  저의 단점은 ~입니다.
- The feedback I got from my manager(boss) is~
  제가 상사로부터 받은 조언은 ~입니다.
- I think I'm a little too~
  저는 약간 지나치게 ~하는 경향이 있습니다.
- OO isn't my strongest point.
  OO이 저의 약점입니다(완곡한 표현).

  예 : Being organized wasn't my strongest point. 저는 계획적이지 못합니다.

답변 골라잡기

완벽주의자를 표현하는 예시

단순히 'I'm a perfectionist'라고 대답한다면 면접관은 '장점'이라고 생각할 수 있다. 그러므로 보다 구체적인 설명을 제시하는 것이 좋다.

- I'm a bit too detail-oriented. It helps me produce quality work, but sometimes it slows down my work.
  저는 너무 꼼꼼한 경향이 있습니다. 물론 일의 결과는 좋지만 가끔은 일의 속도를 느리게 만듭니다.
- I admit that I'm a slow worker because I tend to aim too much for perfection. I like to make sure that my work is perfect, so I tend to perhaps spend a little too much time checking it. Sometimes, I spend more time than necessary.
  저는 일에 있어서 완벽을 기하는 성향 때문에 일 처리가 느린 편입니다. 제가 맡은 일을 완벽하게 하려다 보니 검토하는 데 시간이 너무 많이 걸리는 경향이 있습니다. 가끔은 필요 이상으로 시간을 보냅니다.
- I have high expectations on myself. I'm afraid of letting people down. It helps me to maintain good performance at school and work, but sometimes I feel pressured.
  저는 저 자신에 대한 기대치가 높은 편입니다. 저는 사람들을 실망시키는 것이 두렵습니다. 이러한 점이 학교나 직장에서 좋은 성과를 내도록 하지만, 종종 스트레스를 주기도 합니다.

우유부단함을 표현하는 예시

- To be frank, I tend to think too much before I start something.
  솔직히 말씀드리면, 저는 시도하기 전에 생각이 너무 많은 편입니다.
- It takes some time for me when it comes to decision making because sometimes I'm a little indecisive.
  우유부단함이 조금 있어서 종종 결정을 내릴 때 시간이 걸립니다.

그 외 예시

- I tend to prefer solving problems by myself because I'm worried that it might bother others and take their valuable time.
  저는 다른 사람을 귀찮게 하거나 그들의 시간을 뺏는 것 같아 스스로 모든 문제를 해결하려 하는 경향이 있습니다.

- I'm not good at delegating work to other team members. It's not because I don't trust my team, but I just believe that the harder I work, the easier things would be for them.
  저는 팀원에게 일을 위임하는 것을 잘하지 못합니다. 제가 저의 팀을 믿지 못해서가 아니라, 제가 더 열심히 일할수록 팀원들의 일이 쉬워질 것이라 믿기 때문입니다.

- To be frank, I tend to act first rather than make a plan in advance, especially when I start new things. I thought bumping myself into new things is a faster way to learn things but I realized that it's quite opposite.
  솔직히 말씀드리면, 저는 특히 새로운 일을 시도할 때, 미리 계획을 세우기보다 행동이 앞서는 편입니다. 저는 일단 그 일에 뛰어드는 것이 그 일을 배우는 데 더 빠른 방법이라고 생각했지만, 실제로는 그 반대라는 사실을 깨달았습니다.

- Honestly, I have a habit of leaving assignments until the last minute. But I realized that scheduling in advance and getting things done on time make much more sense. So I'm working on improving it.
  솔직히 말씀드리면, 저는 일을 마지막까지 미루는 습관이 있습니다. 하지만 미리 계획을 세우고 기한 안에 일을 끝마치는 것이 훨씬 효율적이라는 사실을 깨달았습니다. 그래서 이러한 습관을 고치려고 노력 중입니다.

샘플 답변

MP3 06-3

1 완벽주의와 혼자 일을 해결하려 하는 성향

To be frank, it sometimes takes a long time to finish my work as I tend to aim too much for perfection. So I need to push myself hard to have my work done in time. What made it worse is that I tend to prefer solving problems by myself because I'm worried that asking for help might bother others. To overcome this weakness, these days, I try to prioritize my daily work in advance and keep a balance between its quality and quantity. Plus, nowadays I also try to ask others for help when necessary to finish my work more efficiently.

솔직히 말씀드리면 완벽을 기하려는 저의 성향 때문에 종종 일을 끝내는 데 많은 시간이 걸립니다. 그래서 제시간에 일을 끝내기 위해 스스로를 더 몰아 붙여야 합니다. 또한 다른 사람들에게 피해를 줄까 우려해 혼자서 일을 해결하려 하는 성향도 있습니다. 이러한 단점을 극복하기 위해, 요즘 저는 미리 매일의 업무를 우선순위에 따라 정하고 일의 질과 양을 조절하려고 노력합니다. 또한 현재는 제 일을 더 효율적으로 끝내기 위해 필요하면 다른 팀원들에게 도움을 요청합니다.

2 남의 부탁을 잘 거절하지 못함

My weakness is that I can't easily turn down people's requests because I don't want them to feel rejected. For example, I couldn't finish my work on time when I had team projects in college because I used to struggle with my team members' tasks. So I often ended up being overwhelmed by a heavy workload. To overcome this weakness, I try to prioritize my own work first, and if I can't afford to help others, I politely explain why. Through all of this, I've learned it is not about what I say, but how I say it when I refuse something.

저의 단점은 상대방의 기분을 배려해서 부탁을 잘 거절하지 못하는 것입니다. 예를 들어, 대학에서 팀 프로젝트를 할 때 다른 사람들의 일을 돕느라 제가 맡은 일을 제때 끝내지 못했던 적이 있었습니다. 그리고 결국 과중한 업무를 해내느라 힘들어하고는 했습니다. 이러한 단점을 고치기 위해 저는 저의 일을 우선순위로 두고, 다른 사람들을 도울 수 있는 상황이 아니라면 상황을 잘 설명해서 정중하게 거절하려 노력합니다. 지금은 거절할 때 무엇을 말하느냐가 아니라, 어떻게 말하느냐가 중요하다는 것을 깨닫게 되었습니다.

3 지나치게 꼼꼼함

Frankly speaking, I've been told a few times that I'm too meticulous. I tend to pay too much attention to detail so that I sometimes need a longer time to complete a task compared to other colleagues. And that automatically hurts the quantity of my work. To overcome this, I try to see the big picture at the beginning of a task. And while doing the work, I do my best to balance between the quality and quantity. Moreover, I check the flow of my work from time to time to speed up when necessary.

* pick up the pace 속도를 올리다

솔직히 말씀드리면, 저는 너무 꼼꼼하다는 말을 몇 번 들은 적이 있습니다. 저는 작은 것에 지나치게 집중하는 경향이 있어서 가끔은 제 일을 끝마치는 데 다른 동료보다 더 많은 시간이 걸리고는 합니다. 이 점을 고치기 위해, 저는 일을 시작할 때 먼저 일의 큰 그림을 파악합니다. 그리고 그 일을 하는 동안 일의 질과 양 사이의 균형을 맞추려 최선을 다합니다. 또한, 일하는 중간중간에 일의 속도를 내기 위해 일의 진행 상황을 확인합니다.

4 너무 직선적인 성격

I'm afraid that sometimes I'm a little too straightforward. I believe honesty is a good way to build great relationships but I got to know that I might unintentionally hurt other people's feelings due to my being frank and direct. So these days I try to be more tactful when I interact with people and when I have to give constructive feedback to others.

저는 제가 가끔 너무 직선적인 성격이 아닌가 하는 생각이 듭니다. 저는 정직이 다른 사람들과 좋은 관계를 맺는 데 좋은 방법이라고 생각하지만 저의 솔직하고 직접적인 말이 의도치 않게 다른 사람의 마음을 다치게 할 수 있다는 것을 알게 되었습니다. 그래서 요즘은 사람들과 소통할 때와 다른 사람들에게 건설적인 조언을 할 때 좀 더 요령 있게 표현하려고 노력합니다.

5 성급히 결정을 내림

My natural tendency is to make up my mind very quickly and sometimes this gets me into trouble. But I've come to realize that speed isn't everything especially when I need to make an important decision. Nowadays if I'm uncertain about a decision, I try to weigh up the pros and cons of every situation and ask friends and colleagues for advice.

* weigh up the pros and cons of every situation 상황의 장단점을 비교하다

저는 매우 빨리 결정을 내리는 성향이어서 가끔 문제가 생기고는 합니다. 하지만 특히 중요한 결정을 내릴 때는 빨리 결정을 내리는 것이 다가 아니라는 것을 깨닫게 되었습니다. 현재 저는 어떤 결정을 내려야 할지 확신이 들지 않을 때 여러 상황에 대한 장단점을 비교해 보고 친구 또는 동료들에게 조언을 구하려 노력합니다.

6 잘 모르는 분야는 시도하지 않음

I rarely try to do tasks that I'm unfamiliar with. Whatever it is, I hardly try it until I have studied and understood it well. Without a doubt, this prevents me from making mistakes. But I think trying new things and diversifying my experience are especially meaningful during one's twenties. Therefore, I started rock-climbing a few months ago in an attempt to overcome my weakness and these days I try to accept new challenges positively.

저는 잘 모르고 서툰 분야에 대해서는 시도하려 하지 않습니다. 무엇이든 제가 정확하게 그것을 공부하고 파악하기 전까지는 쉽게 그것을 시작하지 않는 편입니다. 물론 이런 점은 제가 일을 함에 있어 실수를 하지 않게 해 줍니다. 그러나 저는 20대에는 새로운 것을 시도하며 다양한 경험을 쌓는 것이 의미있는 일이라고 생각합니다. 그래서 저는 이러한 단점을 극복하기 위해 몇 달 전에 암벽 등반을 시작했으며, 요즘 새로운 도전을 긍정적으로 보며 시도하려 노력하고 있습니다.

4 취미

Q. what is your hobby?

면접관의 속마음

어떤 성향과 생활 방식을 가진 사람인지?

쌤들의 면접 팁

- 너무 짧게 대답해서 면접관의 관심을 끌 수 있는 기회를 허무하게 날리지는 말자.
- 평범한 소재도 충분히 특별하게 대답할 수 있다. 예를 들어 자전거 타기 같은 평범한 취미 활동을 말하더라도 자기가 가입한 자전거 동아리에 관한 이야기나 자전거라는 취미를 가지기 전과 후의 내 몸의 변화 등 재미있는 소재들을 충분히 답변에 녹여 낼 수 있다.
- 본인의 이미지와 조금 다른 취미를 선택하는 것도 면접관의 관심을 끌고 호기심을 자극하는 좋은 전략이다(얌전한 이미지라면 권투나 킥복싱, 활발한 이미지라면 바둑이나 요가 등).

유용한 표현

취미 관련 표현

- Rock climbing
  암벽 등반
- Running
  달리기
- Taking a walk
  산책
- Hiking
  등산
- Pilates & yoga
  필라테스와 요가
- Calligraphy
  캘리그래피
- Rollerblading
  롤러블레이드
- Baking
  제과제빵
- Cooking
  요리

샘플 답변

MP3 06-4

1 여행 가서 사진 찍기

My hobby is going on trips and taking pictures. After trips, I select some beautiful pictures and post on SNS and share my memorable moments with close friends.

저의 취미는 여행과 사진 찍기입니다. 여행 후에 아름다운 사진들을 고르고 SNS에 포스팅해서 기억하고 싶은 순간들을 친한 친구들과 공유합니다.

2 등산

When I have free time, I like to go mountain climbing. A couple of years ago, I joined a mountain climbing club, so I can take care of my health and get along with many people with common interests while climbing mountains.

저는 여가 시간에 등산을 합니다. 몇 년 전 산악 동호회에 가입해서 등산을 하며 건강 관리도 하고, 공통된 관심사를 가진 사람들과 함께 어울리고 있습니다.

3 암벽 등반

I recently got a new hobby which is rock-climbing. As I'm a beginner at the moment, I go to an indoor rock climbing place to practice. It is quite tough exercise but I love it.

제가 최근에 시작한 취미는 암벽 등반입니다. 현재는 초보자이기 때문에 실내에서 암벽 등반을 연습하고 있습니다. 암벽 등반은 육체적으로 힘들지만, 제가 너무나 좋아하는 취미입니다.

4 베이킹

I like baking all kinds of cakes and cookies and I enjoy the baking process itself. After baking, I share them with my friends or colleagues. When I see them enjoying my handiwork, I feel happy and rewarded. It's a very delightful hobby.

저의 취미는 베이킹으로, 쿠키나 케이크 만드는 과정 자체를 즐깁니다. 완성이 되면 친구들이나 가족들과 나누어 먹고 그들이 제가 구운 빵이나 쿠키를 먹고 즐거워할 때 보람을 느낍니다. 베이킹은 저를 즐겁게 만드는 취미입니다.

5 와인

I love wine so I recently joined a wine tasting club. We gather on weekends, learn about various wines from different countries and taste them. By joining the club, I not only enjoy tasting wine, but also meet many people with same interests.

와인을 좋아해서 최근에 와인 시음 동호회에 가입했습니다. 주말에 멤버들이 모여서 세계의 다양한 와인에 대해 배우고 시음하는 모임입니다. 동호회에 들어가서 와인 시음뿐만 아니라 저와 같은 취미를 가진 다양한 사람들과 만나는 것이 매우 즐겁습니다.

6 조깅

I like running while listening to electronic dance music with a nice vibe. By doing so regularly, I can manage my stress and maintain physical strength.

저는 신나는 음악을 들으며 달리는 것을 좋아합니다. 규칙적으로 조깅을 함으로써 스트레스도 관리할 수 있고 건강도 유지할 수 있습니다.

7 롤러블레이드

In my spare time, I enjoy rollerblading. I began doing that only for fun when I was a kid. I used to fall down and scrape my knees a lot, but nowadays that doesn't happen anymore and I even teach some people how to roller-blade. Some say that it's quite a dangerous hobby but I think it's a very exciting and safe sport if one is properly prepared and equipped with protective gear.

저는 여가 시간이 생기면 롤러블레이드를 즐깁니다. 어릴 때는 단순히 재미로 시작했습니다. 넘어지고 무릎에 상처도 많이 나고는 했지만 지금은 그런 일 없이 다른 사람을 가르칠 만큼 능숙하게 즐기고 있습니다. 몇몇 사람들은 위험한 취미라고 말하기도 하지만, 보호 장비를 제대로 갖추고 한다면 상당히 안전한 취미라고 생각합니다.

8 영화 감상

I enjoy watching movies. I used to go to a movie theater once a week, but these days I love to watch Netflix movies in my room and take notes on it. It's a very convenient and cost-effective way to watch the latest movies.

저는 영화를 보는 것을 좋아합니다. 예전에는 주 1회 정도 극장에 영화를 보러 갔으나, 요즘은 집에서 넷플릭스 영화를 보는 것을 좋아하며, 영화를 본 후 짧은 감상을 메모합니다. 최신 영화를 집에서 편안하고 경제적으로 볼 수 있는 방법이라고 생각합니다.

9 요가

Yoga is my hobby. Whenever I do it, I feel a balance between body and soul. It's also a good way to lose weight and acquire a good posture. If I become a cabin crew member, I want to travel to India because practicing yoga in India is on my bucket list.

요가는 저의 취미입니다. 요가를 할 때면, 몸과 마음이 균형 잡히는 느낌이 듭니다. 또한 요가는 체중을 감량하고 바른 자세를 갖추는 데 도움이 됩니다. 승무원이 된다면, 인도를 여행하고 싶습니다. 인도에서 요가 하기가 저의 버킷 리스트 중 하나이기 때문입니다.

10 캘리그래피

My hobby is calligraphy which is decorative handwriting. It's an art which makes me feel relaxed and calm. It also improves my concentration.

저의 취미는 예쁜 글씨 쓰기인 캘리그래피입니다. 캘리그래피는 저 자신을 차분하게 만들고 편안한 느낌이 들게 하는 예술입니다. 또한, 집중력을 높여 주는 취미이기도 합니다.

5 스트레스 해결 방법

Q. How do you manage and deal with stress?

면접관의 속마음

스트레스를 어떻게 관리하는 사람인지?

쌤들의 면접 팁

- 승무원처럼 사람을 상대하는 서비스직에서 스트레스는 피할 수 없는 것이므로, 현명하게 스트레스를 해결하는 요령이 필요하다.
- 다양한 스트레스 해소법 : 맛있는 음식 먹기, 라틴댄스 및 줌바댄스, 아로마향 이용해서 목욕 즐기기, 온라인 게임, 폴댄스, 필라테스, 복싱, 요가, 팝콘 먹으며 코미디 영화 보기, 노래방 가서 큰 소리로 노래 부르기 등

유용한 표현

스트레스와 관련된 표현

- To relieve my stress~(= To get rid of stress~ = To reduce stress~)
  스트레스를 줄이기 위해서~
- I don't get stressed easily because~
  저는 스트레스를 쉽게 받지 않습니다. 그 이유는~
- I have many ways to relieve stress.
  저는 다양한 방법으로 스트레스를 해소합니다.
- I believe that effective stress management is very important because it makes my life happier, healthier and more productive.
  저는 스트레스 관리가 아주 중요하다고 믿습니다. 왜냐하면 제 인생을 더 행복하고 건강하고 생산적으로 만들어 주기 때문입니다.

- To avoid burnout, I try to create a balanced schedule between work and play.
  녹초가 되는 것을 막기 위해서, 저는 일과 여가 사이의 균형을 맞추려고 노력합니다.
- When I'm stressed, the first thing I do is working out. For me, physical activity is a huge stress reliever.
  스트레스를 받을 때, 제가 첫 번째로 하는 일은 운동입니다. 몸을 움직이는 것은 매우 효과적인 스트레스 해소법입니다.

샘플 답변

MP3 06-5

1 요가와 명상

When I feel stressed and tense, I practice yoga and meditation. While taking a deep breath and focusing on my body and soul, I can relieve my stress and relax.

저는 긴장을 하거나 스트레스를 받을 때, 요가와 명상을 합니다. 깊은 호흡과 함께 내 몸과 정신에 집중하다 보면, 몸의 긴장이 풀어지며 동시에 스트레스 또한 없어집니다.

2 롤러블레이드

When I get stressed out, I usually go to an open space and enjoy rollerblading. It always works for me. Doing my favorite activity decreases my stress level naturally. It also helps me to lose weight. It's like killing two birds with one stone.

스트레스를 받을 때 저는 보통 탁 트인 공간으로 나가서 롤러블레이드를 즐깁니다. 그것은 항상 스트레스를 해소시켜 줍니다. 제가 좋아하는 롤러블레이드를 탈 때는 스트레스가 자연스럽게 풀리며, 체중 감량에도 도움을 줍니다. 한 마디로 일석이조라고 할 수 있습니다.

3 스트레스를 주는 원인부터 파악

When I'm stressed, I try to identify the reasons for that. I believe if I understand why I get stressed, then I can do something about it. For example, I've found that I get stressed when things are behind schedule. So, to address that, I try to get them done in advance.

스트레스를 받을 때, 저는 제게 스트레스를 주는 것이 무엇인지 먼저 알아내려고 노력합니다. 제가 무엇 때문에 스트레스를 받게 되는지 그 이유를 안다면 그러한 상황을 피할 수 있다고 믿기 때문입니다. 예를 들어, 저는 일이 지연될 때 스트레스를 받는다는 사실을 알게 되었습니다. 그래서 스트레스를 방지하기 위해 미리 할 일을 끝내려고 노력합니다.

4 집에서 영화나 드라마 감상 및 산책

When I'm stressed, I usually stay alone at home to watch movies or dramas. It relaxes my body and mind. I also take a walk. Being outside in a green place relieves my stress.

저는 스트레스를 받을 때, 제 몸과 마음을 편하게 만들기 위해서 보통 집에서 혼자 영화나 드라마를 즐겨 봅니다. 또한 저는 산책을 즐기는데, 자연 속에 있으면 스트레스가 풀립니다.

6 좌우명

Q. **what is your life motto?**

면접관의 속마음

어떤 철학과 가치관을 지닌 사람인지?

쌤들의 면접 팁

- 자신의 철학과 인생관을 통해서 자신만의 색깔을 면접관에게 각인시켜 줄 수 있는 질문이다. 자신의 경험을 덧붙여 진솔하게 말하자.

유용한 표현

좌우명과 관련된 표현

- Being challenged in life is inevitable, being defeated is optional.
  인생에서 어려운 상황을 맞이하는 것은 어쩔 수 없는 일이나, 그것에 패배하느냐는 자신의 선택에 달려 있다.
- It's always good time to begin.
  시작에는 때가 없다.
- When you are able to love yourself deeply, you can be kind to others.
  네 자신을 진정으로 사랑한다면 남에게도 친절할 수 있다.
- Success depends on your attitude, happiness depends on your gratitude.
  성공은 너의 태도에 달렸고, 행복은 너의 감사하는 마음에 달렸다.
- Keep your eyes on the stars and your feet on the ground.
  꿈은 항상 크게 그리되, 현실적인 시각을 유지해라.
- If you want to go fast, go alone; if you want to go far, go together.
  만약 빨리 가고 싶다면 혼자 가고, 멀리 가고 싶다면 남들과 같이 가라.
- There is no elevator to success; you have to take the stairs.
  성공으로 향하는 지름길은 없다. 단계를 밟아야 한다.
- Life is better when you are laughing.
  웃을 때, 네 인생은 더 나아질 것이다.
- Think out of the box.
  고정관념에서 벗어나라.

샘플 답변

MP3 06-6

1 시련 속에서도 기회를 찾아라(If life gives you lemons, make lemonade)

My life motto is "If life gives you lemons, make lemonade." I really like the underlying meaning of this expression. When I'm faced with something difficult or when I'm about to give up on something challenging, I remind myself of this proverb and try to go through with it. For example, when I traveled to India, I got pickpocketed and I lost almost everything including my money, ID cards and camera. I panicked for a while, but I didn't want to ruin my whole trip. So, I tried my best to solve this problem. Luckily, I met very nice people who were willing to help me and we became life-long friends. Thanks to them, I could finish my wonderful India trip. Through this experience, I became a much stronger and more positive person.

제 인생의 가치관은 "시련 속에서도 기회를 찾아라."입니다. 저는 이 말이 가진 의미를 정말 좋아합니다. 제가 어떤 어려움을 당하거나 혹은 무엇인가를 포기하려 할 때, 저는 이 문장을 되새기며 긍정적인 마인드로 문제를 끝까지 해내려 노력합니다. 예를 들어 제가 인도 여행을 갔을 때, 소매치기를 당해 돈, 신분증, 카메라 등 거의 모든 것을 잃어버렸었습니다. 저는 한동안 패닉 상태였지만 남은 여행을 망치고 싶지 않았기에 최선을 다해 그 상황을 해결하려고 애썼습니다. 운이 좋게도 저를 기꺼이 도와주려는 좋은 사람들을 만났고 그들은 저의 평생 친구가 되었습니다. 그리고 그들 덕분에 인도 여행을 잘 마무리할 수 있었습니다. 이 경험을 통해 저는 더 강하고 긍정적인 사람이 될 수 있었습니다.

2 웃음이 최고의 명약이다(Laughter is the best medicine)

I like the quote "Laughter is the best medicine." I've come to realize that laughing is the best way to boost one's energy and change an atmosphere for the better. Moreover, laughing can bring people together and establish amazing relationships. That's why I always try to have a positive outlook with a bright smile, even in tough situations. As a result, I was nicknamed 'Miss Smile.'

저는 "웃음이 최고의 명약이다."라는 말을 좋아합니다. 저는 웃음이야말로 기분 좋은 에너지를 만들고 더 좋은 분위기를 만들 수 있는 최고의 방법이라는 사실을 깨달았습니다. 웃음은 다양한 사람들을 하나로 만들어 주고, 서로 간의 깊은 유대감을 만들어 주기도 한다는 사실도 알게 됐습니다. 그래서 저는 항상 얼굴에 웃음을 띠며 생활하려고 노력하며, 그 결과 'Miss Smile'이라는 별명을 얻게 되었습니다.

3 조금 더 나아지기 위해 조금 더 노력하자(Try a little harder to be a little better)

My life motto is "Try a little harder to be a little better." The word we have to focus on here is 'a little.' I used to give up on my goals too easily because I wanted to achieve them in a short time. But I realized that the key to achieveing great things is to be a little better than yesterday. It's very simple. Set up the goal, focus on progress – not perfection - and do it everyday till you make it. For example, two years ago, I wanted to have my own blog but computer stuff was not my cup of tea and I knew nothing about it. So I just started to write blog posts at least once a day. In the beginning, it was so hard to find something to write about and it took me a couple of hours to write it, but after two years of daily blogging, I now have thousands of followers.

제 인생의 가치관은 "조금 더 나아지기 위해 조금 더 노력하자."입니다. 여기서 제가 강조하고 싶은 단어는 '조금 더'입니다. 저는 제가 정한 목표를 쉽게 포기했었습니다. 왜냐하면 너무 단시간에 많은 것을 이루려고 했기 때문입니다. 그러나 멋진 목표들을 성취하기 위해서 가장 중요한 것은 어제보다 '조금 더' 노력하는 것이라는 사실을 깨달았습니다. 아주 간단한 방법입니다. 목표를 정하고 완벽함이 아닌 그 과정에 좀 더 무게를 두고 그것을 해낼 때까지 꾸준히 하는 것입니다. 예를 들어, 2년 전 저는 저만의 블로그를 가지고 싶었습니다. 그러나 저는 컴퓨터를 잘하지도 못하며 블로그에 대해서 잘 알지도 못했습니다. 그래서 저는 그냥 하루에 하나씩만 글을 써 보기로 했습니다. 처음에는 무엇을 써야 할지 감도 잡히지 않고 하나를 쓰는 데도 시간이 많이 걸렸지만, 2년 동안 하루에 하나씩 꾸준히 포스팅을 한 결과 현재 저는 수천 명의 블로그 이웃들이 생겼습니다.

4 안주하면 위대한 성취는 불가능하다(Great things never came from comfort zones)

My life motto is "Great things never came from comfort zones." I believe if I want to achieve something, then I have to go above and beyond my comfort zone. It means that I won't get anywhere by only doing what's easy for me. So I love to challenge new things, and I enjoy learning from my mistakes. That's why I left home and stood on my own feet when I turned twenty. It wasn't easy to earn my living and pay my own school expenses, but it was worthwhile.

* stand on my feet 독립하다

제 인생의 가치관은 "안주하면 위대한 성취는 불가능하다."입니다. 저는 어떤 것을 성취하기를 원한다면, 편안함과 익숙함에서 벗어나야 한다고 믿습니다. 그것은 또 다른 말로 쉬운 길로만 간다면 어느 곳에도 도착할 수가 없다는 말입니다. 그래서 저는 새로운 일에 도전하기를 좋아하며, 실수나 실패에서 무엇인가를 배우는 것을 즐깁니다. 이는 제가 20살이 되던 해에 집을 떠나 독립한 이유입니다. 제 생활비와 학비를 스스로 번다는 것은 결코 쉬운 일이 아니지만, 그만큼 가치가 있는 일이었습니다.

5 즐길 수 있는 일을 하자(Do things that make you happy)

My life motto is “Do things that make you happy.” We all live only once, so finding a job that makes me happy is a must. Also, if you do a job you like, then you would probably do it better than others. Considering what I have and what I’m passionate about, I’m convinced that this job is the one that will make me happy.

제 인생의 가치관은 “즐길 수 있는 일을 하자.”입니다. 우리는 모두 한 번뿐인 인생을 삽니다. 그러므로 저를 행복하게 해 줄 일을 직업으로 갖는 것이 행복한 인생을 살기 위해서 꼭 필요하다고 생각합니다. 또한 만약 제가 좋아하는 일을 한다면, 아마도 다른 사람들보다 그 일을 더 잘 할 수 있을 것 같습니다. 제가 가진 적성과 제가 좋아하는 것들을 고려해 볼 때, 승무원이라는 직업은 저를 행복하게 만들어 줄 일이라고 확신합니다.

고민 미리 보기

Chapter 1과 관련된 실제 고민 상담 카톡

❶ 단점을 잘 답할 수 있는 방법이 있나요?

빅키 선생님, 성격의 단점을 물어보는 질문이 너무 어려워요. 진짜 제 단점을 말하려니까 답변용으로 너무 별로인 것 같고요. 그렇다고 없는 답변을 꾸며서 말하려니까 제 이야기가 아니라서 입에 붙지를 않아요.

내 이야기가 아닌 것들을 거짓으로 답하는 것들은 추천하지 않아요. 왜냐하면 외항사의 경우 파이널 인터뷰에서는 꼬리 질문에 또 꼬리 질문을 받는 경우가 많은데, 내 이야기가 아닐 경우 답변이 막히기 쉽기 때문이죠. 자신의 단점을 이야기하되 좀 순화해서! 늘 강조하듯이 무엇을 말하느냐보다는 어떻게 말하느냐가 중요해요.

❷ 자기소개의 길이는 얼마나 되어야 하나요?

하림 선생님! 저는 외항사와 외국계 회사를 준비하고 있는 취준생입니다. 제가 영어로 자기소개를 만들어 뒀는데 길이가 너무 길고 장황한 것 같아요. 보통 자기소개는 어느 정도 길이가 적당한가요?

자기소개의 경우도 면접의 종류에 따라서 길이와 내용을 조금씩은 다르게 하는 것이 좋아요. 예를 들어 이력서 제출 단계에서 면접관이 자기소개를 부탁한다면 '짧지만 인상 깊게', 파이널 인터뷰에서 면접관이 자기소개를 부탁한다면 자신의 주요 이력 중심으로 '1분 이내'로 대답하는 것을 추천해요.

Chapter 02

학교 생활 및 해외 경험

7 전공 선택 이유와 배운 점

Q. **Can you tell me about your major? What did you learn from your major?**

면접관의 속마음

전공을 왜 선택했고 무엇을 배웠는지?

쌤들의 면접 팁

- 항공사가 선호하는 전공이 있는 것은 아니니 편하게 자신의 전공과 그 전공에서 배운 점을 말하자. 승무원의 직무 적성과 연관된 경험 및 배운 점을 중심으로 답변한다.
  예 : 팀워크를 발휘했던 그룹 과제나 리더로서 팀을 이끌었던 경험 등
- 단, 전공자만 알 수 있는 어렵고 전문적인 용어를 나열하지 말고 면접관이 알기 쉽게 풀어서 이야기해 줘야 한다. 면접관은 지원자의 전공 그 자체가 아니라 전공을 통해 어떤 것들을 배웠으며 어떤 자질을 가지고 있는지 파악하고 싶어 한다는 것을 기억하자.

답변 구성

- 전공 + 선택 이유 + 배운 점

유용한 표현

전공과 관련된 기본 표현

- I(I'm) major(majoring) in (전공명).
  (전공명)을 전공하고 있습니다.
- I majored in (전공명).
  (전공명)을 전공했습니다.
- I majored in (전공명) with a minor in (부전공명).
  저의 전공은 (전공명)이며, 부전공은 (부전공명)입니다.
- I double-majored in (전공명) and (전공명).
  저는 (전공명)과 (전공명)을 복수전공했습니다.
- I'm currently in my last semester at (학교명), majoring in (전공명).
  저는 현재 (학교명)에서 (전공명)을 전공하며 마지막 학기 재학 중입니다.
- I'm expecting to graduate from college this year.
  저는 올해 졸업할 예정입니다.
- I earned my bachelor's degree in (전공명) from (대학명) in (졸업 연도).
  저는 (졸업 연도)에 (대학명)에서 (전공명)으로 학사 학위를 취득했습니다.

전공 선택 이유를 언급할 때 쓰는 표현

- It was very interesting for me to learn about~
  ~에 대해 배우는 것이 제게는 매우 흥미로웠습니다.
- Studying (전공명), I was able to do not only A, but also B.
  (전공명)을 공부하며 저는 A뿐 아니라 B도 할 수 있었습니다.
- It was a natural decision to choose it as my major.
  그 전공을 선택한 것은 자연스러운 결정이었습니다.
- I have dreamed of becoming a cabin crew member, so I chose to major in airline service management.
  승무원이 되는 것을 꿈꾸어 왔기에 저는 항공 서비스학과를 전공으로 선택했습니다.

전공을 이야기한 뒤 구체적으로 좋아하는 과목이나 분야를 이야기할 때 쓰는 표현

- I majored in aviation management. The most interesting class I took was international manners because I've always had a keen interest in various people who have different nationalities and cultures.

  * have a keen interest 관심이 많다

  저는 항공경영학을 전공했습니다. 제가 가장 흥미롭게 수강한 과목은 '국제 매너'였습니다. 왜냐하면 저는 다른 국적과 문화를 가진 다양한 사람들에게 늘 관심이 많았기 때문입니다.

- I majored in English literature. I really enjoy learning language so my major meets my aptitude. That's why I could study happily for the last four years. Especially (과목명) is my favorite subject because~

  저는 영문학을 전공했습니다. 저는 언어를 배우는 것을 정말 좋아하기 때문에 제 전공이 적성에 잘 맞았습니다. 그래서 지난 4년 동안 즐겁게 공부할 수 있었습니다. 특히 (과목명)은 제가 가장 좋아한 과목이었는데 그 이유는~

자신의 전공이 승무원 일에 도움이 될 것이라 믿는 표현

- I strongly believe what I've learned from my major will be a great help to work as a flight attendant in your airline.

  저는 제가 전공에서 배운 것이 귀사에서 승무원으로 일하는 데 큰 도움이 될 것이라 확신합니다.

- I believe what I've studied in college will help me understand my future passengers better than anyone.

  저는 제가 대학에서 배운 것이 누구보다 제 미래의 승객들을 이해하는 데 도움이 될 것이라 믿습니다.

샘플 답변

MP3 06-7

1 전공이 승무원직과 관련이 있는 경우(항공운항과)

I majored in airline service management because I'm interested in the service industry and want to develop myself working in a multinational environment. I learned a lot of necessary things for a cabin crew job such as communication, teamwork and customer service skills. I can now speak English, Chinese and Japanese apart from Korean. Furthermore, through an internship at SKY Airlines, I had a chance to apply what I've learned at school. I truly enjoyed it and I'm therefore sure I'm a perfect fit for this job.

저는 서비스 분야에 관심이 있으며 다국적 환경에서 일하며 제 자신을 발전시키고 싶어서 항공운항과를 전공했습니다. 제 전공을 통해 의사소통 능력, 팀워크 그리고 고객 서비스에 관련된 기술 등 승무원 직무에 꼭 필요한 많은 것들을 배울 수 있었습니다. 저는 현재 한국어를 비롯해 영어, 중국어 그리고 일본어를 구사할 수 있습니다. 또한, SKY 항공의 인턴십 경험을 통해서 제가 학교에서 배웠던 것들을 직접 적용해 볼 수 있는 기회도 가질 수 있었습니다. 저는 정말 즐겁게 일했으며 이러한 이유들을 근거로 제가 이 직업에 적합한 지원자임을 확신합니다.

2 전공이 승무원직과 관련이 있는 경우(영어영문학과 1)

I majored in English literature. I've always been interested in understanding and communicating with the world, so I thought that learning English is an essential step to achieve that. My major allowed me to attend various international activities and events and gave me better chances to make friends from culturally diverse backgrounds. I believe what I studied will help me deliver good services to my future passengers.

저는 영어영문학을 전공했습니다. 저는 항상 세상을 이해하고 세상과 소통하는 것에 흥미가 있었기에, 영어를 배우는 것은 그러한 것들을 가능하게 만들어 주는 필수적인 단계라고 생각했습니다. 또한 제 전공은 저에게 다양한 국제 행사와 활동에 참여할 수 있는 기회를 만들어 주었으며, 문화적으로 다양한 배경을 가진 친구들을 사귈 수 있는 기회를 주었습니다. 저는 제가 공부한 것들이 제 미래의 승객들에게 좋은 서비스를 제공하는 데 많은 도움이 될 것이라고 믿습니다.

3 전공이 승무원직과 관련이 있는 경우(영어영문학과 2)

My major is English language and literature. When I was a little girl, I learned English through fun and play with my parents' American friends, so I naturally wanted to learn more about it and be good at it. Another reason is that I've always been interested in working in the global environment. In college, I learned how to understand and appreciate different perspectives from English books and media, which helped me to make many good friends in the USA. I believe my language skills will be beneficial when I work as a cabin crew member.

제 전공은 영어영문학입니다. 어릴 적 부모님의 미국인 친구들을 통해서 재미와 놀이로 영어를 배웠기에 자연스럽게 영어를 더 배우고 싶어졌으며 또한 더 잘하고 싶어졌습니다. 제가 영문학을 선택한 또 다른 이유는 국제적인 환경에서 일하는 것에 흥미가 있기 때문입니다. 저는 대학 생활 중에는 영어로 된 책과 방송 매체를 통해서 다양한 견해들을 알아 가고 이해하는 법을 배웠는데 이는 많은 좋은 친구들을 사귀는 데도 도움이 되었습니다. 저는 제가 가진 언어 능력이 승무원으로 일하는 데 있어서 도움이 될 것이라고 믿습니다.

4 전공이 승무원직과 관련이 있는 경우(중어중문학과)

I majored in Chinese language and literature. From my major, I learned not only the language itself but also Chinese culture, which gave me a global mindset. My courses included many team projects with students from China. We were not just classmates who did team projects together, but friends who shared and exchanged languages and cultures while having fun. Those experiences were so meaningful to me because they helped me to build international communication skills.

저는 중어중문학을 전공했습니다. 제 전공을 통해서 중국어라는 언어뿐 아니라 중국인들의 문화를 배울 수 있었으며 그로 인해 글로벌 마인드를 가질 수 있게 되었습니다. 전공 수업에는 중국인 친구들과 같이 할 수 있는 다양한 그룹 활동이 포함되어 있었습니다. 저희들은 단지 팀 과제를 함께 하는 급우가 아닌, 함께 즐거운 시간을 보내며 서로의 문화와 언어를 공유하는 친구들이었습니다. 이러한 것들은 제게 너무나 의미 있는 시간이었습니다. 왜냐하면 이런 경험들은 제가 글로벌한 의사소통 능력을 가질 수 있게끔 도와주었기 때문입니다.

5 전공이 승무원직과 관련이 없는 경우(유아교육학과)

I majored in early childhood education as I love working with kids. Their energy and brightness always bring a huge smile to my face. In college, I learned how to understand and care for children. After college, I took a part-time job for six months at a kindergarten to put my knowledge and skills into practice. That has taught me to understand children and their families and to grasp their needs before they ask. Based on my major and experience, I believe that I can be an ambassador for your company.

저는 아이들과 함께 하는 것을 좋아하기 때문에 유아교육학을 전공으로 선택했습니다. 아이들의 에너지와 밝음은 늘 저를 활짝 웃게 합니다. 저는 대학에서 아이들을 이해하고 돌보는 법을 배웠고, 졸업 후 6개월간의 유치원 아르바이트 기간 동안에는 배운 지식을 실전에서 활용할 수 있었습니다. 이러한 경험을 통해, 저는 아이들과 그들의 부모님들을 이해하고 그들이 필요로 하는 것을 요청하기 전에 파악하는 법을 배웠습니다. 저의 전공과 경험을 바탕으로 저는 귀사를 대표하는 외교 사절이 될 수 있으리라 믿습니다.

6 전공이 승무원직과 관련이 없는 경우(태권도학과)

I majored in tae-kwon-do because I really like it and I'm good at it. Apart from mental and physical strength, it taught me patience, respect, and discipline. In college, I participated in many group activities and taught tae-kwon-do to people of different ages, which allowed me to learn teamwork, leadership and communication skills as well. I'm convinced that my major has helped me to gain the qualifications necessary for a cabin crew position, that's why I think I'm a good fit for this role.

저는 태권도를 무척 좋아했고 재능도 있기에 태권도를 전공했습니다. 태권도를 통해 정신적, 육체적인 강인함을 기를 수 있었을 뿐만 아니라, 인내심, 타인에 대한 존중, 그리고 규율을 배울 수 있었습니다. 대학 시절에 저는 다양한 그룹 활동에 참여하면서 다양한 연령의 사람들에게 태권도를 가르쳤습니다. 이를 통해 팀워크와 리더십, 그리고 의사소통 능력을 기를 수 있었습니다. 저는 제 전공이 승무원직을 수행하기 위해 필요한 자질들을 얻게 하는 데 큰 도움이 되었으며 그런 점에서 제가 승무원직에 적합하다고 생각합니다.

7 전공이 승무원직과 관련이 없는 경우(법학과)

I graduated from law school. The reason for that was to help people in need of legal advice. As we all know, everyone has to live within the boundaries of the law because it tells us the dos and don'ts. My major taught me how to think critically and how to see problems and issues from various perspectives. Now I can interpret situations more logically. The abilities gained from my major will help me to deal with unexpected or stressful onboard situations very well.

저는 법학을 전공했습니다. 법적 조언이 필요한 사람들을 돕기 위해 이 전공을 선택했습니다. 아시다시피 법은 우리가 해야 할 일들과 하지 말아야 할 일들을 알려 주기 때문에, 우리 모두는 법의 테두리 안에서 살아야 합니다. 저는 제 전공을 통해 분석적으로 생각하는 능력과 다양한 관점에서 문제를 바라보는 능력을 배웠습니다. 현재 저는 논리적으로 상황을 바라볼 수 있습니다. 제가 전공을 통해 배운 이러한 능력들은 제가 기내에서 예기치 못한 상황을 만났을 때 또는 스트레스를 받는 상황에서 침착하게 일을 해결하는 데 도움이 되리라 믿습니다.

8 전공이 승무원직과 관련이 없는 경우(심리학과)

I majored in psychology because I've always been curious about people and their behavior. Interacting with them, understanding them, and having empathy have always been attractive to me. My various counseling courses in college helped me understand the human mind and behavior, so I'm sure the abilities that I acquired must be a plus factor in giving better service to customers.

* a plus factor 장점, 도움

저는 항상 사람들과 그들의 행동에 대해 호기심이 많았기 때문에 심리학을 전공하게 되었습니다. 사람들과 교류하며, 그들을 이해하고 공감하는 것에 항상 흥미를 느꼈습니다. 대학 시절에 경험한 다양한 카운슬링 활동은 사람들의 심리와 행동을 이해하는 데 도움이 되었습니다. 그렇기 때문에 저는 제 전공인 심리학을 통해 얻은 능력이 고객들에게 더 나은 서비스를 제공하는 데 도움이 될 것이라 자신합니다.

9 전공이 승무원직과 관련이 없는 경우(광고학과)

I majored in advertising with a focus on marketing strategy, advertising and public relations. Since I was a teenager, I've been interested in human relationships and customer-oriented business. What's more, my older brother who is an advertising expert inspired me with fascinating stories about his work and a strong passion for his job. That's why I decided to study advertising. It has a lot to do with people, especially customers, as it focuses on grasping their needs. As I expected, I learned many valuable things and that will be very helpful in many ways when I work as a cabin crew member in your airline.

* have a lot to do ~와 밀접한 관련이 있다

제 전공은 광고학이며 마케팅 전략과 광고 및 홍보 등을 주로 공부했습니다. 저는 10대 시절부터 사람들 간의 관계와 서비스 산업에 관심이 많았습니다. 게다가 광고 전문가인 오빠로부터 듣는 멋진 광고 제작 이야기들과 그의 일에 대한 열정도 저에게 영감을 주었습니다. 이것이 제가 광고를 전공한 이유입니다. 광고는 사람들이 필요로 하는 것을 파악하는 데 중점을 두므로, 저는 제 전공이 사람들, 특히 고객들과 밀접한 관련이 있다고 생각합니다. 제 예상대로 저는 전공을 통해 가치 있는 많은 것들을 배울 수 있었으며 그것들은 귀사에서 승무원으로 일하게 된다면 다양한 면에서 도움이 되리라 생각합니다.

10 전공이 승무원직과 관련이 없는 경우(경영학과 및 패션 디자인학과)

I double-majored in business and fashion marketing. I think fashion is the easiest way to express oneself. And I've always liked marketing because it's a good way to attract, keep and satisfy customers. In school, I did many team projects which figured out the latest fashion trends and customers' needs and wants. From those activities, I've learned how to appreciate not only waves of styles but also people's preferences and tastes. Moreover, while doing many jobs with team members, I've come to realize that consideration for others and clear communication skills are very important factors to build strong team spirit.

* double-major in~ 복수전공하다

저는 경영과 패션 마케팅을 복수전공했습니다. 저는 패션이란 자신을 표현할 수 있는 가장 쉬운 방법이라고 생각합니다. 또한 저는 마케팅 수업을 좋아했습니다. 마케팅이 고객을 창출하고 유지하며 만족시키는 좋은 방법라고 생각하기 때문입니다. 학창 시절, 저는 최신 패션 트렌트와 소비자의 니즈를 파악할 수 있는 많은 팀 프로젝트에 참여했습니다. 이러한 활동을 통해 저는 패션 흐름 및 유행뿐 아니라, 사람들의 기호와 취향을 파악하는 법을 배웠습니다. 또한 팀으로 여러 활동을 하며 다른 사람을 배려하는 마음과 뛰어난 의사소통 능력이 좋은 팀워크를 만드는 데 매우 중요한 요소라는 점을 깨달았습니다.

8 해외 경험

Q. Do you have any overseas experience?

면접관의 속마음

해외 생활 및 글로벌 환경에서의 업무에 적응을 잘할 수 있는지?

쌤들의 면접 팁

- Don't downplay your experience! 자신의 경험을 과소평가하지 말라!
- Yes/No 등 단답형으로 답변하지 말고, 경험이 많지 않아서 할 이야기가 많지 않더라도 해외여행 및 외국 경험에서 좋았던 점 등을 통해 적극적으로 답변하자.
- 다양한 외국 경험이 있는 지원자들은 그 해외여행의 빈도를 자랑할 것이 아니라, 그로 인해서 얼마나 많이 자신이 성장했는지에 중점을 두고 답변을 해야 한다.
- 해외여행의 장점

    1. 새로운 곳으로 떠나는 것은 빠른 판단력을 가질 수 있게 도와준다.
    2. 마주한 어려움들을 혼자 힘으로 이겨 내면서 낯선 환경에서 적응하는 능력과 자신감을 키워 준다.
    3. 넓은 세상을 볼 수 있는 기회를 가질 수 있으며, 다양한 문화적 배경을 가진 사람들을 더 잘 이해할 수 있다.
    4. 세계 각국의 사람들과 잊지 못할 추억과 우정을 쌓을 수 있다.

이런 답변은 피하자

해외 경험이 없다는 소극적인 답변

- Frankly speaking, I didn't have any chance to study abroad. So I don't have many things to tell you about my overseas experience.
  솔직히 말씀드리면, 저는 해외에서 공부한 경험이 없습니다. 그래서 해외 경험에 대해 말씀드릴 것이 별로 없습니다.

→ 반드시 장기간의 거주 경험이 있어야 하는 것은 아니다. 배낭여행 또는 짧은 여행도 배운 점과 함께 언급한다. 외국 경험이 전혀 없는 경우라면, 혼자 가족과 떨어져 살거나 대학이나 아르바이트, 직장에서 외국인을 만나거나 함께 일한 경험을 언급한다.

I don't have experience of studying abroad, but, through my trip in Europe for a month, I had chances to meet various people and experience their cultures.

유학이나 해외 거주 경험은 없지만, 1달간의 유럽 배낭여행을 통해 여러 문화를 경험하고 다양한 사람들을 만날 수 있었습니다.

유용한 표현

해외 경험과 관련된 표현

- I've never studied in another country but I've travelled to many countries such as (장소명).
  저는 외국에서 공부해 본 적은 없습니다. 하지만 (장소명)과 같은 많은 나라를 여행했습니다.
- I spent (기간) travelling in (장소명).
  저는 (장소명)을 (기간) 동안 여행했습니다.
- I had an opportunity to travel to (장소명).
  저는 (장소명)을 여행할 기회가 있었습니다.
- My times in (장소명) really helped me to think out of the box.
  (장소명)에서의 경험은 제가 고정관념을 벗어나는 데 큰 도움이 되었습니다.
- I participated in volunteer abroad programs.
  저는 해외 봉사활동 프로그램에 참여했습니다.
- I fully enjoyed trying delicious food and was fascinated with exotic scenery. Every trip was very exciting and memorable.
  저는 맛있는 음식을 맛보는 것을 즐겼으며, 이국적인 경치에 매료되었습니다. 모든 여행이 매우 흥미롭고 기억에 남습니다.
- Studying abroad expanded my mind in an irreversible way. Simultaneously, I realized just how small I am but also how many opportunities exist in the

world.

외국 생활은 제 마음을 전과는 비교할 수 없게 넓혀 놓았습니다. 동시에 제가 얼마나 작은 존재인지를, 또한 이 세상에 얼마나 많은 기회가 존재하는지도 알게 되었습니다.

샘플 답변

MP3 06-8

1 해외 경험이 없는 경우 : 동아리 활동

No, I haven't been abroad yet. Instead, I actively participated for four years in a club called 'Buddy', which helps international students to adjust to college life. Buddies assist them in many ways such as finding housing, exchanging language and culture, and organizing special activities and events. It allowed me to learn and experience various cultures while forming life-long friendships with people from all over the world. Furthermore, the one-year experience of being the leader of the club has improved my communication skills and flexibility. Now I'm competent at working with people from culturally different backgrounds.

저는 해외 경험이 아직 없습니다. 대신 대학 4년 동안 '버디'라는 동아리 활동에 참여했습니다. 그 동아리는 외국인 친구들이 학교 생활에 잘 적응하도록 도와주는 동아리입니다. 버디들은 외국인 친구들이 집을 구할 때나 언어나 문화를 교류할 때, 특별한 활동이나 이벤트를 계획할 때 그들에게 도움을 줍니다. 이때의 경험은 제가 세계 각지에서 온 친구들과 평생 우정을 쌓으면서 다양한 문화를 배울 수 있게 해 주었습니다. 더 나아가, 1년 동안 동아리의 리더가 되면서 의사소통 능력과 유연성 또한 키울 수 있었습니다. 저는 지금 다양한 문화적 배경을 가진 사람들과 함께 일하는 것에 매우 자신이 있습니다.

2 유럽 배낭여행 경험

One of the things on my bucket list was travelling to other countries by myself. So in order to realize this, I worked as a part-timer to save money to backpack through Europe alone. It was a big challenge because I had never been abroad before and I couldn't speak English fluently. During my trip, I met a lot of nice people from around the world and felt the need to master foreign languages to communicate with them. After the trip, I studied very hard so that now I can speak fluent English and Chinese in addition to Korean.

제 버킷 리스트 중 하나는 혼자서 다른 나라를 여행하는 것이었습니다. 꿈을 실현하기 위해 저는 유럽 배낭여행을 위한 경비를 마련하기 위해서 아르바이트를 했습니다. 유럽 배낭여행은 저에게는 큰 도전이었습니다. 왜냐하면 한 번도 외국에 나가 본 적이 없으며 영어가 유창하지도 않았기 때문이었습니다. 여행을 하는 동안, 저는 세계 각지에서 온 좋은 사람들을 만났으며 다양한 사람들과 원활하게 대화하기 위해서는 외국어를 잘 해야겠다는 필요성도 느꼈습니다. 그 여행 후에 저는 열심히 공부했으며 그 결과, 한국어뿐만 아니라 영어와 중국어를 유창하게 말할 수 있게 되었습니다.

3 호주에서의 유학 생활과 뉴질랜드에서의 여행 경험

I have been to over ten countries around the world, but my experience as an exchange student in Australia and a tourist in New Zealand stands out from the rest. I always tried to make full use of the opportunities given to me in those countries. I applied for a waitress position at a Chinese restaurant in Australia and learned the value of teamwork, responsibility and language skills as well. I also had the opportunity to travel to New Zealand with German friends. During that trip, I noticed their independent attitude towards life and it affected me in a good way. I honestly say that my overseas experiences impacted my life positively.

* stand out from the rest 가장 특별하다

저는 10개 국이 넘는 나라를 다녀왔습니다. 그중 교환 학생으로 갔었던 호주와, 여행으로 갔던 뉴질랜드에서의 경험이 가장 특별했습니다. 그곳에서 저는 제게 주어진 모든 기회들을 최대한 활용하기 위해 항상 노력했습니다. 호주에서는 중국 식당의 웨이트리스로 일했으며 그곳에서 팀워크와 책임감, 영어를 배울 수 있었습니다. 또한 저는 독일인 친구들과 뉴질랜드로 여행을 간 적이 있습니다. 여행 동안 저는 독일 친구들의 삶에 대한 독립적인 태도에 좋은 영향을 받았습니다. 솔직히 저의 외국 경험은 제 삶을 더 긍정적으로 만들어 주었습니다.

4 호주 어학연수 경험

My first overseas experience was in Australia. I wanted not only to study English but also to get along with people from all over the world. While I was attending a language school, I made lots of friends from many different countries. We studied and hung out together, sharing our life stories and thoughts which really gave me a better understanding of the world and helped me to think out of the box. Most importantly, I got to know that if I want to understand other nationalities, I should respect their culture, religion and lifestyle.

제 첫 번째 해외 경험은 호주입니다. 저는 영어 공부도 하고 싶었지만 세계 각지에서 온 사람들과 어울리고도 싶었습니다. 저는 어학원에 다니며 다양한 나라에서 온 많은 친구들을 사귀었습니다. 또한 그들과 함께 공부하고 서로의 인생 이야기와 생각들을 공유하면서 함께 어울렸습니다. 그 경험은 제가 이 세상을 좀 더 잘 이해하도록 도와주었으며, 고정관념에서 벗어날 수 있도록 해 주었습니다. 무엇보다도 다른 국적의 사람들을 잘 이해하고 싶다면 그들의 문화와 종교, 생활 방식을 존중해야 한다는 점을 깨닫게 되었습니다.

5 영국에서의 경험

I stayed in the UK for two years. Ever since I was a teenager, I've wanted to communicate in fluent English with many people from all around the globe and satisfy my curiosity of what life is like beyond Korea. There were so many things in the UK that I wasn't used to and sometimes I faced some difficulties too. However, while I was staying there, I realized that if I respect people and the way they do things, then it's actually not hard to understand them. I think my overseas experience allowed me to become more flexible and open-minded.

저는 영국에서 2년 동안 머물렀습니다. 10대 시절부터 저는 세계 각국의 많은 사람들과 영어로 유창하게 소통을 하며 세상에 대한 호기심을 충족시키기를 원했습니다. 영국에는 제게 생소한 것들이 많았기에 때로는 어려움에 부딪히기도 했습니다. 하지만 그곳에 머무르는 동안 저는 사람들과 그들의 행동 방식을 존중한다면 그들을 이해하는 것이 크게 어렵지 않다는 점을 깨달았습니다. 이러한 해외 경험 덕분에 저는 좀 더 유연하고 열린 마음을 가진 사람이 되었습니다.

6 캐나다와 필리핀 거주 경험

I've been to Canada for two years and the Philippines for six months. What I've learned from living abroad is we are the world. Even though we have different looks, different backgrounds and even different languages, we all have the same tendency to hate going to school or working on a Monday after a relaxing weekend. In other words, we are similar in that we like to laugh, have fun and be happy. I believe that my overseas experience gave me an awareness of our common human traits, which will be very useful to keep in mind when serving passengers in your airline.

저는 캐나다에서 2년, 필리핀에서 6개월을 머물렀습니다. 제가 외국에 살면서 배운 것은 우리는 하나의 세상에 살고 있다는 것이었습니다. 비록 모두 다른 외모를 가지고 있고, 다른 배경과 다른 언어를 가지고 있지만 우리 모두 여유로운 주말 뒤의 월요일에는 일하거나 학교에 가기를 싫어합니다. 즉 우리는 웃음과 재미, 행복을 추구하는 비슷한 사람들이라는 것을 알게 되었습니다. 해외 경험을 통해 사람들의 공통적인 특징을 알게 된 점은 제가 귀사에서 승객들을 대할 때 큰 도움이 될 것이라고 믿습니다.

7 영국 어학연수 경험

I lived in London for two years as a language student. During my stay, I tried to participate in various club activities, meet new people, and travel as much as possible. My effort granted me the opportunity to see the world and gain a better understanding of people from different cultures. Furthermore, living and studying together with people from different backgrounds allowed me to discover myself and develop good communication skills. On top of that, the biggest benefit was having new lifelong friends from across the globe.

저는 교환 학생으로 2년 동안 런던에 머물렀습니다. 그곳에 머무르는 동안 저는 다양한 동아리 활동에 참여했으며 새로운 사람들을 만나고 최대한 많은 곳들을 여행했습니다. 이러한 제 노력은 다양한 문화적 배경을 가진 사람들을 더 잘 이해하고 더 넓은 세상을 볼 수 있게 해 주었습니다. 게다가 다양한 배경을 가진 사람들과 함께 살고 공부하며 제 자신을 더 잘 알게 되었고 의사소통 능력도 키울 수 있었습니다. 가장 좋은 점은 세계 각지에서 온 평생의 친구들을 만나게 된 것입니다.

8 멕시코 배낭여행 경험

I went backpacking alone in Mexico for thirty days when I was twenty-one. It was a big challenge as it was my first time to get out of my comfort zone. Throwing myself into a new world encouraged me to think on my feet. It also forced me to overcome the obstacles independently and that built my confidence and ability to adapt in foreign situations. A better understanding and appreciation for the world was another great bonus too. On top of that, friendships and unforgettable memories with people from across the globe are the most valuable things I got from the trip.

* think on my feet 빠른 판단을 내리게 하다

저는 21살 때, 멕시코로 30일 동안 혼자 배낭여행을 갔습니다. 저에게는 큰 도전이었습니다. 왜냐하면 익숙한 저의 공간을 벗어난 첫 번째 여행이었기 때문입니다. 새로운 곳으로 떠나는 것은 제가 빠른 판단력을 가질 수 있게 도와주었습니다. 또한 제가 마주한 어려움들을 혼자 힘으로 이겨 내도록 만들었으며 낯선 환경에서 적응하는 능력과 자신감을 가지도록 해 주었습니다. 세상에 대한 더 정확한 판단과 이해는 또 다른 혜택이었습니다. 무엇보다도 세계 각국의 사람들과 쌓은 잊지 못할 추억들과 우정은 제가 여행을 통해 얻게 된 가장 뜻깊은 선물입니다.

9 해외 유학 경험

While staying in Hong Kong, I actively participated in various social activities and traveled a lot, which allowed me to have diverse friends from all over the world. These experiences have given me the confidence to embark on new challenges, and think through problems in a much more critical manner. The value of studying abroad outweighs the costs. I thankfully got the opportunity to experience the big world, and it has made me the proud and competent person I am today.

* embark on new challenge 새로운 도전을 시작하다

홍콩에서 머무르는 동안에 저는 다양한 사회 활동에 활발하게 참여했고 여행도 많이 다녔는데, 이로 인해 세계 각국에서 온 다양한 친구들을 사귈 수 있었습니다. 이러한 경험은 새로운 도전들을 시작할 수 있는 자신감과 논리적인 문제 해결 능력을 주었습니다. 해외에서 공부하는 것은 그에 따른 비용보다도 훨씬 가치 있는 일입니다. 저는 감사하게도 넓은 세상을 경험할 기회를 가질 수 있었으며 그것은 오늘날 저를 더 자랑스럽고 경쟁력 있는 사람으로 만들어 주었습니다.

10 호주 유학 및 아르바이트 경험

My life in Australia was full of joy and happiness. While staying there, I actively participated in various school and social activities which enabled me to have good friends from all over the world. Communicating and traveling with them was a great opportunity to broaden my mind and improve my language skills. Furthermore, working with different people allowed me to learn the importance of teamwork and communication skills. These experiences have given me the confidence to adapt to a new environment and to work in a global team.

호주에서의 제 생활은 즐거움과 행복으로 가득 차 있었습니다. 그곳에 머무르는 동안 저는 다양한 학교 활동과 사회 활동에 참여했으며, 이를 통해 세계 각지의 친구들을 사귈 수 있었습니다. 그들과 대화하고 같이 여행하면서 제 시야를 넓힐 수 있었고, 언어 능력을 더 향상시킬 수 있었습니다. 더 나아가, 다양한 사람들과 일한 경험은 팀워크와 의사소통 능력의 중요성을 깨닫게 해 주었습니다. 이러한 경험들은 새로운 환경에 쉽게 적응하고 다양한 국적의 팀원들과 일할 수 있는 자신감을 심어 주었습니다.

9 해외 생활 중의 어려움과 극복 방법

Q. Have you had any difficulty living abroad? And how did you overcome it?

면접관의 속마음

해외 생활에 잘 적응할 수 있는 사람인지?

쌤들의 면접 팁

- 외항사의 베이스는 대부분 외국이므로 해외생활에서 예상할 수 있는 어려움을 잘 이해하고 있는지, 또한 이를 잘 극복할 수 있는지 여부를 파악하기 위한 질문이다.
- 어려움을 극복하면서 내가 성장한 부분에 초점을 맞추어 답변한다.
- 해외 생활을 해 본 적이 없는 경우, 자신의 경험 중 비슷한 일을 예로 들어 설명하면 된다.
  예 : 가족과 떨어져 산 경험 또는 혼자 여행을 한 경험 등

유용한 표현

어려움 극복과 관련된 표현

- I overcame difficulties with(by)~
  저는 ~한 방법으로 어려움을 극복했습니다.
- I had difficulty ~ing.
  저는 ~한 부분에서 어려움을 겪었습니다.
- I learned how to~
  저는 ~하는 법을 배웠습니다.
- While abroad, I could become more~
  외국에 있으면서, 저는 더 ~한 사람이 될 수 있었습니다.

- To overcome difficulties, I tried to~
  어려움을 극복하기 위해, 저는 ~한 노력을 했습니다.
- My overseas experience offered me to~
  해외 경험은 제가 ~할 수 있도록 해 주었습니다.

샘플 답변

MP3 06-9

1 외국 문화에 대한 이해 부족

When I stayed in Japan as a language student, I made some silly mistakes which might have been rude to my Japanese friends because of my lack of understanding of their culture. Before staying in Japan, I had simply thought there wasn't a big difference between Korean and Japanese culture. But, it was much more different than I thought it would be. Since then, I've tried to do my research before meeting people from other countries or going abroad, so that I can understand their customs and traditions and not be rude unknowingly.

언어 교환 학생으로 일본에 거주했을 때, 저는 일본 문화에 대한 이해 부족으로 일본인 친구들에게 무례할 수도 있는 바보 같은 실수를 몇 번 저질렀습니다. 일본에 살기 전에는 단순히 한국과 일본 문화에 큰 차이가 없을 것이라 생각했지만, 실제로 경험해 보니 제가 생각했던 것보다 훨씬 더 많은 차이가 있었습니다. 그 이후로 제가 해외에 가게 되거나 다른 나라에서 온 사람들을 만날 때는 저도 모르게 무례한 행동을 하지 않기 위해 그들의 관습이나 문화를 미리 조사하려 노력합니다.

2 날씨나 자연 환경이 다름으로 인해 오는 어려움

During my stay in Canada, the most difficult part was actually the weather. The weather was unbelievably cold and dry. Sometimes it went to minus 40 degrees Celsius. It was impossible to breathe outside and I felt like my mouth was frozen. I stayed inside the whole day and it affected my mood. To overcome it, I tried to do indoor exercise and often invited friends to my place to share Korean food during winter.

캐나다에 있을 때 가장 힘든 부분은 날씨였습니다. 캐나다의 날씨는 믿을 수 없을 정도로 춥고 건조했습니다. 가끔은 영하 40도까지 내려갔습니다. 밖에 있으면 숨쉬기가 불가능한 것처럼 느껴지고 입이 어는 것 같아, 저는 하루 종일 집안에서 머물렀고 이는 제 기분에도 영향을 미쳤습니다. 그래서 추운 겨울 동안 실내 운동을 하고, 친구들을 초대해 한국 음식을 나누어 먹고는 했습니다.

3 언어 장벽으로 인한 자신감 저하

When I studied in the USA, I found it difficult to adapt because of my low self-esteem that was caused by the language barrier. Initially, I didn't speak English well, so I couldn’t follow my history or science lectures, and I had a hard time understanding my friends’ conversations. One day, my father told me that I don't need to feel depressed because speaking both English and Korean makes me more outstanding than the monolingual native speaker. At that moment, I realized that feeling low-spirited was because of my own doing and not my environment. I got through this hard period by changing my thoughts and loving myself so that I could gain confidence.

* monolingual 한 가지의 언어를 사용하는

미국에서 공부할 때, 저는 언어 장벽으로 인해 자존감이 낮아져 새로운 환경에 적응하기가 힘들었습니다. 처음에 저는 부족한 영어 실력으로 인해 역사나 과학 수업을 따라잡기가 힘들었고 친구들의 대화를 이해하는 데 어려움이 있었습니다. 어느 날, 아버지께서 영어와 한국어를 할 줄 아는 너는 영어 한 가지만 구사하는 미국 아이들보다 훨씬 우수한 사람이니 기죽을 필요가 없다고 말씀해 주셨습니다. 그때 저는 저를 힘들게 했던 것은 환경이 아닌 바로 저 자신이라는 사실을 깨달았습니다. 그 이후 생각을 바꾸고 저 자신을 사랑함으로써 힘든 시기를 극복할 수 있었고 자신감을 갖게 되었습니다.

4 외로움

When I lived in China for a year as an exchange student in college, I felt lonely because I was young and it was my first time to live abroad by myself. I consequently decided to start jogging since many other students did that every night. I succeeded in making friends by striking up small talk with other people in Chinese as I jogged. They became such good friends and I sometimes cooked Korean food for them. I'm grateful to say that I now have many Chinese friends whom I still keep in touch with, and I'm confident that I can adapt independently to new surroundings abroad.

* strike up small talk with someone ~와 가벼운 대화를 시작하다

대학교 교환 학생으로 1년 동안 중국에 거주했을 때, 저는 외로움을 느끼고는 했습니다. 당시 저는 어렸고 외국에서 혼자 사는 것이 처음이었기 때문입니다. 그래서 저는 많은 학생들이 매일 밤 조깅을 하는 것을 보고 밖으로 나가 조깅을 시작했습니다. 조깅을 하면서, 사람들에게 중국어로 가벼운 대화를 시도했고 그로 인해 중국인 친구들을 만들 수 있었습니다. 그들과는 좋은 친구가 되었으며 이후에는 가끔 중국 친구들에게 한국 음식을 만들어 주기도 했습니다. 감사하게도 저는 여전히 많은 중국인 친구들과 연락하며 지내고 있으며 지금은 혼자서 해외의 새로운 환경에 적응하는 것에 자신이 있습니다.

5 언어 장벽

I guess most people who have lived abroad may have gone through similar difficulties. I, for example, had to overcome a language barrier when I first got to Paris. I had some trouble communicating with locals because I couldn't speak French well, and most of them couldn't speak English. There was no one to rely on, and I had to find a flat and take care of everything by myself. However, thanks to this experience I have become more independent and can now survive in any environment.

해외에 거주했던 경험이 있는 사람이라면 대부분 저와 같은 어려움을 겪었을 것이라 생각합니다. 제가 처음 파리에 갔을 때 극복해야 했던 어려움은 언어 장벽이었습니다. 저는 당시 프랑스어를 잘 못했고 대부분의 사람들은 영어를 못했기에 사람들과의 의사소통에 어려움을 겪었습니다. 의지할 사람이 없었기에, 저는 숙소 찾기부터 그 밖의 모든 일을 혼자 처리하고 해결해야 했습니다. 하지만 이러한 경험 덕분에 저는 더 독립적인 사람이 되었고 이제는 어떠한 환경에서도 살아남을 수 있게 되었습니다.

6 외로움 및 음식

The biggest difficulty I had was loneliness. The place I first moved to was a very small town with only a few Asians. Having no one to rely on made me feel lonely, and I really missed Korean food. To avoid feeling depressed, I got involved in various activities and clubs. I also got advice from Korean seniors who moved in ahead of me, and I started a blog to share my feelings and experiences with other people in similar situations. That helped me a lot to overcome loneliness.

제가 겪었던 가장 큰 어려움은 외로움이었습니다. 제가 처음에 거주했던 곳은 동양인이 거의 없는 아주 작은 마을이었습니다. 의지할 사람이 아무도 없다는 사실이 저를 외롭게 만들었고 한국 음식이 너무 그리웠습니다. 이런 우울한 기분을 달래기 위해 저는 다양한 활동에 참여하고 여러 모임에 가입했습니다. 그리고 저보다 먼저 이민을 온 한국인 선배들에게 조언을 구했으며, 제 감정과 제가 겪은 일들을 비슷한 처지에 있는 사람들과 공유하기 위해 블로그를 시작했습니다. 이런 행동들은 제가 외로움을 극복하는 데 있어 많은 도움이 되었습니다.

10 해외에서 느낀 문화 차이나 문화 충격

Q. Have you ever experienced cultural differences or culture shock?

면접관의 속마음

다양한 문화를 받아들이고 해외 생활에 잘 적응할 수 있을지?

쌤들의 면접 팁

- 면접관은 다른 국적에 대한 편견이나 배타적인 감정을 가진 지원자보다 열린 마음으로 다름을 잘 수용할 줄 아는 지원자를 선호한다.
- 해외 생활을 해 본 적이 없는 경우에는, 해외여행이나 외국인 친구와의 경험을 예로 들어 설명하면 된다.

이런 답변은 피하자

타국 문화 또는 자국의 문화가 일방적으로 나쁘다거나 열등하다는 식의 답변

- While traveling to South America, I felt they are quiet lazy.
  남미 여행을 하며, 남미 사람들이 느리고 게으르다고 느꼈습니다.
- Looking at the life style of Europeans that values the work and life balance, I once again realized how unfortunate it is to have such a hectic life in Korea.
  유럽의 삶과 일의 밸런스를 중시하는 문화를 보며 한국의 바쁜 삶이 얼마나 불행한지 다시 한번 느꼈습니다.

→ 굳이 두 문화를 비교하며 한 문화가 열등하고 다른 문화가 우수하다는 식의 답변을 할 필요는 없다. 두 문화의 다른 점, 즉 '차이'에 초점을 맞추어 답변하면 된다.

샘플 답변

MP3 06-10

1 남미 사람들의 여유로운 생활 방식

When I visited some countries in South America, I got a culture shock in a positive way. Their lifestyle and the way they think were totally different. As you know, Korea is one of the busiest countries in the world. Most Koreans are so busy doing things to get better jobs or bigger houses that they have no time to enjoy their lives. South Americans, on the other hand, are the opposite when it comes to lifestyle. Everything is slow enough to think about where I am and where I'm headed. Instead of pursuing money or success, they focus on how to enjoy their lives. For example, they have long dinners with their families or friends and sing and dance whenever they want to. It gave me a chance to reflect on myself and my life.

제가 남미의 몇몇 나라를 방문했을 때, 저는 긍정적인 문화 충격을 경험했습니다. 그들의 생활 방식과 사고방식은 저희와는 너무나도 달랐습니다. 아시다시피, 한국은 세계에서 가장 바쁘게 사는 나라들 중 하나입니다. 대부분의 한국 사람들은 더 나은 직장, 더 넓은 집을 갖기 위해서 매우 바쁘게 살며, 삶을 즐길 여유가 없습니다. 반면 남미 사람들은 정반대의 생활 방식을 가지고 있습니다. 모든 것들은 내가 지금 어디에 있으며 어디를 향해 가고 있는지를 생각할 수 있을 만큼 충분히 느립니다. 돈이나 성공을 좇는 대신에 그들은 그들의 삶을 어떻게 즐길지에 중점을 둡니다. 예를 들어 그들은 그들의 가족이나 친구들과 함께 여유롭게 저녁 시간을 즐기며, 그들이 원할 때면 언제든지 노래와 춤을 즐깁니다. 저는 그들의 삶을 보면서 제 자신과 인생을 돌아볼 수 있는 기회를 가질 수 있었습니다.

2 미국의 집안에서 신발을 신고 다니는 문화

When I visited my cousin living in the States, I was shocked when I saw her jumping in her bed with her shoes on. If I did that, my mom would kick me out of the house. I asked her why she did that, but she couldn't give me a clear answer. She had been doing that just because it's permitted in her culture. She, in turn, asked me about some cultural things in Korea she couldn't understand, but I couldn't give her a clear answer either. This has taught me that there is no right or wrong culture in the world, they are all just different.

제가 미국에 사는 사촌을 방문했을 때, 저는 그녀가 신발을 신은 채로 침대에 들어가는 것을 보고 충격을 받았습니다. 만약 제가 그런 짓을 했다면 어머니는 저를 집에서 쫓아냈을 것입니다. 저는 사촌에게 왜 신발을 신고 집안을 다니냐고 물었지만 그녀는 저에게 명확한 답을 주지 못했습니다. 그녀는 그냥 그것이 허용되기 때문에 그렇게 하는 것이라고 했습니다. 이후에는 사촌이 저에게 그녀 입장에서 이해되지 않는 몇몇의 한국 문화에 대해서 질문을 했지만 저 역시 명확한 답을 줄 수 없었습니다. 이 경험은 저에게 문화에는 옳고 그름이 없고 그저 다름만이 있다는 결론을 가르쳐 주었습니다.

3 싱가포르의 엄격한 공중도덕 문화

I felt there was a cultural difference when I was in Singapore. Singapore is one of the strictest countries in the world regarding public etiquette. For example, smoking and drinking in public transportation are strictly forbidden. If not followed, people must pay a heavy fine. In the beginning, I felt it was a bit too strict, but soon I realized that's what makes the country clean and safe. It was also an interesting time for me to live and learn a Singaporean lifestyle. It came naturally to me, and it enabled me to be more mindful than before. I highly respect their culture as well as their mature civil consciousness.

저는 싱가포르에 있을 때 문화 차이를 느꼈습니다. 싱가포르는 공중도덕에 대해서는 세상에서 가장 엄격한 나라들 중 하나입니다. 예를 들어 흡연이나 대중교통 안에서의 음주는 엄격하게 금지되어 있습니다. 만약에 그러한 규정들을 어긴다면 큰 액수의 벌금을 물어야 됩니다. 처음에는 규제가 좀 심한 것이 아닌가 생각했지만 곧 그러한 엄격함이 싱가포르를 깨끗하고 안전하게 만든다는 사실을 깨닫게 되었습니다. 그 시간은 또한 싱가포르식 생활 방식을 배우고 그에 맞춰서 살았던 흥미로운 시간이었습니다. 저는 그들의 문화를 자연스럽게 받아들였으며 그런 것들은 저를 전보다 더 주의 깊게 행동하게끔 만들었습니다. 저는 그들의 시민 의식뿐만 아니라 문화를 존중하게 되었습니다.

4 호주 사람들의 주방 세제 없는 설거지

When I was in Australia, I was surprised when I saw most people didn't use dishwashing liquid to do the dishes. It was a bit shocking to me as Koreans always use that to wash up properly. I asked my host family why they didn't do that, and they said that using less chemical stuff is more eco-friendly and can also minimize the risk of ingesting the detergent that remains on the dishes. I think this is a good way to protect our planet and something worthy of following.

* ingest (음식, 약 등을) 삼키다

제가 호주에 있을 때, 저는 대부분의 사람들이 주방 세제를 사용하지 않고 설거지를 하는 것을 보고 놀랐습니다. 한국 사람들은 그릇을 깨끗하게 씻기 위해서 항상 세제를 쓰기 때문에 그러한 문화가 제게는 충격이었습니다. 저는 왜 그렇게 하지 않느냐고 홈스테이 가족들에게 물어보았고, 돌아온 그들의 대답은 화학용품을 적게 쓰는 것은 환경을 위하는 행동이며 또한 접시에 남아 있는 세제를 섭취하게 되는 위험도 최소화할 수 있다는 말이었습니다. 저는 이러한 행동이 우리 지구를 지키는 좋은 일이며 본받을 만한 행동이라고 생각합니다.

5 미국의 이름을 부르는 문화

A cultural difference that I've experienced in the Unites States is calling people by their first names. Unlike Americans, Koreans don't usually do so unless they are very close. That is especially true when someone is older than you. You would never call them by their names, because that will be impolite. I was surprised when my homestay host said "Call me Susan", because she was 63 years old and I was only 19. She could have been my grandmother, but we became good friends despite the age gap.

제가 미국에 있었을 때 겪었던 문화적 차이는 바로 사람들의 이름을 부르는 것입니다. 미국인들과 달리 한국인들은 서로 아주 친한 관계일 때를 제외하고는 이름을 부르지는 않습니다. 특히 자신보다 연장자에게 이름을 부르는 것은 예의 없는 행동으로 간주되기 때문에 절대 그렇게 하지 않습니다. 저는 제가 홈스테이로 머물렀던 주인 할머니가 "수잔으로 불러 줘."라고 했을 때 놀랐습니다. 왜냐하면 그녀는 63살이었고 저는 19살이었기 때문입니다. 그녀는 제 할머니뻘의 나이였지만, 그럼에도 불구하고 우리는 나이 차이를 뛰어넘는 좋은 친구가 되었습니다.

6 캐나다의 팁 문화

Since there is no tipping culture in Korea, it took me some time to get used to it when I lived in Canada. At first, I had difficulty calculating the exact amount to tip in restaurants, especially since I wasn't familiar with all the different kinds of coins. Plus, I thought it was financially burdensome for an exchange student. However, as time went by, I naturally came to know Canadian customs and traditions, and I realized that I should respect them. There's an old saying "When in Rome, do as the Romans do." And that is exactly what I did. I adapted to Canadian culture.

한국에서는 팁을 주는 문화가 없기 때문에 제가 캐나다에 있을 때 팁 문화에 익숙해지는 데는 시간이 꽤 걸렸습니다. 특히 많은 종류의 동전들에 익숙하지 않아 처음에는 식당에서 서비스를 해 주는 분에게 정확히 얼마의 팁을 줘야 하는지 계산하는 것이 힘들었습니다. 또한, 교환 학생으로서 팁 문화는 경제적으로 부담이 되기도 했습니다. 그러나 시간이 지나면서 저는 자연스럽게 캐나다 사람들의 문화와 전통을 알게 되고 존중해야 한다는 것을 깨달았습니다. "로마에 가면 로마법을 따르라."라는 말처럼 저는 캐나다에서 그곳의 문화에 적응했습니다.

7 태국의 성소수자를 존중하는 문화

When I visited Thailand, I was surprised at their cultural openness to sexual minorities. They have the chance to express themselves without hesitation. I think it is positive in terms of respect for human rights and freedom of choice.

제가 태국을 방문했을 때, 성소수자에 대해 열려 있는 문화를 보고 놀랐습니다. 그들은 망설임 없이 자신의 정체성을 표현할 수 있는 기회를 가지고 있습니다. 이는 인권과 선택의 자유라는 점에서 매우 긍정적인 일이라 생각합니다.

고민 미리 보기

Chapter 2와 관련된 실제 고민 상담 카톡

❶ 저는 서비스 경험이 별로 없어요

민아 선생님, 저는 올해 대학을 졸업했는데 서비스직 관련 경험이 거의 없어요. 대학에 다닐 때의 유치원 보조 교사 경험이 전부예요. 저 같은 경우 어떻게 대답해야 할까요?

승무원직에 필요한 지식이나 스킬은 정말 많습니다. 유치원 보조 교사로서 아이들과 학부모를 대하는 것도 서비스의 일종입니다. 충분히 좋은 답변들을 끌어 낼 수 있어요.

❷ 저는 해외 경험이 별로 없어요

빅키 선생님, 저는 선생님처럼 중동 항공사 승무원이 되는 것이 꿈이에요. 그런데, 해외 교환 학생 혹은 유학 경험이 하나도 없네요. 저처럼 해외 경험이 거의 없는 사람도 승무원이 되는 것이 가능할까요?

저 역시 해외 유학이나 교환 학생 경험이 전무하답니다. 그러한 스펙보다는 지원자 개개인의 자질과 매력을 보는 곳이 외항사랍니다. 한국에서 꾸준히 영어 공부를 한다면 충분히 외항사 승무원이 될 수 있어요.

Chapter 03

서비스 경험

11 서비스직 경험 유무

Q. **Have you worked in the service field?**

면접관의 속마음

서비스 분야에서 경험이 있는지?
좋은 서비스를 제공할 수 있는 사람인지?

쌤들의 면접 팁

- 승무원의 일이란 것은 'all about service!'. 다양한 경험이 많을수록 좋다.

답변 구성

- 서비스 경력 + 인상 깊은 경험 1~2개 + 서비스 경험을 통해 배운 점

유용한 표현

직장 경험과 관련된 표현

- I have worked as (직업명).
  저는 (직업명)으로서 일해 왔습니다(일한 적이 있습니다).
- I have been working as (직업명).
  저는 (직업명)으로서 일해 오고 있습니다.
- I worked part-time at (장소명).
  저는 (장소명)에서 아르바이트로 일을 한 적이 있습니다.

- I have many work experience in the customer service field such as (직업명).
  저는 (직업명) 등의 다양한 서비스 경험이 있습니다.
- I have been working as (직업명) for (기간) at (직장명).
  저는 (직장명)에서 (기간) 동안 (직업명)으로서 일해 오고 있습니다.
- Through working in (직장명), I learned how to handle difficult customers and keep a positive attitude.
  (직장명)에서의 근무 경험을 통해, 저는 어려운 고객을 대처하는 방법과 긍정적인 태도를 유지하는 방법을 배웠습니다.

답변 골라잡기

- While at university, I worked as a part-timer for the biggest movie theater in Korea, where I was responsible for ticketing and guiding customers to their seats.
  대학 시절, 한국에서 제일 큰 영화관에서 아르바이트로 일한 경험이 있습니다. 그곳에서 영화 티켓 판매와 고객들을 안내하는 일을 했습니다.
- I worked as a personal trainer in a fitness center upon graduation from university. Working with various people from all walks of life was interesting.
  저는 대학 졸업 후, 곧바로 피트니스 센터에서 트레이너로 일했습니다. 각계각층의 다양한 사람들과 일하는 것은 흥미로웠습니다.
- I've been working in the customer service field for the past three years. While working in a restaurant, I have learned how to listen and show empathy whenever a customer has an issue.
  저는 3년간 고객 서비스 분야에서 일해 오고 있습니다. 레스토랑에서 일하는 동안, 고객들에게 문제가 있을 때 그들의 이야기를 경청하고 공감하는 법을 배웠습니다.
- Sales and customer service go hand-in-hand. I have been working as a sales person for the past eight years.
  판매와 고객 서비스는 항상 함께 가는 것이라고 생각합니다. 저는 8년간 영업직으로 일해 오고 있습니다.

샘플 답변

MP3 06-11

1 싱가포르 호텔에서 근무

As I majored in hotel management, I started my career at ABC Hotel in Singapore. Four years of work experience at an international hotel allowed me to have a deep understanding of the hospitality and customer care industry. In addition, working with a multinational team in a cosmopolitan city gave me a chance to improve my communication skills and expand my horizons. I'm confident that my background and knowledge would add value to your company.

저는 호텔 경영을 전공하고 싱가포르의 ABC 호텔에서 일을 시작했습니다. 4년간의 국제 호텔에서의 경험은 제가 고객 서비스와 서비스 산업에 대한 깊은 이해를 갖도록 도와주었습니다. 또한, 다국적 도시에서 다양한 국적을 가진 팀원들과 일하면서 시야를 넓히고 의사소통 능력을 키울 수 있었습니다. 저의 경험과 지식들이 귀사의 가치를 높일 수 있으리라 믿습니다.

2 유치원 교사로 근무

I've been working as a kindergarten teacher for three years now. Teaching young children needs a great deal of patience and attention. I'm sure you know how dynamic and spontaneous children of kindergarten age are. From this job, I learned communication skills and how to read one's mind. I'm sure my ability to grasp one's needs and the way I take care of people will be valuable in this position.

저는 3년간 유치원 교사로 근무하고 있습니다. 그 연령대의 아이들은 아시다시피 굉장히 활동적이고 즉흥적이어서, 아이들을 가르치는 것은 많은 인내와 주의 집중을 필요로 합니다. 이 직업을 통해서 저는 의사소통 능력과 다른 사람의 마음을 읽는 방법을 배우게 되었습니다. 상대방이 원하는 것을 알아차리는 능력, 그리고 제가 사람들을 보살피는 방식이 승무원의 직무에 도움이 될 것이라 믿습니다.

3 호주 식당에서 근무

I had various part-time jobs in the service field throughout my college days. I want to highlight my work experience as a waitress at a local restaurant in Sydney. It was one of the biggest and well-known restaurants. As it was my first time to work abroad with a multicultural team at a very busy place, I felt a little bit lost in the beginning and didn't find it easy to ask for help. But I did not hesitate to learn by trial and error, and I managed to catch up with everything before long. I'm sure that my communication skills and adaptability will be of great value in this position.

* trial and error 시행착오

저는 대학 시절에 다양한 아르바이트를 경험했습니다. 그중에서도, 시드니의 한 레스토랑에서 일한 경험을 말씀드리고 싶습니다. 그 식당은 시드니에서 아주 유명하고 규모가 큰 식당이었습니다. 해외에서, 그것도 아주 바쁜 곳에서 다국적인 팀과 일하는 것은 처음이었으며 도움을 청하기에도 힘든 상황이었기에 초기에는 일하는 것이 쉽지 않았습니다. 하지만 저는 시행착오를 통해 배우는 것을 두려워하지 않았고 빠른 시간 내에 일을 배울 수 있었습니다. 저의 의사소통 능력과 적응력이 승무원직에 큰 도움이 될 것이라 생각합니다.

4 식당 근무 및 한국에서 상담원으로 근무

Yes, I have. I have five years experience in the customer service field. I started my career as a waitress in Australia. While working there, I picked up how to read customers and empathize with them. Working with various people from all walks of life was especially interesting. After I got back to korea, I worked in an international insurance company as an advisor. During that time, I gained the ability to use positive language and clear communication skills. Above all, I realized that I'm a perfect fit for a service job because I'm a 100% service-oriented person who enjoys working in this field and offering good service to my customers.

네. 저는 5년간의 서비스 경험이 있습니다. 저는 호주의 한 식당에서 저의 서비스 경력을 시작했습니다. 그곳에서 일하면서 저는 고객들의 마음을 읽고 그들과 공감하는 법을 배울 수 있었습니다. 사회의 각계 각층에서 온 다양한 사람들과 일하는 것은 매우 재미있었습니다. 한국에 돌아온 후, 저는 상담사로서 외국계 보험 회사에서 근무했습니다. 그 당시 저는 긍정적인 언어를 사용하고 명확한 의사소통 기술을 사용하는 법을 배웠습니다. 무엇보다도, 저는 제 자신이 서비스직에 아주 적합한 사람이라는 것을 깨닫게 되었습니다. 왜냐하면 저는 서비스 분야에서 일하는 것을 즐기고 고객들에게 좋은 서비스를 제공하는 것을 즐기는 100% 서비스 지향적인 사람이기 때문입니다.

5 안내 데스크에서 근무

Sure. Since graduating from university, I've been working as a receptionist for three years. Standing behind a small information desk for six to seven hours a day isn't easy. It's a bit physically demanding, but I enjoy meeting diverse people and assisting them with information. I also developed great communication skills in this position. For example, when I communicate with customers, I listen attentively to their requests and try to perceive not only their verbal but also nonverbal cues such as facial expressions, postures and subtle gestures. By doing so, I grasp customers' needs accurately and offer the right service.

네. 대학 졸업 후, 저는 3년간 안내 데스크에서 근무해 오고 있습니다. 작은 데스크에서 하루에 6~7시간을 서서 일한다는 것은 쉽지 않은 일입니다. 육체적으로 힘든 부분이 있지만, 다양한 사람들을 만나고 고객들에게 필요한 정보를 제공하는 것을 즐깁니다. 또한 이 직업을 통해 의사소통 능력도 기를 수 있었습니다. 예를 들어, 고객과 소통할 때는 고객의 요청에 귀를 기울이고 고객의 말뿐만 아니라 표정, 자세까지 주의 깊게 관찰합니다. 그렇게 함으로써 저는 고객들의 요구 사항을 정확히 파악하고 적절한 서비스를 제공합니다.

6 화장품 매장 매니저로 근무

Customer service has been the core of my career all along. As you can see on my resume, I started my career as a sales clerk in a cosmetics store. I assisted diverse customers in person, and loved watching them transforming themselves. After two years, I was promoted to manager. Currently, I manage a team of seven sales associates and train them to deliver excellent customer service. It is my responsibility to take care of the overall quality of the customer service in the store. I strongly believe what I learn from my service job will be of great help to me as a cabin crew member in your airline.

고객 서비스는 항상 제 경력의 가장 중요한 부분을 차지해 왔습니다. 저의 이력서에서 보실 수 있듯이, 저는 화장품 가게에서 판매원으로 일을 시작했습니다. 저는 직접 다양한 고객들을 응대했고, 저희 회사의 제품으로 고객들이 아름다워지는 모습을 보는 것이 좋았습니다. 저는 2년 후 매니저로 승진했고 현재는 7명의 직원들이 최고의 서비스를 고객들에게 제공할 수 있도록 교육 및 관리를 맡고 있습니다. 저희 매장의 전반적인 서비스를 책임지는 것이 제 업무입니다. 제가 서비스직에서 배우는 것들이 귀사에 큰 도움이 될 것이라 확신합니다.

7 대학 시절 다양한 서비스직 경험

Yes, I have substantial service experience. While I was in university, I worked as a part-timer in an Italian restaurant, a department store, and a wedding hall. I also did an internship at ABC Hotel. My experience in communicating with various people made me broad-minded, and I realized that offering service and interacting with customers leave me happy and satisfied. A service job really fits my aptitude and personality like a glove. That's why I decided to pursue a career in the service field, and that's why I'm here today.

* fit like a glove 맞춘 듯이 꼭 맞다

저는 다양한 서비스 경험이 있습니다. 대학 시절, 이탈리안 식당, 백화점과 웨딩홀 등에서 아르바이트를 했습니다. 또한 ABC 호텔에서 인턴으로 근무했습니다. 다양한 사람들과 소통을 하며 저는 이해의 폭이 넓은 사람이 되었고, 제가 고객들과 소통하며 서비스를 제공할 때 행복과 만족감을 느낀다는 것을 알게 되었습니다. 또한 서비스직이 저의 성격과 적성에 잘 맞는다는 것을 알게 되었습니다. 그것이 제가 서비스직에서 저의 경력을 계속 쌓고 싶어 하는 이유이며 지금 제가 이곳에 있는 이유이기도 합니다.

8 다양한 서비스직 경험

I have worked in the service field for more than three years as a barista, a waitress and a salesperson. These jobs have led me to conclude that a service job fits my aptitude and personality best because I feel rewarded when I see people satisfied with my service. This in turn motivates me to be more diligent and enthusiastic in my work. I'm convinced that my occupations in the service industry will help me to work as a cabin crew member. I would love to have the opportunity to build upon my experience at SKY Airlines.

저는 3년간 바리스타, 웨이트리스, 판매원으로 일했습니다. 이러한 서비스 분야에서의 다양한 경험을 통해 서비스직이 저의 성격과 적성에 가장 잘 맞는다는 사실을 알게 되었습니다. 왜냐하면, 저의 서비스에 만족하는 고객들을 볼 때 보람을 느끼기 때문입니다. 또한 그것은 제가 더 부지런하고 열정적으로 일할 수 있는 동기가 됩니다. 서비스 분야에서의 저의 다양한 경험들이 제가 승무원이라는 직업을 잘 해낼 수 있도록 도울 것이라 확신하며, SKY 항공의 승무원으로서 경험을 쌓을 기회를 얻고 싶습니다.

9 홍보팀에서 근무

Yes, I've dealt with many different customers in various fields of work. In a marketing company, I communicated with potential buyers and distributors in English and Japanese. While working in a PR agency, I collaborated with many small business owners. Meeting all these different people throughout my career helped me to develop interpersonal skills which, I believe, will be helpful to work as a cabin crew member of SKY Airlines.

네. 저는 다양한 분야에서 많은 고객들을 응대해 왔습니다. 저는 마케팅 회사에서 잠재 고객 및 유통업자들과 영어와 일본어로 소통했습니다. 홍보팀에서 근무할 때는 중소기업 경영자들과도 공동으로 일을 했습니다. 일을 통해 다양한 사람들을 만나면서 대인 관계 기술을 발전시킬 수 있었고, 이것은 제가 SKY 항공에서 승무원으로 일할 때 도움이 될 것이라고 믿습니다.

12 좋은 서비스의 정의

Q. What do you think is the good service?

면접관의 속마음

서비스에 대해 얼마나 이해하고 있는지?

쌤들의 면접 팁

- 추상적이고 장황한 서비스에 대한 개념보다는 본인이 손님으로서 받았던 좋은 서비스에 대한 경험이나 일하면서 제공한 좋은 서비스를 기반으로 답변한다.
- "좋은 서비스란 빠르고 정확하게 고객의 요구를 파악하는 것이라고 생각합니다."처럼 직접적인 답변도 있고 "좋은 서비스는 기억이라고 생각합니다."처럼 은유적인 답변도 있다. 이러한 서비스의 정의를 묻는 질문 다음에는 "그럼 지원자가 그러한 서비스를 고객에게 제공한 적이 있는지?"라는 질문이 따라 나올 것이므로 꼬리 질문에 대한 답변을 미리 준비해 두자.
- 본인이 받았거나 제공했던 베스트 서비스를 먼저 생각해 본 후 그에 맞는 정의를 내리는 것도 하나의 방법이다.

답변 골라잡기

- The best service is to offer tailored, personalized service.
  좋은 서비스란 고객 맞춤 서비스를 제공하는 것입니다.
- I think good service is touching customer's mind in an unexpected way.
  좋은 서비스란 고객이 예상치 못한 방식으로 고객을 감동시키는 것이라고 생각합니다.
- From my experience, I realized that good customer service comes from being positive and willingness to assist customers to the best of my ability.
  경험을 통해, 좋은 서비스란 항상 긍정적이고 최선을 다해 고객을 기꺼이 도우려는 마음으로부터 온다는 것을 알게 되었습니다.
- I believe the best service is paying close attention to detail and have a genuine concern for the customers from the moment they walk through the door to the moment they leave.
  좋은 서비스란 작은 것에도 주의를 기울이고 고객이 들어오는 순간부터 떠날 때까지 세심하고 진심을 다해 고객을 대하는 것이라 생각합니다.
- I think the best service comes when making customers feel valued and important.
  최고의 서비스란 고객이 소중하고 중요한 사람으로 대우받고 있다는 느낌을 받게 하는 것이라고 생각합니다.

샘플 답변

MP3 06-12

1 작은 것도 놓치지 않는 세심함

While working in various service jobs, I found out that attention to detail is the key to excellence. For example, when I worked in a cafe, I recorded and memorized the names and tastes of customers who visited the place on a regular basis. When they visited again after that, I asked, “Would you like to have the same drink you ordered before?” or “Would you like to have soy milk in your latte as you did before?” That kind of attention made them feel valued and let them come back again.

다양한 서비스직에서 일하면서 작은 것도 놓치지 않는 세심함이 좋은 서비스를 위해 중요하다는 것을 알게 되었습니다. 한 예로, 카페에서 일할 때 저는 저희 가게를 정기적으로 방문하는 손님들의 이름과 취향을 기록해서 외우고는 했습니다. 그분들이 다시 방문하셨을 때, 저는 “저번에 주문하신 음료를 주문하시겠어요?”, “저번처럼 라테에 우유 대신 두유를 넣어 드릴까요?”라고 묻고는 했습니다. 그러한 세심함이 손님들에게 자기가 대접받는다는 느낌을 들게 했고 손님들이 계속해서 저희 카페를 방문하도록 만들었다고 생각합니다.

2 고객의 기대를 넘어서는 서비스

Based on my experience, good service comes when we go beyond the expectations of customers. They want to be impressed, not just satisfied. At one of the restaurants where I used to work, I always keep an eye out for customers who came to the restaurant to celebrate a special occasion such as a birthday or a wedding anniversary. Whenever that happened, I recorded their names and the dates so as to congratulate them with a handwritten letter a week in advance the following year. They were always absolutely happy with my letter and willing to have their special moment again at the same restaurant. Most customers expect to be treated well on a special occasion but very few of them expect to get a handwritten letter, which is why it creates a wow moment.

* wow moment 감동적인 순간

저의 경험상 좋은 서비스는 고객의 기대를 넘어설 때 나온다고 생각합니다. 고객들은 단지 만족하는 수준이 아닌 감동적인 서비스를 원합니다. 제가 레스토랑에서 일할 때는, 생일이나 기념일 같은 특별한 날을 축하하러 저희 레스토랑을 방문했던 고객들의 이름과 날짜를 항상 기록해 두고 그 다음해 고객들의 기념일 일주일 전에 다가오는 기념일을 축하한다는 내용의 손 편지를 보내 드렸습니다. 편지를 받은 고객들은 굉장히 기뻐했고 기념일을 기꺼이 다시 저희 가게에서 축하하고 싶어 했습니다. 대부분의 고객들이 그들의 특별한 기념일에 추가적인 서비스를 잘 받을 것이라 예상하지만, 그 다음해까지 손 편지를 받으리라 기대하는 고객은 거의 없습니다. 바로 그 점이 고객들에게 감동의 순간을 선사합니다.

3 공감하기

I believe that empathy is the key to excellent customer service. Because it enables me to offer that from the heart and to anticipate customers' needs more easily. I always ask myself, 'If I were the customer, what would I need?' For example, once an old lady came into the restaurant where I worked. After being seated, I saw her searching in her handbag for quite a while. So I approached her and asked if I could help her. It turned out that she couldn't read the menu as she forgot to bring her glasses. I then asked a few questions about her preferences and recommended a couple of dishes. She was very satisfied with my service and wrote a thank you letter to the head office. I was really surprised by that as all I did was to put myself in her place.

저는 최고의 서비스의 비결은 공감이라고 생각합니다. 공감이 진심에서 우러나오는 서비스를 제공하게 하고 고객들의 니즈를 더 쉽게 예상할 수 있도록 도와주기 때문입니다. 저는 항상 제 자신에게 묻습니다. '내가 고객이라면, 무엇이 필요할까?'라고 말입니다. 어느 날, 연세가 지긋한 한 여성 분이 제가 일하는 레스토랑을 방문했습니다. 자리에 앉은 후 그 고객은 한참 동안 가방 안에서 무엇인가를 찾고 있었습니다. 저는 그 고객에게 다가가서 도움이 필요하신지 물어보았습니다. 그 고객은 메뉴를 살펴보기 위한 돋보기안경을 깜빡하고 가지고 오지 않았다고 이야기했습니다. 저는 그녀의 음식 취향을 파악하기 위한 몇 가지 질문을 한 후에 적절한 메뉴를 추천했습니다. 그 고객은 저의 서비스에 매우 만족하여 본사에 감사 편지를 보냈습니다. 제가 한 일은 그녀의 입장에서 생각하고 행동한 것뿐이었기에 저에게도 놀라운 일이었습니다.

4 내가 대우받고 싶은 방식으로 고객을 대하는 것

I think good service is treating every customer the way I want to be treated. It means that I should be sincere, respectful, polite and attentive. I think it is really important to make them feel valued and welcome. If I become a cabin crew member of SKY Airlines, I will make sure to put myself in the customer's shoes so that I can offer good service.

* put oneself in one's shoes 입장을 바꿔 생각하다

제가 생각하는 좋은 서비스는 제가 대우받고 싶은 방식으로 고객을 대하는 것입니다. 그러기 위해서는 진심과 존중, 예의 바름과 경청하는 태도가 필요합니다. 저는 고객들이 항상 대접받고 환영받는 느낌을 느끼도록 하는 것이 매우 중요하다고 생각합니다. 제가 SKY 항공의 승무원이 된다면 항상 고객의 입장에서 생각하며 최고의 서비스를 제공할 것입니다.

5 함께 공감하는 것

Excellent service means recognizing not only what customers want but also how they feel. For example, when a customer explains an issue he is having, a service provider should be able to read and understand his emotional state. If the service provider shows empathy and solves the problems or issues properly, customers will feel understood and that leads to customer satisfaction. So I believe the key is grasping how customers feel and empathizing with them.

좋은 서비스란 고객이 원하는 것을 파악하는 것뿐만 아니라 고객의 감정도 파악하는 것이라고 생각합니다. 예를 들어 고객이 자신의 문제에 대해 이야기할 때, 서비스 제공자는 그 고객의 기분도 잘 파악하고 이해해야 합니다. 서비스 제공자가 고객에게 공감하며 고객의 문제를 잘 해결해 준다면 고객은 이해받고 있다고 느낄 것이고 그것이 고객 만족으로 이어질 수 있을 것입니다. 따라서 좋은 서비스의 비결은 고객의 감정을 잘 파악하고 그들과 함께 공감하는 것이라고 생각합니다.

6 정확한 고객 니즈의 파악과 시기적절한 서비스 제공

In my opinion, the best service takes place when customers' needs are grasped accurately and addressed in a timely manner. I believe it will directly lead to customer satisfaction and inspire their long-lasting loyalty. That's exactly what I did while working as a receptionist. I paid close attention to detail and had a genuine concern for the customers from the moment they walked through the door to the moment they left.

최고의 서비스란 고객의 니즈를 정확하게 파악하고 적절한 때에 서비스를 제공하는 것이라고 생각합니다. 저는 그 행위가 직접적인 고객 만족으로 이어지고 충성 고객을 만들 수 있는 기회를 제공할 것이라고 믿습니다. 이것이 바로 제가 안내 데스크에서 일했을 때 고객을 대하고 서비스를 제공했던 방법입니다. 저는 고객이 들어오는 순간부터 떠날 때까지 세심하게, 그리고 진심을 다해 고객을 응대했습니다.

7 환한 미소로 손님을 맞이하는 것

I think that good service is approaching customers with a big smile. Actually, I'm a big fan of coffee and I often visit a cafe for a coffee break. There's one particular coffee shop that I always go to. The reason for that is not because of its fancy interior or its brand but rather because of big and lovely smiles. All the employees from the barista to the waitress smile at me a lot and that makes me feel special. You may probably think smiling isn't a big thing, but I regard it as good service because it always makes me feel better and gives me a good moment with my coffee. I have experienced the power of smiles and I already know that it is the easiest way to raise the brand value of a company at no cost.

제가 생각하는 최고의 서비스는 환한 미소로 손님을 맞이하는 것입니다. 저는 커피를 너무 좋아해서 휴식 시간에 종종 카페를 갑니다. 수많은 카페들 중에서 제가 유독 좋아하는 한 곳이 있습니다. 제가 그곳을 자주 가는 이유는 그곳의 멋진 인테리어나 브랜드 때문이 아니라 그곳에서 근무하는 직원들의 밝은 미소 때문입니다. 매번 모든 직원들이 웃으며 저를 맞이해 주기 때문에 저는 항상 특별하게 대우받는 느낌이 듭니다. 미소가 특별한 것이 아니라고 생각할 수도 있지만, 저는 그곳에 방문을 할 때마다 기분이 좋아지고 커피와 함께 좋은 시간을 보낼 수 있기 때문에 좋은 서비스의 조건이 미소라고 생각합니다. 저는 미소의 힘을 경험했고 밝은 미소가 비용을 들이지 않고 브랜드의 가치를 올릴 수 있는 최고의 방법이라는 것을 일찍이 알게 되었습니다.

13 베스트 서비스 제공 경험

Q. Have you ever provided good service to a customer?

면접관의 속마음

서비스 마인드와 고객 서비스에 대한 열정이 있는지?
승무원으로서 좋은 서비스를 제공할 수 있을지?

쌤들의 면접 팁

- 베스트 서비스라고 해서 꼭 거창할 필요는 없다. 지원자가 경험한 좋은 서비스를 기억해 보자. 대부분 종업원의 세심한 관찰이나 관심, 또는 말 한마디에 감동을 받은 경우일 것이다. 고객들도 마찬가지이다. 좋은 서비스는 결국 고객에 대한 관심과 세심함에서 나온다. 고객이 필요로 하는 것을 미리 파악해서 제공했거나, 기대치를 넘어선 서비스를 한 경험을 생각해 보자.

이런 답변은 피하자

고객이 예상 가능한 서비스

- When I worked at a hotel front desk, a couple asked me the direction of one of the famous restaurants in Seoul. So, I kindly printed out the map for them and explained how to get there.
  호텔 프런트 데스크에서 근무할 때, 유명 레스토랑을 찾는 외국인 손님에게 주소와 약도를 프린트해서 드린 적이 있습니다.

→ 호텔 프런트 직원으로서 숙박객의 길 안내는 당연히 해야 하는 업무이므로 베스트 서비스라고 할 수 없다.

유용한 표현

베스트 서비스 제공과 관련된 표현

- I have delivered(offered) good service when I worked as (직업명).
  제가 (직업명)으로 일할 때, 좋은 고객 서비스를 제공한 적이 있습니다.
- I learned the fact that taking a little attention(concern/interest) makes someone touched if it comes from the bottom of heart.
  진심에서 우러나온다면 작은 관심이 다른 이에게 감동을 줄 수 있다는 사실을 알게 되었습니다.
- Greeting people with a smile or friendly hello can make a big difference.
  미소와 함께 손님을 맞거나 밝게 인사를 하는 것이 큰 차이를 만들 수 있습니다.
- As a service provider, a friendly attitude and patience are very important.
  서비스를 제공하는 사람으로서, 친근한 태도와 인내심은 매우 중요합니다.
- Good customer service comes from giving customers a good first impression with a friendly greeting and helpful attitude.
  고객을 환대하는 것과 기꺼이 고객들을 도우려는 태도뿐 아니라 고객에게 좋은 첫인상을 주는 것에서 좋은 서비스가 나옵니다.

샘플 답변

MP3 06-13

1 아기를 데리고 혼자 방문한 여성 고객 배려

On a hot summer day, a mother holding a crying baby came into the cafe where I worked as a waitress. Both of them were sweating a lot, so I guided them to take a seat in the coolest area. I also offered the woman two cups of cold water with a straw, one for her and one for her baby, and asked if there was anything I could do to help. In addition, I offered to take care of her baby while she went to the bathroom. She was so happy with my service, but all I actually did was just to put myself in her place.

제가 카페에서 일하던 어느 더운 여름 날, 우는 아기를 안은 한 여성 손님이 카페로 들어왔습니다. 아기와 엄마 모두 땀을 많이 흘리고 있었기에 저는 가장 시원한 자리로 안내를 했습니다. 또한 여성 손님을 위한 물 한 잔과 아기를 위한 빨대 하나와 물 한 잔, 총 차가운 물 두 잔을 드린 후 또 도와드릴 부분이 있는지 확인했습니다. 추가적으로 손님이 화장실에 간 사이 아기를 대신 돌봐 주기도 했습니다. 저는 단지 손님의 입장에서 생각하고 행동했을 뿐이었는데, 손님은 제 서비스에 굉장히 만족스러워했습니다.

2 쌍둥이 자녀를 둔 부모가 식사를 즐길 수 있도록 배려

When I worked as a waitress at a restaurant, a couple with little twins came to have dinner. As the four-year-old twin boys got bored in the middle of dining and started to play and move around, the couple couldn't finish their meals. The same thing happened again on their next visit and the other customers were also distracted by the little ones. At that time, I noticed that the twins were wearing spider man T-shirts and sneakers. I immediately had an aha(eureka) moment and realized that I know 2 things to control little boys thanks to my nephews. They are a favorite character and a competition. So I got a set of Spiderman stickers and stamps ready in case they would come again. On their next visit, I showed them the items and said, "These items are only for the one gentleman who behaves better until the end of the meal." And it really worked! They remained seated and behaved well to win a game until their parents finished their meals. The couple was really happy with that saying it was their first time to finish their meals at the same time. It taught me that a little attention makes a big difference when it comes to customer service.

* have an aha (eureka) moment 깨달음 또는 좋은 아이디어가 떠오르다

제가 식당에서 일할 당시, 한 부부가 어린 쌍둥이를 데리고 저녁 식사를 하기 위해 왔습니다. 식사 중간에 지루해진 4살짜리 남자 쌍둥이가 장난을 치고 식당을 돌아다녔기 때문에 부부는 식사를 제대로 마치지 못했습니다. 그 가족이 다시 방문했을 때도 같은 상황이 발생했고 다른 손님들 역시 어린 쌍둥이 때문에 식사를 방해받았습니다. 그때 저는 아이들이 스파이더맨이 그려진 티셔츠와 신발을 착용하고 있는 것을 보았습니다. 바로 그 순간, 저는 저의 남자 조카들을 다루면서 터득하게 된, 어린 남자 아이들을 얌전히 만들 두 가지 방법을 떠올렸습니다. 그것은 바로 아이들이 좋아하는 캐릭터와 경쟁을 이용하는 것이었습니다. 그래서 저는 그 가족이 다시 방문할 것을 대비해 스파이더맨 스티커와 스탬프를 준비해 놓았습니다. 그 가족이 다시 식당을 찾았을 때, 저는 아이들에게 스파이더맨 스티커와 스탬프를 보여 주며 말했습니다. "이건 밥을 다 먹을 때까지 더 얌전히 행동하는 사람한테만 주는 상이야."라고 말입니다. 이 방법은 정말 효과가 좋았습니다. 아이들은 부모님의 식사가 끝날 때까지 게임에서 이기기 위해 얌전히 식탁에 앉아 있었습니다. 그 부부는 동시에 식사를 마친 적은 처음이라고 말하며 기뻐했습니다. 저는 이 경험을 통해 고객을 향한 작은 관심이 서비스에 있어 큰 차이를 만든다는 것을 알게 되었습니다.

3 장기 투숙객에게 맞춤 서비스 제공

I remember one guest who told me that he was very impressed and pleased with my service when I was an intern at ABC Hotel. He was a long-term business guest staying in the hotel for two months. He used to come to the club lounge at 7:00 a.m., sit at the same seat almost every day and read an English newspaper. So I tried to keep the seat vacant for him and always prepared an English newspaper on his table. This went on for about two months, and on his last day of staying, he gave me a personally written thank you card and a small box of chocolate. He also wrote to the hotel about how much he enjoyed his stay through my service. It was very motivating and rewarding to me. From this, I realized that good service is being a little more attentive to customers and doing a bit more than expected.

제가 ABC 호텔에서 인턴으로 일했을 당시, 제 서비스가 매우 인상적이라며 만족스러워한 고객이 있었습니다. 그 손님은 저희 호텔에 2달 동안 머물렀던 장기 투숙 고객이었습니다. 그 고객은 아침 7시면 클럽 라운지에서 같은 자리에 앉아 영자 신문을 읽고는 했습니다. 그래서 저는 그 고객을 위해 해당 좌석을 가급적 비워 두었으며, 테이블에 영자 신문을 항상 준비해 두었습니다. 그렇게 2달이 흘렀고, 그 고객은 투숙 마지막 날에 제게 직접 손으로 쓴 감사 편지와 초콜릿 한 박스를 선물로 주었습니다. 또한 제 서비스 덕분에 내내 즐겁게 머무를 수 있었다는 감사를 호텔 측에도 전했습니다. 정말 동기 부여가 되고 보람을 느낀 경험이었습니다. 이 경험을 통해 저는 좋은 서비스란 고객에게 조금 더 주의와 관심을 기울이며, 고객의 기대보다 조금 더 많은 것을 해 드리는 것이라는 사실을 깨달았습니다.

4 상품 직접 전달

When I worked as a shop manager at a clothing store, we once had a logistics problem because the delivery company had a system failure. One customer ordered a couple of dresses for her vacation abroad. Ordinarily, it would have been sent by express but due to the malfunction of the delivery company's system, it was impossible for her to get them before leaving on vacation. All I could think of was how frustrating that would be for her. So, although it wasn't my duty to ensure that she got her dress in time, I delivered it to her in person after work. She was deeply touched by what I did and I was also happy that I was able to satisfy the customer.

제가 옷 가게에서 매니저로 일할 당시, 택배 회사의 시스템 문제로 배송 사고가 생긴 적이 있습니다. 한 고객이 해외 휴가를 위한 옷 몇 벌을 주문했습니다. 그런데 평소라면 배송되었어야 할 상품이 택배 회사의 사정으로 발송되지 못해 고객이 휴가 전에 상품을 수령하는 것이 불가능해졌습니다. 이 일로 그 고객이 얼마나 속상해할지 짐작할 수가 있었습니다. 그래서 고객의 상품 수령 여부 확인이 제 업무는 아니었지만, 퇴근 후에 고객이 주문한 옷들을 직접 배달해 주었습니다. 그 고객은 제가 한 일에 무척 감동했고 저 역시 고객에게 만족스러운 서비스를 제공할 수 있어 기뻤습니다.

5 자발적인 자료 조사 및 정보 제공

Yes, I have. I remember one particular incident that occurred when I was working in a hotel. While helping an elderly Singaporean couple to check in, the man told me that his wife's love for bamboo salt brought them to Korea. I just couldn't stop thinking about his smile and his love for his wife. So to make their trip special, I researched how to get the best bamboo salt. Then I wrote them a note with all the necessary contact details and put it in their room, hoping that they would have a truly memorable time in Korea. A few days later upon check-out, he gave me a book and took a photo of me. He told me that he's an author and promised that he would include the photo in his next book when he writes about the wonderful service he got in Korea. It was then that I realized I could create unforgettable moments for my customers if I treat them with sincerity.

* It was then that I realized ~ 그때 ~을 깨닫다

네. 있습니다. 제가 호텔에서 일할 때의 일입니다. 싱가포르에서 온 노부부를 위해 체크인 수속을 해 드릴 때 남편 분께서 한국의 죽염을 너무 좋아하는 부인 때문에 한국에 오게 되었다고 말씀을 하셨습니

다. 그분의 환한 미소와 부인을 향한 사랑이 계속 저의 머릿속을 맴돌았습니다. 그래서 그 노부부의 여행을 특별하게 만들어 드리고자 저는 최고 품질의 죽염을 구입하는 방법에 대해 조사했습니다. 그리고 한국에서 기억에 남는 시간을 보내기를 바라는 마음으로 필요한 모든 정보 및 연락처를 메모와 함께 그 노부부의 방에 남겨 두었습니다. 며칠 뒤 체크아웃을 할 때 남편 분이 저에게 한 권의 책을 선물로 주셨고 함께 사진도 찍었습니다. 그분은 자신이 싱가포르에서 작가로 활동하고 있다며 다음 책에 한국에서 받은 멋진 서비스에 대해 쓰면서 저와 찍은 사진을 함께 넣겠다고 하셨습니다. 그때 저는 제가 진심을 다해 고객들을 대한다면 그들에게 잊지 못할 순간들을 선사할 수 있다는 것을 깨달았습니다.

14 다루기 힘든 고객 응대 경험

Q. Have you ever dealt with a demanding customer?

면접관의 속마음

상황 대처 능력, 문제 해결 능력, 순발력이 있는지?

쌤들의 면접 팁

- 승무원은 비행 중에 전 세계에서 온 승객들의 다양한 요구를 처리해야 한다. 그중에는 응대하기 어려운 고객들도 많다. 따라서 면접관은 지원자가 이러한 상황에 유연하게 대처할 수 있는지를 알고 싶어 한다.
- 답변에 지원자의 문제 해결 능력과 고객 응대 기술을 충분히 녹여 내도록 한다.

이런 답변은 피하자

고객을 개인적으로 판단하고 비판하는 답변

- There was one customer who was very picky and demanding. He asked for so many things.
  굉장히 까다롭고 요구가 많은 고객이 있었습니다. 그 고객은 너무 많은 것을 요구했습니다.

→ 고객을 진상 손님이라고 직접적으로 언급하지 말고, 상황 설명을 통해서 면접관이 힘든 고객이라고 생각하도록 답변한다.

본인 스스로 상황 해결을 위한 노력 없이 바로 상사에게 도움을 요청했다는 답변

- When a customer insisted on getting a refund, I explained that it was impossible because the customer had already opened and used the item. But, he kept complaining about the product. So, I called my manager to deal with the situation.
  한 고객이 환불을 요구한 적이 있었는데, 저는 개봉 후 사용된 상품은 환불이 불가능하다고 설명했습니다. 그러나 고객이 계속 환불을 요구하여 그 상황을 해결하기 위해 매니저에게 연락했습니다.

→ 너무 수동적이다. 면접관은 능동적인 자세로 문제를 해결하려는 자세를 높게 평가한다.

유용한 표현

불만 고객을 대하는 태도와 관련된 표현

- I try not to take a complaint personally and I make sure the customer know his or her concerns are being heard.
  저는 고객 불만을 개인적으로 받아들이지 않으려 노력하며 고객의 문제에 귀 기울이고 있다는 것을 고객이 충분히 느끼게끔 합니다.

샘플 답변

MP3 06-14

1 기한이 지난 상품에 대해 교환을 요구하는 고객

When I worked as an assistant manager in the customer service department of a department store, a customer wanted to exchange a malfunctioning fridge. I advised her that it could only be fixed for free as the exchange period had already expired. She wasn't happy with that and kept complaining. She also made a scene in the customer service center several times and interrupted other customers. Although her request was against our policy, I put myself in her shoes and decided to try my best. I contacted my supervisor and the legal department to check if there was any other way to help her. I also informed the customer what was going on and what steps had been taken to resolve the problem. Despite all my efforts, I couldn't give her the answer that she wanted. However, she loved the way I treated her and appreciated my help.

* make a scene 소란을 피우다

한 백화점의 고객 서비스팀에서 부팀장으로 일할 당시, 한 고객이 고장 난 냉장고를 새 제품으로 교환해 달라고 요청했습니다. 무료 교환 기간이 지났기에 무료 수리 서비스 제공만이 가능하다고 안내했지만 고객은 지속적으로 불만을 제기했습니다. 심지어 수차례 고객 센터를 방문해서 소란을 피우며 다른 고객들의 일처리를 방해하기도 했습니다. 비록 손님의 요청이 회사의 방침에 어긋나기는 했지만, 저는 손님의 입장에서 최선을 다해 도와드리고자 했습니다. 저는 저의 상사와 회사 법률 팀을 통해 냉장고를 교환해 줄 수 있는 다른 방법이 있는지 알아보았습니다. 또한 일의 진행 상황과 문제를 해결하기 위해 어떠한 노력들을 하고 있는지 해당 고객에게 안내했습니다. 이러한 노력에도 불구하고 끝내 고객이 원하는 답변은 드릴 수 없었습니다. 하지만 고객은 저의 응대 태도와 노력에 대해 만족스러워하며 감사를 표했습니다.

2 금연 호텔에서 흡연을 고집하는 술 취한 고객

I once dealt with a drunken customer when I worked in ABC Hotel. He requested a smoking room, but unfortunately the hotel didn't have any. Smoking was prohibited in all areas inside. I politely explained the no smoking policy but he kept asking for any place inside. He didn't want to listen to me and made the situation worse by trying to smoke in the lobby. For the safety and comfort of other guests, I couldn't allow him to do that. He shouted at me angrily and was so stubborn that I had to ask security to step in. I thought it was time to be assertive with the customer to maintain safety standards. One of the guards took him to the smoking area outside and I brought him some cold water so that he could calm down.

ABC 호텔에서 일할 당시, 술 취한 고객을 응대한 적이 있습니다. 그 고객은 호텔 내의 모든 곳에서 흡연이 금지되어 있음에도 불구하고 흡연할 수 있는 방을 요구했습니다. 호텔의 금연 정책에 대해 안내해 드렸지만 손님은 계속해서 호텔 내에서 흡연할 수 있는 공간을 요구했습니다. 또한 제 안내를 무시하고 로비에서 담배를 피우려는 시도를 했습니다. 다른 손님들의 안전과 쾌적한 환경을 위해 호텔 내 흡연을 방치할 수 없었고, 그 고객이 고함을 지르고 계속 완강히 흡연을 고집했기에 보안 요원들에게 도움을 청했습니다. 저는 안전 규정을 준수하기 위해 고객에게 단호하게 대처해야 할 때라고 생각했습니다. 한 보안 요원이 그 손님을 호텔 외부의 흡연 구역까지 안내했고 저는 손님이 흥분을 가라앉히도록 찬 물을 제공했습니다.

3 패밀리 레스토랑에서 조용한 식사를 원하는 고객

When I was working at a family restaurant, I dealt with a complaining group of customers. As it was a big restaurant, there were many families and children. One day, a group of customers came to me and started to complain about the children's noise. I explained to them that this was a child-friendly restaurant, so there was not much I could do to lessen the noise. They didn't accept that, got angrier, and suddenly wanted to cancel their order. Unfortunately, it was too late for that because their food was already served. So I first tried to calm them down by apologizing for the noise and asking them for their understanding. And then I offered to get them a table on the terrace and provided them with free drinks with my manager's permission. When they were about to leave, I apologized again for the inconvenience and discomfort of the noise and I suggested that they rather come in the evenings, because then there were usually fewer children.

* in the evenings 저녁에, 저녁 무렵에

한 패밀리 레스토랑에서 일할 당시, 한 단체 손님들로부터 받은 불만을 처리한 적이 있습니다. 제가 일한 곳은 가족 단위 손님이 많은 큰 규모의 식당이었습니다. 어느 날, 한 테이블의 손님들이 제게 아이들이 시끄럽다며 불만을 제기했습니다. 저는 아이들도 편하게 식사를 즐길 수 있는 장소이기에 아이들을 조용히 시킬 수는 없다며 양해를 구했습니다. 그러나 고객들은 이를 받아들이지 않았고 화를 내며 음식 주문을 취소하려 했습니다. 하지만 음식이 이미 나온 상황이어서 주문 취소는 불가능했습니다. 그래서 저는 사과와 함께 재차 양해를 구했습니다. 그리고 손님들을 테라스 자리로 옮겨 드린 후 매니저의 허락 아래 무료 음료를 제공했습니다. 해당 고객들이 식사를 마치고 식당을 나설 때, 저는 다시금 고객이 느꼈을 불편함에 대한 사과를 하며 다음에는 아이들이 적은 저녁 시간대에 방문하실 것을 권했습니다.

4 규정에 어긋난 환불을 요구하는 고객

When I worked as a cashier in a store, one lady came in and started yelling. I asked her what the matter was and listened carefully, making sure she knew her concerns were being heard. She wanted to return an item she bought a week ago, however, she didn't have the receipt. I explained that, according to the store's policy, I wasn't allowed to give her a cash refund without the receipt. But she tried to convince me that she should get a refund because of consumer rights. She was so persistent to get her money back that she even interrupted other customers at the checkout points. In the end, with my manager's permission, I gave her a store credit instead of a cash refund and so she was finally satisfied.

* the checkout point 계산대

상점에서 계산원으로 일할 당시, 한 여성 분이 상점으로 들어와 소리를 지르기 시작했습니다. 저는 그 고객에게 화가 난 이유를 묻고 제가 고객의 문제에 귀를 기울이고 있다는 느낌을 그 고객이 받을 수 있도록 신중하게 고객의 말을 경청했습니다. 그 고객은 일주일 전에 구입한 물건의 환불을 원했지만 영수증을 가지고 있지 않았습니다. 저는 매장의 규칙에 따라 영수증 없이는 환불이 어렵다고 안내했지만 고객은 소비자의 권리가 있기 때문에 환불을 받는 것은 당연하다고 주장했습니다. 그 고객은 환불을 받으려는 마음이 너무 큰 나머지 계산대 근처의 다른 손님들의 계산을 방해하기도 했습니다. 결국은 매니저의 허락 아래, 현금 환불 대신 구입한 물건 값만큼의 적립 포인트 제공을 제안했고 고객은 그 제안에 만족해했습니다.

5 계속해서 불만을 제기하는 고객

When I was working as a waitress in a restaurant, I took an order from a couple who wanted fresh mushroom soup and steak. In the middle of the meal, the man called me, saying that he didn't like his soup and it tasted like ready-made soup straight from a can. I explained to him that it was freshly made. And I took it back and got him another. He then seemed fine with the food but soon started to complain about many other things such as a stain on his glass and the dim lights. Each time, I tried to solve the problem as soon as possible. I changed his glass and moved them to a table by the window where the light was brighter. I smiled all the time and did my best to make him feel valued. When he eventually finished his meal, he said that he actually enjoyed his time there because, according to him, my service outweighed the things he didn't like. It was a rewarding experience.

식당에서 일할 때, 한 커플이 버섯 수프와 스테이크를 주문했습니다. 식사 도중 남자 고객이 저에게 수프가 캔에 든 기성 제품 맛이 난다며 불만을 제기했습니다. 저는 주방에서 직접 만든 수프임을 설명하고 수프를 새로 만들어 드렸습니다. 그러자 손님은 음식에 대해서는 만족스러워했지만 유리잔의 얼룩이나 어두운 조명 같은 음식 외의 것들에 대해 불만을 제기하기 시작했습니다. 저는 그 손님이 불만을 제기할 때마다 잔을 바꿔드리고 밝은 분위기에서 식사를 즐기실 수 있도록 창가로 자리를 옮겨 드리며 최대한 빨리 문제를 해결하려고 노력했습니다. 저는 그 커플이 식사하는 내내 웃는 얼굴로 서비스를 했으며 깍듯이 대우받는다는 느낌을 줄 수 있도록 노력했습니다. 식사를 마쳤을 때, 그 고객은 저의 서비스가 식사 중 만족스럽지 못했던 부분을 모두 상쇄할 만큼 좋아서 즐겁게 식사를 할 수 있었다고 말했습니다. 보람을 느꼈던 경험이었습니다.

6 아이를 위한 공짜 음식을 요구하는 고객

When I worked in a restaurant as a waitress, a mother of a five-year-old boy ordered a meal for herself. Apparently her son wasn't that hungry but when the meal was served, he began to throw a tantrum. He wanted a meal of his own after all. So she called me back to ask for free food for her son. I recommended something on the kids' menu, but she said that was too much for him. I then offered her a glass of milk and a bread roll, but she kept asking for a bowl of rice and some side dishes. Although I informed her it was against the restaurant's policy and not fair to other customers with kids, she didn't agree and complained that our restaurant policy was too strict. I made it clear that all I could do was to get an extra plate and some cutlery so that she could share her food with him. She eventually accepted that as I responded in a nice yet assertive way.

* throw a tantrum 떼를 쓰다

식당에서 종업원으로 일할 당시, 5살 아들과 함께 온 여자 손님이 1인분 식사를 주문했습니다. 아이는 분명 그리 배가 고프지는 않았지만 막상 식사가 나오니 자신도 밥을 달라며 떼를 쓰기 시작했습니다. 손님은 저에게 아이를 위한 음식을 가져다 줄 것을 요청했습니다. 저는 키즈 메뉴 중 하나를 권해 드렸으나, 손님은 자신의 아이에게 너무 많은 양이라고 말했습니다. 그래서 우유와 빵을 가져다드렸지만 손님은 계속 아이를 위한 밥과 반찬을 요구했습니다. 저는 주문하지 않은 아이의 음식을 무료로 가져다주는 것은 식당의 운영 방침에 어긋나며 아이들과 함께 온 다른 손님들에게도 공평하지 않다고 설명했지만, 손님은 제 말에 수긍하지 않았고 다른 식당에 비해서 너무 융통성 없게 군다며 불평을 했습니다. 그래서 저는 손님에게 제가 해 드릴 수 있는 것은 손님의 음식을 아이와 나눠 먹을 수 있도록 식기를 제공하는 것뿐임을 분명히 했습니다. 저의 친절하지만 단호한 어조에 결국 그 손님은 저의 제안을 받아들였습니다.

15 고객의 요청을 거절한 경험

Q. Have you ever said “No” to a customer?

면접관의 속마음

경우에 따라 고객에게 단호한 자세를 취할 수 있는지?

고객의 요청을 요령 있게 거절할 수 있는 사람인지?

쌤들의 면접 팁

- 고객의 모든 요청이나 행동에 'Yes'를 할 수는 없으며 때로는 거절을 해야 하는 상황이 발생한다(특히 규칙이나 안전의 경우).
- 고객이 허용이 안 되는 것을 요청할 때는 단호하게 대처하되, 고객의 마음이 상하지 않게 요령 있게 답변하는 것이 포인트이다. 되도록 긍정적인 단어를 사용하며 대안이 있다면 함께 제시한다.
- 꼬리 질문에 대비해 해당 경험에 대한 자세한 답변을 준비한다.

이런 답변은 피하자

방법을 찾아보거나 해결하려는 노력 없이 바로 고객의 요구를 거절한 답변

- When I worked as a waitress at a restaurant, a mother with a child wanted to order food on the kids' menu. But, we didn't have any meal for kids. So, I said “No” to them.

  식당에서 웨이트리스로 근무할 때, 키즈 메뉴를 원하는 가족 고객이 있었습니다. 저희 식당은 키즈 메뉴가 없었기 때문에 거절할 수밖에 없었습니다.

→ 원칙을 지키는 것도 중요하지만, 되도록 고객의 입장에서 문제를 해결하려는 유연한 자세가 필요하다.

샘플 답변

MP3 06-15

1 복장 규정을 지키지 않은 손님의 수영장 사용 제지

When I worked as a life guard at a hotel swimming pool, I once said "No" to a couple. They tried to swim with T-shirts and shorts which were against the hotel's policy. I politely asked them to change into their swimming suits because all users were required to do so. They asked me to turn a blind eye and just let it go, but I couldn't do that since it wouldn't have been fair to the other guests. I apologized and guided them to the hotel's swim shop.

* against the company's regulation (policy) 회사의 규정(정책)을 위반하다
* turn a blind eye 못 본 체하다, 눈을 감아 주다

호텔 수영장에서 안전 요원으로 근무할 때, 한 커플의 수영장 사용을 제지한 적이 있습니다. 그 커플은 호텔 규정을 어기고 티셔츠와 반바지를 입고 수영장에 들어가려 했습니다. 저는 그 커플에게 수영복으로 갈아입고 수영장을 사용하도록 정중히 요청했습니다. 그 고객들은 제가 눈을 감아 주기를 바랐지만, 다른 고객들과의 공정성 면에서 예외를 만들 수는 없었습니다. 저는 사과를 하며 그 커플 고객을 호텔 안의 수영 용품 가게로 안내해 드렸습니다.

2 놀이 공원에서 기준 신장 미달의 어린이 손님에게 놀이 기구 탑승 제지

Yes, I have. I once worked at an amusement park. My main duties were checking the tickets in front of thrill rides and screening children for safety reasons to see if they were under the minimum height of 120 centimeters. One day, a family with 3 children stood in a long line to ride a roller coaster. Although there was a notice board stating the minimum height policy, they did not pay attention to it. When they finally reached the front of the line after a long wait, I found that one of the children was 10 cm too short. When I said no to the family, they were very disappointed and upset, telling me how long they had been waiting in line and that they would take full responsibility for any accident. I sincerely empathized with them, but explained the past history of the child-related accidents. I said, "I understand how all of you feel now, but I don't want to see any child hurt on my watch. Please understand that restriction is for the safety of your kid." Then I gave them a map on which I marked some rides that are suitable for their little one.

* thrill ride 무서운 놀이 기구 * on my watch 내가 책임자로 있는 한

네, 있습니다. 놀이 공원에서 일을 할 때, 제 주요 업무는 성인 놀이 기구 앞에서 입장권을 확인하고 안전상의 이유로 신장 120cm 미만의 아이들을 가려내는 일이었습니다. 어느 날, 한 가족이 아이들과 함께 롤러코스터를 타기 위해 긴 줄을 섰습니다. 비록 놀이 기구를 타기 위한 최소 신장에 대한 공지가 대기선 앞에 있었지만, 그 가족은 그 안내판에 주의를 기울이지 않았습니다. 오랜 기다림 끝에 그 가족이 마침내 롤러코스터 입구에 도착했을 때 저는 그 가족 중 1명의 아이가 기준 신장보다 10cm가량 작은 것을 발견했습니다. 제가 그 아이는 입장이 불가능하다고 안내하자, 그 가족은 놀이 기구를 타기 위해 오래 기다렸다며 매우 실망하고 속상해했습니다. 그리고 사고 발생 시 그 책임은 전적으로 자신들이 지겠다고 말하며 아이를 태워 달라고 간청했습니다. 저는 그 가족의 상황과 기분을 충분히 이해했지만 과거에 일어난 어린이 관련 사고에 대해 설명하며 양해를 구했습니다. "고객님의 상황은 충분히 이해하지만 저는 제 담당 구역에서 어떤 아이도 다치는 것을 보고 싶지 않습니다. 고객님의 소중한 자녀를 위한 안전 규정이므로 양해 부탁드립니다."라고 말했습니다. 그리고 그 가족을 위해 그 아이가 탑승 가능한 놀이 기구들을 놀이 공원 지도에 표시해 주었습니다.

3 기한이 지난 상품의 환불 요청 거절

Yes, I have. I once worked at a clothing store when a customer returned an item long after the purchase date and asked for a full refund. When he spoke to me, I realized that it wouldn't be accepted due to the company's return policy. But instead of saying "No" right away, I put an effort into helping him. I heard him out and spoke to my supervisor about his issue. And I contacted the customer service department to check if there was anything to help him. Although I refused his request, the customer was satisfied with my effort to sort it out. From this, I learned that it is not the result that matters in dealing with customers' issues but rather the process and the attitude.

* hear someone out 누군가의 말을 끝까지 들어 주다

네, 있습니다. 옷 가게에서 일을 할 때, 한 손님이 구입한 지 오래된 상품의 환불을 요청했습니다. 그 손님의 요청 사항을 들었을 때, 저는 회사의 환불 보장 기간이 지났기 때문에 그 손님의 환불 요청이 처리되지 않을 것임을 알았습니다. 하지만 그 자리에서 바로 손님의 요청을 거절하는 대신 그 손님을 도울 방법이 있는지 알아보기 위해 노력했습니다. 손님의 이야기를 끝까지 경청한 후 매니저에게 상황을 설명하고 도와드릴 방법을 찾기 위해 고객 서비스 부서에도 문의했습니다. 비록 환불 요청은 거절되었지만 그 손님은 저의 노력하는 모습에 만족해하셨습니다. 이 경험을 통해 저는 고객의 문제를 처리하는 데 있어 가장 중요한 것은 결과가 아닌 과정과 태도라는 것을 알게 되었습니다.

4 어린이의 어른 수영장 사용 제지

Yes, I have. When customers ask me something that goes against safety regulations, I say "No". For example, when I worked as a lifeguard at a swimming pool complex, there were two pools: one for adults and one for children. One day, I noticed two little boys jumping into the adult pool. I blew my whistle and let them get out of the pool because it was much too deep in comparison to their height. However, their parents told me to let the kids be because they were very good at swimming. But I had to say "No" since no one knew what would happen and as a lifeguard I believe that safety must always come first. I also explained to them that sometimes even professional swimmers can find themselves in dangerous situations when they get leg cramps so it was better to let the children swim in the kids' pool for their own safety.

네, 있습니다. 고객이 안전 규정에 위반되는 사항을 요청할 때 저는 고객의 요청을 거절합니다. 제가 수영장에서 안전 요원으로 일할 당시에는 성인용과 어린이용 총 2개의 수영장이 있었습니다. 어느 날, 저는 어린 남자 아이 2명이 성인용 수영장에 뛰어드는 것을 보았습니다. 성인용 수영장은 아이들의 키보다 훨씬 깊었기 때문에, 저는 호루라기를 불어 아이들이 그곳에서 나오도록 했습니다. 그러나 그 아이들의 부모님은 아이들이 수영을 매우 잘하니 성인용 수영장에서 놀게 두라고 말했습니다. 하지만 저는 항상 안전을 우선시해야 하는 안전 요원으로서 미연의 사고를 방지하기 위해 부모님의 요청을 거절했습니다. 그리고 저는 부모님에게 프로 수영선수도 발에 쥐가 나 사고가 날 위험이 있기에 아이들의 안전을 위해 어린이용 수영장을 사용하게 하는 것이 안전함을 설명했습니다.

5 수제 맞춤 옷 환불 요청 거절

When I was in Ireland, I had a chance to work as a sales assistant in a boutique. Since it was a designer's boutique, dresses were all tailor-made and that's why return or exchange was not allowed. One day, a lady asked for a refund, saying that her dress's design made her look fat. I told her politely that a refund was not allowed as per the boutique's policy. I also added that the color of the dress looked really wonderful on her and that I would ask the designer to get it altered as she wanted.

Fortunately, she agreed to go along with my suggestion and ended up being satisfied.

제가 아일랜드에 있었을 때, 의상실의 판매사원으로 일할 수 있는 기회가 있었습니다. 디자이너 의상실이었기에 모든 옷은 맞춤으로 제작되었습니다. 하지만 그 이유로 환불이나 교환이 불가능했습니다. 어느 날, 한 여자 고객이 구입한 드레스가 뚱뚱해 보이고 잘 어울리지 않는다며 환불을 요청했습니다. 저는 고객에게 가게 규정상 환불은 곤란하다고 정중하게 말씀을 드리고, 구입한 드레스의 색상은 고객과 정말 잘 어울리니 디자이너에게 부탁해 고객이 원하는 대로 옷의 디자인을 바꾸어 주겠다고 제안했습니다. 결국 그 손님은 환불 대신 옷의 디자인을 바꾸기로 결정했고 결과에 만족해했습니다.

6 유명세를 이용해 음식 할인을 요구하는 고객 제지

When I worked as a manager in a restaurant, a famous food blogger visited the place. I recognized her and gave her a free dessert with a 50% discount. She was quite happy with our food and service and promised to make positive reference to the restaurant on her blog. On her next visit, she brought a couple of her friends. They enjoyed our food and service too, but there was a problem when they were about to pay the bill. The blogger wanted to get a 50% discount again, but I explained to her that it was only a one-time event. She didn't like what she heard and threatened to write an unfavorable review of the restaurant if her request wasn't accepted. I then thought it was time to be assertive and informed the owner. As we were on the same page, her request was turned down. If I had accepted her request, she would have asked for it again and again.

식당에서 매니저로 일할 당시, 한 유명 음식 블로거가 식당을 방문했습니다. 저는 유명 블로거임을 알아보고 그 손님에게 무료 디저트와 함께 50% 식사 할인 혜택을 제공했습니다. 그 손님은 식당의 음식과 서비스에 매우 만족해하며 자신의 블로그에 좋은 평을 써 주기로 했습니다. 그 후, 그 손님은 몇 명의 친구들과 함께 다시 식당을 찾았습니다. 손님과 친구들 모두 만족스럽게 식사를 했으나, 계산을 하려할 때 문제가 생겼습니다. 손님이 다시 50% 식사 할인 혜택을 요구했기 때문입니다. 그 혜택은 첫 방문에 한정된 이벤트라고 설명했지만 그 고객은 불쾌해하며 식사 할인을 해 주지 않으면 자신의 블로그에 저희 식당에 관한 나쁜 리뷰를 하겠다고 협박했습니다. 저는 단호하게 대처해야 할 상황이라고 판단하고 사장님께 이 일을 보고했습니다. 사장님 또한 저와 같은 생각이셨기에, 고객의 요구를 거절했습니다. 만약에 제가 그 손님의 요구를 들어 주었다면, 계속해서 같은 혜택을 요구했을 것입니다.

16 고객의 불만 처리 경험

Q. Have you ever got a complaint from a customer?

면접관의 속마음

기내에서의 고객 불만을 잘 응대하고 처리할 수 있는 사람인지?

쌤들의 면접 팁

- 면접관의 평가 포인트는 지원자가 한 실수 그 자체보다는 그 실수에 대한 지원자의 대처 방식이다. 자신의 실수를 가볍게 보이거나 덮으려고 하는 것보다, 있는 그대로 이야기하되 그 불만을 어떻게 대처하고 해결했는지에 중점을 둔다.
- 단지 매뉴얼에 따라 응대한 사례가 아닌 진심을 다해 응대했던 사례를 언급하자.
- 이 일로 인해서 느끼고 배운 점과 한 걸음 더 성장한 서비스인이 되었다는 것을 보여 주며 마무리한다.

Point! 고객 불만 처리 4단계

1. Listen & Acknowledge
   경청과 문제 파악
2. Empathize & Apologize
   공감 및 사과
3. Offer a solution
   해결책 제시
4. Follow up with the customer
   지속적인 모니터링

이런 답변은 피하자

수동적인 태도의 답변

- As I had no authority to deal with the situation, I promptly reported and delegated it to my manager.
  제 권한을 벗어나는 일이었기에 즉시 매니저에게 보고하고 위임했습니다.

→ 능동적으로 고객의 문제를 해결하려 노력하는 태도가 전달될 수 있도록 한다.

샘플 답변

MP3 06-16

1 식당 자리 배치에 대한 고객 불만

When I was an intern at ABC Hotel, a customer once wanted to be seated close to the buffet because one of his family members was in a wheelchair. Unfortunately, all the seats near the buffet were taken already. Any seats left were quite far from it. That made the family upset and they kept complaining about having a hard time to move so far back and forth between the buffet and their table. I came up with the idea of asking the chef if he could make a special platter for these customers. Fortunately, the chef accepted my suggestion and prepared a special platter for them after I had confirmed what kind of food the guest in the wheelchair preferred. They were so impressed by my service and thanked me from their hearts. This showed me that even just a little bit of care can actually turn complaints into satisfaction.

제가 ABC 호텔에서 인턴으로 일할 당시, 뷔페에서 한 고객이 가족 중 1명이 휠체어를 사용하는 관계로 음식 테이블 근처로 자리 배정을 요청했습니다. 하지만 당시 음식 테이블 근처는 만석이었고 음식과 멀리 떨어진 자리들만 남아 있었습니다. 이에 해당 고객과 가족들은 멀리 떨어진 곳에서 음식을 가져다 먹기 위해 이동하는 것이 불편하다며 계속 불만을 제기했습니다. 그래서 저는 셰프에게 그 가족을 위해 큰 접시에 여러 음식을 모둠으로 한 번에 준비해 줄 수 있는지 물어보고 승낙을 받았습니다. 저는 휠체어에 탄 고객이 선호하는 음식을 확인한 후 셰프가 특별히 준비한 음식들을 큰 접시에 담아 가져다드렸습니다. 그 가족은 제 서비스에 감동하며 진심으로 고마워했습니다. 이 경험을 통해 저는 작은 배려가 고객 불만을 고객 만족으로 바꿀 수 있다는 것을 깨달았습니다.

2 중복 예약으로 인한 고객 불만

When I worked as a waitress at a restaurant, I got a complaint from an unhappy couple. The restaurant was well-known for its beautiful view but customers had to make a reservation to enjoy that to the full. One day, a table by the window was double-booked by mistake and the staff did not realize that until the second couple arrived. We couldn't help but give the table to the couple who came first. Unfortunately, the other couple was really upset and complained. I sincerely apologized and promised them to do everything I could to resolve this matter. As all the tables by the window were full, I offered the best place available. I then informed the manager and served them two glasses of champagne and chocolate with the compliments of the chef to make them feel good. I kept monitoring them and responded promptly to their requests. They were happy with my service and left that day with satisfaction. The next day, I sent them a thank you card with a voucher showing appreciation for their understanding and cooperation. They ended up being regular customers of the restaurant. The lesson I learned from all of this is that a customer complaint can be turned into a positive experience for them if one goes one step further.

식당에서 웨이트리스로 일을 할 때, 한 커플 고객이 불만을 제기한 적이 있습니다. 제가 일하던 레스토랑은 멋진 경관으로 유명했는데 경치를 한껏 즐기기 위해서는 예약이 필수였습니다. 어느 날, 실수로 창가 옆 테이블이 이중으로 예약이 되었습니다. 하지만 그 두 커플이 도착할 때까지 그것을 아무도 알아차리지 못했고 이에 어쩔 수 없이 먼저 도착한 커플에게 그 자리를 안내해 드렸습니다. 그러자 나중에 도착한 다른 커플이 불쾌해하며 불만을 제기했습니다. 저는 진심 어린 사과와 함께 제가 할 수 있는 모든 것을 하겠다고 약속했습니다. 창가의 모든 자리가 만석이었기 때문에 저는 그 커플을 남은 자리 중 가장 좋은 자리로 안내해 드렸습니다. 또한 매니저에게 보고한 후, 먼저 샴페인 두 잔과 셰프가 특별히 만든 초콜릿을 서비스로 제공했습니다. 그리고 해당 커플이 식사를 하는 동안 주의를 기울이며 필요한 것이 있을 때마다 신속하게 응대했습니다. 손님들은 저의 서비스에 만족해했습니다. 다음 날, 저는 고객의 이해와 협조에 감사를 표하는 카드와 식사 할인 쿠폰을 보냈습니다. 그 후 그 커플은 저희 레스토랑의 단골손님이 되었습니다. 이 경험을 통해 한 걸음 더 나아간 서비스는 고객의 불만을 긍정적인 경험으로 바꿀 수 있다는 것을 배웠습니다.

3 고객의 니즈를 무시한 서비스로 인한 고객 불만

I remember the day I worked as a server at a Korean restaurant in the States. It was well-known to foreigners who liked authentic Korean food and Korean spicy soft tofu stew was its signature dish. Before serving the customers, I always asked them if they wanted their soup with or without an egg in it. As most people wanted eggs in their soup, I didn't bother to ask on this particular busy day. One customer responded in a very unpleasant manner saying, "I don't want an egg. You should have asked me first." I apologized politely, offered a beverage for free, and gave the customer another serving. The two lessons that I got from this experience were to never assume what customers want no matter how busy I am and to make a habit of double-checking before serving customers.

제가 미국의 한 한국 식당에서 일할 때의 일입니다. 그 식당은 한국 음식을 좋아하는 외국인에게 유명한 곳이었는데 순두부찌개가 대표 메뉴였습니다. 순두부찌개를 제공할 때, 저는 항상 손님이 찌개에 계란을 넣을 것인지를 물어보았습니다. 대부분의 손님들은 계란을 넣은 찌개를 선호하므로, 어느 날 바쁜 나머지 손님들에게 따로 묻지 않고 바로 계란을 얹은 찌개를 제공했습니다. 그러자, 한 손님이 화를 내며 "나는 계란을 먹지 않아요. 계란을 넣기 전에 미리 물어봤어야죠."라고 말했습니다. 저는 정중한 사과와 함께 무료 음료를 제공하고 찌개를 다시 만들어 드렸습니다. 저는 이 경험을 통해, 아무리 바쁘더라도 고객이 원하는 것을 절대 넘겨짚어서는 안 되며 서비스를 제공하기 전에 고객의 의사를 한 번 더 확인해야 한다는 두 가지 교훈을 얻었습니다.

4 주문 누락으로 인한 고객 불만

When I first worked as a barista at a franchised coffee shop, there were only two staff members including me. It was too hectic for the two of us to handle everything, especially during lunch time. It took me a longer time to make beverages, because I wasn't familiar with all the equipment. One day, I was in such a hurry that I skipped an order by mistake. A lady came to me and complained that she'd been waiting for her drink for more than 30 minutes. I apologized sincerely, but she was really upset and said I wasted her valuable time. I admitted my mistake and offered her a piece of cheese cake at my expense. This experience showed me that many errors are made in haste. Since this incident, I've always tried to keep myself calm in any situation.

* many errors are made in haste 많은 실수가 서두르는 데서 나온다
* at my expense 자비로

프렌차이즈 카페에서 바리스타로 처음 일하게 되었을 때는, 직원이 저를 포함해 단 2명뿐이었습니다. 직원 2명이 모든 일을 하기에는 힘에 부쳤는데, 특히 점심시간이 가장 바쁜 시간이었습니다. 게다가 저는 능숙하게 기계를 다루지 못해 음료를 만드는 속도가 다른 바리스타보다 느렸습니다. 어느 날, 저는 바쁜 나머지 실수로 음료 주문 하나를 빠뜨렸습니다. 한 여성 고객이 30분 동안 음료를 기다렸다며 불만을 제기했습니다. 진심 어린 사과에도 그 고객은 귀중한 시간을 낭비했다며 화를 냈습니다. 저는 제 실수를 인정하고 자비로 치즈케이크 한 조각을 서비스로 드렸습니다. 이 경험을 통해 저는 많은 실수가 서두르는 데서 나온다는 것을 배우게 되었습니다. 그 이후 저는 어떤 상황에서도 침착함을 유지하려 노력합니다.

5 다른 이름이 적힌 우편물 발송으로 인한 고객 불만

Unfortunately, yes. One of my duties at my previous company was to send letters to customers informing them of the outcomes of their complaints. One day, I got a call from a customer responding to a letter in which I addressed her by the wrong name. As I was sending dozens of the same type of letters every day, I used to work on a copy of a previous one and change a few things such as the name and address. In this particular case, I forgot to change the customer's name. She said it was an unacceptable mistake and wasn't able to trust the company anymore. Although I sincerely apologized and promptly sent her another letter, it was hard to regain broken trust. From this experience, I learned that even a slight mistake can result in a big complaint and that some of them are irreversible. Thanks to this mistake, I began to pay more attention to detail and got into the habit of double-checking my work.

네. 유감스럽게도 있습니다. 전 직장에서 저의 담당 업무 중 하나는 접수된 불만에 대한 처리 결과를 고객에게 우편으로 발송하는 일이었습니다. 그런데 어느 날, 한 고객이 전화를 해서 해당 우편물에 다른 고객의 이름이 기재되어 있다고 말했습니다. 매일 같은 유형의 수많은 편지를 보내다 보니 저는 이전에 발송된 편지에 주소나 이름 같은 세부 사항만 수정해서 발송했습니다. 그 고객의 경우 제가 이름을 바꾸는 것을 잊어버린 것이 화근이었습니다. 그 고객은 용납할 수 없는 실수라고 말하며 저희 회사를 더 이상 신뢰할 수 없다고 이야기했습니다. 저는 진심으로 사과하고 그 고객에게 즉시 수정된 편지를 보냈으나 한 번 깨진 신뢰를 되찾는 것은 어려운 일이었습니다. 이 경험을 통해, 작은 실수 하나조차도 큰 불만을 불러 올 수 있다는 사실을 깨달았고 그중 일부는 돌이킬 수 없다는 사실을 알게 되었습니다. 하지만 이 실수를 통해 더 꼼꼼하게 일을 처리하기 시작했고 업무 시 재차 확인하는 습관을 가지게 되었습니다.

17 서비스 경험을 통해 배운 점

Q. What did you learn from your service experience?

면접관의 속마음

서비스 경험을 통해 배운 것이 무엇이며, 승무원 업무를 할 때 어떤 도움이 될지?

쌤들의 면접 팁

- 이 질문에 본인의 일 경험을 모두 나열할 필요는 없다. 그동안의 서비스 경험을 간략하게 말하고, 배운 점 중에서 본인이 가장 중요하다고 생각하는 것을 1~2개 골라 대답하자.

샘플 답변

MP3 06-17

1 인내심 및 긍정적인 태도

With my five years of service experience, I was able to develop patience and a positive attitude. Now I can provide hundreds of different customers with the same quality of service at any given time. And I'm also confident, calm and professional when handling difficult situations as I've been taught to be in the service field.

* at any given time 언제든지

저는 5년간의 서비스 경험을 통해 인내심과 긍정적인 태도를 기를 수 있었습니다. 현재 저는 언제든지 질 높은 서비스를 수많은 다양한 고객들에게 제공할 수 있습니다. 또한 제가 서비스 분야에서 배워 온 대로 자신 있고 침착하게, 그리고 전문적으로 어려운 상황을 처리할 수 있습니다.

2 수준 높은 서비스 제공 능력

I've held various service jobs for a couple of years and learned a lot from them. The work experience at a premium hotel especially enabled me to learn and practice five-star hospitality. As a hotelier, I've also developed the ability to provide consistent, timely, and quality service to customers regardless of the shifts I'm working. I'm sure what I've learned and experienced in the service field will be useful for this position.

저는 수년 동안 다양한 서비스 분야에서 일하며 많은 것을 배웠습니다. 특히, 프리미엄 호텔에서 근무한 경험은 5성급 서비스를 배울 수 있는 좋은 기회였습니다. 또한 호텔리어로서, 어떤 시간대에 근무해도 높은 수준의 서비스를 적시에, 그리고 지속적으로 제공할 수 있는 능력을 갖추게 되었습니다. 제가 서비스 분야에서 경험하고 배운 것들이 이 일에 유용하게 쓰일 수 있을 것이라고 믿습니다.

3 글로벌 서비스와 대인 관계 능력, 팀워크, 안전 의식

Of the many service jobs that I've had so far, working on a cruise ship gave me a special chance to interact with thousands of passengers and crew members from all over the world. Their different cultural backgrounds have enabled me to develop interpersonal and teamwork skills as well as customer service skills with a global perspective. Plus, I've come to have strong safety awareness by taking part in weekly safety training.

제가 지금까지 해 왔던 많은 서비스직 중에서, 크루즈선에서의 경험은 전 세계에서 온 수천 명의 승객들과 승무원들을 만날 수 있는 매우 특별한 기회였습니다. 그들이 가진 다양한 문화적 배경을 통해 저는 글로벌한 고객 응대 방법을 비롯해 대인 관계 및 팀워크 능력을 향상시킬 수 있었습니다. 또한, 매주 안전 교육을 받으며 안전의 중요성에 대해 깨닫게 되었습니다.

4 비언어적 의사소통의 중요성

Since I was twenty, I've worked in the customer service field and learned many valuable things. One of them is the power of nonverbal communication. When I worked as a waitress in ABC Hotel, I communicated with customers by showing appropriate gestures. For example, when customers came in, I always made eye-contact and smiled first before starting a conversation. I believe these kinds of simple actions cost nothing and yet they enhance the service quality and make loyal customers.

저는 20살 때부터 서비스 분야에서 일하며 많은 것들을 배웠습니다. 그중 하나는 바로 비언어적인 의사소통의 힘입니다. 제가 ABC 호텔에서 일을 할 때, 저는 적절한 제스처를 사용해서 고객과 소통했습니다. 예를 들어 고객이 들어오면 저는 항상 먼저 고객과 눈을 맞추고 미소로 맞이한 후 대화를 시작했습니다. 저는 이러한 간단한 행동들은 돈이 전혀 들지 않지만 서비스의 질을 높이고 충성 고객을 만들 수 있는 행동이라고 믿습니다.

5 의사소통 능력과 문제 해결 능력

I've got communication and problem-solving skills from a diverse range of work experience in the customer service field. Especially when I worked as a sales representative in a department store, communication skills were vitally important. I had to communicate clearly and effectively in order to successfully interact with customers as well as coworkers. I also gained efficient problem-solving skills. In my previous company, my boss complimented me that I know how to show initiative and find my own unique solutions to problems.

저는 서비스 분야에서 일했던 다양한 경험들을 통해서 의사소통 능력과 문제 해결 능력을 가지게 되었습니다. 특히 백화점에서 판매 직원으로 일했을 때, 의사소통 능력은 매우 중요했습니다. 저는 고객뿐 아니라 직장 동료들과의 좋은 관계를 위해서 명확하고 효율적으로 소통해야 했습니다. 또한 효과적으로 문제를 해결하는 능력도 기를 수 있었습니다. 이전 직장의 상사는 제가 직장에서 문제가 발생했을 때 솔선수범해서 남들이 생각하지 못한 해결책을 찾아낼 줄 안다며 칭찬했습니다.

6 공감 능력

Through my service experience, I learned the importance of empathy. Since I dealt directly with customers, I had many opportunities to put myself in their shoes to understand and assist them better. In my opinion, active listening is the key to showing empathy. I believe it helps to win customers' trust and resolve their issues more efficiently.

저는 저의 서비스 경험들을 통해 공감 능력의 중요성을 알게 되었습니다. 저는 고객들을 직접 대하면서 고객의 입장에서 그들을 더 잘 이해하고 도울 수 있는 많은 기회를 얻었습니다. 제 생각에 경청은 공감을 보여 주기 위한 가장 중요한 열쇠입니다. 공감 능력은 고객의 신뢰를 얻고 그들의 문제를 더 효율적으로 해결하는 데 도움이 된다고 생각합니다.

고민 미리 보기

Chapter 3과 관련된 실제 고민 상담 카톡

❶ 제가 경험해 보지 않은 일에 대해서는 어떻게 말해야 하죠?

빅키 선생님! 잘 지내시죠? 지난 주에 항공사 면접을 보고 결과를 기다리고 있습니다. "고객의 요구를 거절한 적이 있는가?"라는 질문을 받았고, 그 당시 딱히 생각나는 답도 없었지만, 서비스인으로서 고객의 요구를 거절한다는 것이 프로답지 않을 것 같아서 "없는 것 같습니다."라고 대답했는데, 괜찮을까요?

자신의 서비스 경험을 잘 돌이켜 보면 아마 한 번쯤은 고객의 요청을 거절할 수밖에 없는 경우가 있었을 거예요. 특히 고객의 요구가 회사의 방침과 어긋나거나 안전에 관련된 경우라면 서비스를 제공하는 입장이라도 No라고 답할 수가 있답니다.

❷ 정의를 물어보는 질문에 답변하기가 너무 어려워요

하림 선생님, 수업 시간에 못한 질문이 있어서 톡 드립니다. 저는 "무엇을 정의해 보라."라는 유형의 질문이 너무 어려워요. 좋은 서비스의 정의나 좋은 리더의 정의 등. 좀 쉽게 대답하는 방법이 있을까요? 도와주세요 선생님!

너무 어렵게 생각하지 말고 자신이 받았던 기분 좋은 서비스나 자신이 함께 일했던 멋진 상사가 있었다면 그 실제 경험을 여기에 녹여 내면 될 듯해요. 직원들의 친절함 때문에 단골로 가는 매장이 있다면, '좋은 서비스란 직원들의 친절함이 기본이 되어야 경험할 수 있는 것'이라고 대답하면 되겠죠?

Chapter 04

일 관련 경험

18 이직 희망 이유

Q. Why do you want to change your current job?

면접관의 속마음

굳이 현재의 직업을 그만두고 승무원이 되려는 이유는 무엇인지?

승무원 일에 대한 정확한 이해 없이 화려한 겉모습만 보고 지원하는 것은 아닌지?

쌤들의 면접 팁

- 안정적인 직업을 가지고 있거나 서비스직과 관련이 없는 일을 하고 있는 지원자는 반드시 준비해야 하는 질문이다.
- 현재 직장이 싫은 이유를 물어보는 질문이 아니니 현재 회사에 대한 험담은 피한다.
- 현재 직장에서 배운 것이나 만족스러운 부분 등을 언급한 후, 본인의 발전을 위해서 앞으로 성취하고 싶은 부분이나 지원하는 항공사에서 기대하는 점에 초점을 두어 답변한다.

이런 답변은 피하자

항공사에 대한 환상 또는 이점만 나열한 답변

- I want to switch my job because I can have chances to travel the world for free.
  공짜로 세계 여행을 할 수 있다는 점 때문에 이직하고 싶습니다.
- I've heard there are so many benefits of being a flight attendant.

승무원은 많은 혜택을 누릴 수 있다고 들었습니다.

→ 예쁜 유니폼과 공짜 세계 여행 등 승무원의 멋진 모습에만 이끌려 이직을 희망한다고 답하지 말자.

유용한 표현

이직을 원하는 이유와 관련된 표현

- Now I'm looking forward to furthering my career in the aviation industry.

  * further(build/advace/expand) my career 경력을 쌓다

  항공업계에서 경력을 쌓아 나가고 싶습니다.
- I want to work in a bigger and better-organized company to advance my career in the service industry.
  서비스업계에서 경력을 쌓기 위해 더 크고 잘 조직된 회사에서 일하고 싶습니다.
- Because it is a perfect fit for my experience and abilities.
  승무원직이 저의 경력과 능력에 부합하기 때문입니다.
- I want to work in the company where I could utilize my language skills and service experience.
  저의 언어 실력과 서비스 경험을 적극 활용할 수 있는 회사에서 일하고 싶습니다.
- That is why I decided to switch my job to work in (항공사명).
  그것이 제가 (항공사명)에 일하기 위해 이직을 결심한 이유입니다.

샘플 답변

MP3 06-18

1 넓고 배움의 기회가 많은 곳에서 일하기 위해

My parents always told me that a big fish must swim in deep waters. So I'd like to expand my career in the sky where there are more opportunities to develop myself. I'm really satisfied with what I've learned and experienced in my current job. Eight years in the customer service field have proven to me that I'm suitable for a service job. By building up good relationships with my customers and coworkers, I've been able to gain their trust and a good reputation. And now I'd like to utilize my experience and skills in your company.

부모님은 늘 제게 큰 사람이 되려면 넓은 곳으로 가라고 말씀하셨습니다. 저는 제 자신을 발전시킬 수 있는 많은 기회가 주어지는 하늘에서 제 커리어를 펼치고 싶습니다. 저는 현재의 직장에서 많은 것을 배우고 경험했다는 사실에 진심으로 만족합니다. 8년 동안 서비스 분야에서 일하며 제가 이 분야에 적합한 사람인 것을 알게 되었습니다. 저는 그동안 고객 및 직장 동료들과 좋은 관계를 맺어 왔으며 그들로부터 신뢰와 좋은 평가를 받을 수 있었습니다. 저는 이제 저의 경험과 고객 서비스 기술을 귀사를 위해 사용하고자 합니다.

2 언어 능력을 발휘할 수 있는 국제적인 환경에서 일하기 위해

I like my current job as a kindergarten teacher as it gives me a lot of joy and satisfaction. And teaching children is very worthwhile. However, I feel something is missing. I love meeting various people and experiencing new things. And I want to be exposed to an international environment where I can use my language skills. That's why I can't settle for my present occupation. I'm sure working in a multicultural environment and meeting new people from around the globe can give me more chances to develop myself.

* settle for present(present occupation) 현재(현재 직업)에 안주·만족하다

저는 많은 기쁨과 만족을 느낄 수 있는 유치원 교사로서의 제 일을 좋아합니다. 아이들을 가르치는 것은 무척 보람된 일입니다. 하지만 제가 무엇인가를 놓치고 있다는 생각이 듭니다. 저는 다양한 사람들을

만나고 새로운 경험을 하는 것을 즐기는 사람입니다. 또한 국제적인 환경에서 일하며 제가 가진 언어 능력을 발휘하고 싶습니다. 이것이 제가 현재의 직업에 안주할 수 없는 이유입니다. 다국적 환경에서 세계 각국의 사람들과 일하는 것은 제 자신을 더 발전시킬 수 있는 기회가 될 것이라 생각합니다.

3 적성에 더 잘 맞는 일을 하기 위해

Currently, I'm working as an English teacher at an institute. I enjoy working with children and love to see them learn and grow. However, my three years experience in the service industry has taught me that my aptitude and personality are fit for the service field as I'm energized when meeting and interacting with new people. I believe SKY Airlines is the perfect place for me, considering my experience and abilities.

저는 현재 학원에서 영어 강사로 일하고 있습니다. 저는 아이들을 가르치며 아이들이 배우고 성장해 나가는 것을 지켜보는 것을 좋아합니다. 그러나 3년간의 서비스 분야에서의 경험을 통해 서비스직이 저의 성격과 적성에 가장 잘 맞는다는 사실을 깨닫게 되었습니다. 저는 새로운 사람들을 만나고 교류하며 에너지를 얻는 사람이기 때문입니다. SKY 항공은 저의 경험과 능력을 잘 살릴 수 있는 최상의 직장이라고 생각합니다.

4 활동적이고 흥미로운 일을 하기 위해

That's because I'm eager to get a job that is more active and exciting. Currently, I'm working as a secretary. I'm quite satisfied with it as my colleagues are very nice but I want to interact face to face with more people than working behind a desk. I'm a people person and motivated by learning from others. Moreover, I find it more suitable to work in SKY Airlines as it promises a greater opportunity to express my passion and personality on the job.

제가 승무원직에 지원한 이유는 좀 더 활동적이고 흥미로운 일을 하고 싶기 때문입니다. 현재 저는 비서로서 일하고 있습니다. 좋은 동료들 덕에 현재의 일을 만족스럽게 하고 있지만 사무직보다는 다양한 사람들을 직접 만나고 그들과 교류할 수 있는 일을 하고 싶습니다. 저는 사람을 좋아하고 사람들을 통해 배우며 동기 부여를 받는 성격입니다. 저의 이러한 열정과 성격을 활용할 수 있도록 더 많은 기회를 주는 SKY 항공이 저에게 적합한 직장이라고 생각합니다.

19 일하면서 힘들었던 점 및 극복 방법

Q. What was(is) the most difficult thing to handle at work?

면접관의 속마음

일하면서 어떤 점을 힘들어하는지, 또한 그 어려움을 극복할 수 있는 능력이 있는지?

쌤들의 면접 팁

- 일하면서 다양한 문제가 생기거나 어려움을 겪는 것은 당연한 일이다. 그러한 상황에 대한 극복 방안이나 대처 방안에 관한 꼬리 질문을 받을 확률이 높으므로 미리 정리해 두자.

유용한 표현

다양한 근무 형태와 관련된 표현

- Regular(irregular) schedule
  규칙적(불규칙적) 스케줄
- Work in shifts
  교대 근무를 하다

- Rotating shift
  순환 교대 근무
- Day(night) shift
  주간(야간) 근무
- Two(three) shifts
  2(3)교대

샘플 답변

MP3 06-19

1 불규칙한 스케줄

For the first couple of months after starting to work as a nurse, I had difficulty in adjusting to rotating shifts. It wasn't easy to manage my sleep and have a work-life balance. To be honest, I can't say I was happy to work on big holidays such as Christmas or other special days such as my birthday or important family occasions. But as my father used to say, "If life gives you lemons, make lemonade!" Instead of complaining, I decided to adapt to the situation and focus on the bright side. So despite my irregular work schedules, I started to enjoy taking weekdays off and going on a vacation during off-peak times. I found my own ways to stay fit too, for example working out, eating healthy and getting sound sleep. Now I'm sure that I'm fully ready to deliver good service in a good condition at all times.

간호사로 일을 시작하고 처음 몇 달간은 교대 근무에 적응하는 것이 힘들었습니다. 잠을 조절하고 일과 생활의 균형을 맞추는 일이 쉽지 않았습니다. 솔직히 크리스마스나 제 생일 혹은 가족 기념일같이 특별한 날에 일해야 하는 것이 즐거운 일은 아니었습니다. 하지만 아버지가 항상 말씀하신 "피할 수 없다면 즐겨라."라는 격언처럼, 불평 대신 주어진 상황 안에서 긍정적인 면에 집중하기로 결심했습니다. 그래서 저는 불규칙한 업무 스케줄에 대해 불평하는 대신 평일에 휴식을 취하고 비성수기에 휴가를 가는 것을 즐기기 시작했습니다. 또한 운동과 건강한 식생활, 그리고 숙면을 통해 건강을 유지하는 저만의 방법을 찾았습니다. 현재 저는 언제라도 최상의 컨디션에서 양질의 서비스를 제공할 준비가 되어 있습니다.

2 멀티태스킹

When I first started to work as a general staff member in a branch of an insurance company, multitasking was one of the challenges I faced. I served as a receptionist and a team secretary for a group of twenty people. So I had to multitask on several assignments including handling customer requests, and answering phone calls and e-mails at the same time. And I also had to deal with last-minute requests and paperwork on a daily basis according to a strict deadline. It was particularly challenging to juggle these different tasks and frequently shift my attention from one task to another while interacting with others as well. But thanks to that, I've learned how to identify the most critical and pressing demands first, how to prioritize tasks accordingly, and how to handle numerous ones at a time.

* juggle tasks 동시에 여러 가지 일을 처리하다

보험 회사의 한 지점에서 사무직원으로 일을 시작했을 때, 많은 업무를 동시에 처리해야 하는 것이 힘든 점들 중 하나였습니다. 저는 지점에서 창구 직원 및 20명으로 구성된 팀을 위한 비서로서 일했습니다. 따라서 고객 응대, 전화와 이메일 응답을 포함한 여러 업무를 동시에 해내야 했습니다. 또한 긴급한 요청을 처리하고, 매일 보험 관련 문서를 정해진 시간 내에 마감하는 것도 저의 업무였습니다. 다른 성격의 업무들을 동시에 처리하는 것과 사람들과 이야기 중에 자주 다른 일에 주의를 기울여야 하는 점이 특히 어려웠습니다. 하지만 덕분에 저는 가장 급하고 중요한 일을 파악하고 우선순위를 정하는 능력과 동시에 다양한 일들을 처리하는 요령을 배웠습니다.

3 신입 사원 교육 프로그램의 부재

When I worked as a nurse, there was no employee manual or initial training for new joiners. And the senior nurse who was supposed to instruct me was too busy. The only way I could learn was to watch what she did and how she did it. So I decided to find a way to be a professional nurse as soon as possible despite the setup at work. For the first six months, I was the first to arrive at work and the last to leave. I memorized the names and locations of all the medication and checked the patient charts every day. In addition, I made a daily to-do list and had it checked by the senior nurse. And whenever I made a mistake, I made a note of it and made sure to avoid it the next time. Thanks to that, I got used to my new job faster than others.

* despite the setup 이러한 환경에도 불구하고
* get used to my new job 새로운 일에 적응하다

제가 간호사로 일할 당시에는, 신입 간호사들을 위한 매뉴얼이나 교육이 따로 없었습니다. 또한 제게 업무를 가르쳐 주기 위해 배정된 선배 간호사는 너무 바빠서 저를 지도해 줄 여유가 없었습니다. 제가 업무를 배울 수 있는 유일한 방법은 선배 간호사가 무엇을 어떻게 하는지 지켜보는 것뿐이었습니다. 그래서 저는 이러한 업무 환경에도 불구하고 최대한 빨리 간호 업무를 익히는 방법을 찾기로 결심했습니다. 이후 6개월 동안 저는 가장 먼저 출근하고 가장 늦게 퇴근하는 간호사가 되었습니다. 그동안 모든 약의 이름과 약이 있는 위치를 외웠으며, 환자들의 기록 차트를 매일 확인했습니다. 또한 매일 해야 할 일들을 적은 체크 리스트를 만들어 선배 간호사에게 매일 확인을 받았습니다. 그리고 실수를 할 때마다 기록하고 같은 실수를 반복하지 않도록 주의를 기울였습니다. 덕분에 저는 다른 사람들보다 제 일에 빨리 적응할 수 있었습니다.

4 언어 장벽

What gave me a hard time when working as a waitress in Australia was the language barrier. At that time, I couldn't speak English fluently, so I was not able to respond to customers' orders in a timely manner. I felt sorry for them as well as my colleagues. So, I tried hard to improve my language skills. I studied English for a few hours every day and practiced making small talk so that I could improve my English in a short time. Thanks to my effort, I gained confidence to work in a multinational work environment.

호주의 식당에서 일할 당시 가장 힘들었던 점은 언어 장벽이었습니다. 그 당시에는 부족한 영어 실력 때문에 고객 응대를 신속하게 할 수가 없었습니다. 그로 인해 고객들뿐만 아니라 제 동료들에게도 미안함을 느꼈습니다. 그래서 저는 영어를 잘하기 위해 열심히 노력했습니다. 매일 몇 시간씩 영어를 공부하고 영어로 편하게 이야기를 나눌 수 있도록 대화하는 법을 연습했으며, 그 결과 단시간에 영어 실력을 키울 수 있었습니다. 이러한 노력 덕분에 저는 다국적 환경에서 일하는 것에 대한 자신감을 얻었습니다.

5 적성에 맞지 않는 일

The most difficult thing about working as an MD(= Merchandiser) in a fashion company is that I have to spend most of my time at work behind a computer instead of interacting face to face with people. I'm an energetic and vibrant person who loves interacting with people, so working on a computer by myself for long is a bit tough for me. Even though I sometimes feel great when I get good results or positive feedback from my manager, I still feel something is missing. That's why I'm here.

패션 회사의 MD로서 제가 가장 견디기 어려운 일은 사람들과 직접 교류하는 대신 업무 중 대부분의 시간을 컴퓨터 앞에서 보내야 하는 것입니다. 저는 사람들과 함께 교류하며 이야기하는 것을 좋아하는, 에너지가 넘치고 활기찬 사람입니다. 따라서 긴 시간 동안 혼자 컴퓨터로 작업하는 것이 제게는 힘든 일입니다. 비록 제가 일을 잘 해냈을 때 또는 제가 한 일에 대해 상사로부터 칭찬을 받을 때는 기분이 좋지만 여전히 무엇인가 부족하다는 기분이 듭니다. 이것이 지금 제가 여기에 있는 이유입니다.

6 육체적으로 힘든 업무 환경

I used to work in front of hot woks at a Chinese restaurant in Sydney, frying food without an air conditioner. To make matters worse, the restaurant door was always kept open letting the summer heat on the outside inside. I had to endure this for eight hours a day, which was truly exhausting. However, my favorite saying is, "Enjoy it if you can't avoid it." It encouraged me to change my mindset in an unavoidable situation. So, to beat the heat, I ate ice cream or drank cold beverages with my coworkers during breaks while we cracked some funny jokes about working in a melting pot. Sometimes we would even grab a few cold beers after work. Thanks to my efforts to change my mindset, I was able to enjoy my work more and turn one of the most challenging moments into the memorable one.

* crack funny jokes 재미있는 농담을 나누다

호주에 있는 중국 식당에서 일할 때, 저는 에어컨도 없는 주방에서 음식을 볶으며 뜨거운 프라이팬 앞에서 일했습니다. 설상가상으로 항상 열려 있는 가게 문을 통해 뜨거운 여름의 열기가 안으로 들어오고는 했습니다. 매일 8시간 동안 이러한 환경에서 일하는 것은 정말 힘든 일이었습니다. 하지만, 저는 "피할 수 없다면 즐겨라."라는 격언을 가장 좋아합니다. 이 격언은 제가 피할 수 없는 상황에서 제 마음가짐을 바꾸는 데 도움이 되었습니다. 그래서 더위를 이기기 위해 휴식 시간에 동료들과 아이스크림을 먹

거나 차가운 음료수를 마시면서 용광로처럼 뜨거운 주방에 대한 농담을 주고받았고 가끔은 퇴근 후에 동료들과 차가운 맥주를 즐겼습니다. 마음가짐을 바꾸려는 노력 덕분에 저는 제 일을 더 즐길 수 있었고 가장 힘들었던 순간을 가장 기억에 남는 순간으로 바꿀 수 있었습니다.

20 직장에서 실수한 경험

Q. **Have you made some mistakes at work?**

면접관의 속마음

실수를 통해서 무엇을 배웠는지, 그리고 얼마만큼 더 성장했는지?

쌤들의 면접 팁

- 실수한 경험에 대해 솔직히 말하는 것이 면접관에게 좋은 인상을 준다. 그 실수에 어떻게 대처했는지, 그리고 그것을 통해 무엇을 배웠는지에 초점을 두어 답변을 구성한다.
- 일 경험이 많지 않다면 학창 시절에 했던 다양한 팀 프로젝트나 자원봉사 등의 팀 활동을 예로 든다.

이런 답변은 피하자

실수만 나열한 답변

- When I was making the report, I made a mistake on the figures which were very important.

  보고서 작성 시 중요한 숫자를 잘못 표기했습니다.

  → 실수 + 배운 점으로 답변하거나 실수 + 개선을 위한 노력으로 답변한다.

When I was making the report, I made a mistake on the figures which were very important. Since then, I became more meticulous and never forgot to double-check all my reports.

보고서 작성 시 중요한 숫자를 잘못 표기한 적이 있습니다. 그 후 보고서의 중요한 데이터는 충분한 시간을 들여 여러 번 검토합니다.

답변 구성

- 실수한 내용 + 대처 방법 + 배운 점

유용한 표현

실수와 관련된 격언

- People learn from mistakes.
  사람은 실수로부터 배운다.
- Failure is the key to success; each mistake teaches us something.
  실수는 성공의 열쇠이다. 모든 실수는 우리에게 교훈을 준다.
- Honesty is the fastest way to prevent a mistake from turning into a failure.
  정직은 실수를 실패로 만드는 것을 방지하기 위한 가장 빠른 방법이다.
- Anyone who has never made a mistake has never tried anything new.
  한 번도 실수한 적이 없는 사람은 한 번도 새로운 것을 시도해 보지 않은 사람이다.

샘플 답변

MP3 06-20

1 마감 시한을 놓침

When I worked as a travel journalist, I missed a deadline once. I had just got a promotion to the position of manager of a team and wasn't yet good at delegating tasks to team members, so I ended up missing a deadline. At that time, I found out that assigning tasks to each of them based on their strengths is essential for success. I made a mistake due to a lack of experience but I learned valuable lessons including the importance of time management and delegation.

여행 기자로 일했을 때, 마감 기한을 넘긴 적이 있습니다. 팀의 매니저로 승진한 지 얼마 안 된 시점이어서 일을 팀원들에게 분배하는 것에 서툴렀던 것이 원인이었습니다. 그 당시, 저는 각 팀원들이 가진 강점을 바탕으로 일을 위임하는 것이 리더로서 팀을 성공으로 이끄는 데 필수적이라는 사실을 알게 되었습니다. 경험 부족으로 실수를 했지만 그로 인해 시간 관리 및 업무 위임의 중요성 등을 깨닫게 되었습니다.

2 시간 관리 미숙

At my previous internship, I underestimated the amount of time needed to work on a presentation for an important meeting. We did a lot of research and consulted many books. My main task was organizing various resources and creating a PowerPoint presentation. It took much more time than expected so I rushed in the end and barely managed to finish on time. During a rehearsal, one of the team members picked up a few serious errors in the presentation and luckily I managed to correct them in time before the meeting. Even though I was able to avoid serious mistakes, I still felt sorry for almost letting my team down. One thing I have learned from the mistake is the importance of time management. And I've since paid more attention to setting priorities and mapping out my schedule.

* set priorities 우선순위를 정하다
* map out 세심히 계획하다

저는 인턴십 당시 중요한 회의를 위한 자료 준비 시간을 잘못 계산한 적이 있습니다. 저희 팀은 많은 정보를 수집했고 많은 책을 참고했습니다. 제가 맡은 주요 업무는 자료를 정리해서 발표를 위한 파워포인트 자료를 만드는 것이었습니다. 그런데 작업이 예상보다 훨씬 오래 걸려 제 시간에 작업을 끝내지 못할 뻔했습니다. 발표 전에는 예행 연습 동안 팀원 중 1명이 발표 자료에서 몇 가지 중요한 오류를 발견한 덕분에 운 좋게 회의 전에 그 오류들을 수정할 수 있었습니다. 비록 큰 실수로 이어지지는 않았지만, 팀원들을 실망시킬 뻔한 것에 대해 미안함을 느꼈습니다. 그 실수를 통해 배운 것은 시간 관리의 중요성입니다. 시간 관리의 중요성을 깨닫게 되었고 이후 업무 우선순위 선정과 스케줄 계획에 더 신중을 기하고 있습니다.

3 음료 제조 시 중요한 재료를 빠뜨림

When I worked at a cafe, a new seasonal beverage was launched. Since it was a new item on the menu, I wasn't familiar with its recipe. So, when a customer ordered it, I accidentally forgot to add some core ingredients. As soon as I'd realized that, I informed her, apologized and made the drink again. If I hadn't told her about my mistake, she probably wouldn't have noticed. However, I always think honesty is the fastest way to prevent a mistake from turning into a failure. That's why I told her the truth. I also learned the recipe by heart after the incident to not make the same mistake again.

* learn something by heart 암기하다

제가 카페에서 일할 당시, 계절 메뉴가 새로이 출시되었습니다. 새로운 메뉴였기 때문에 저는 그 음료를 만드는 것이 익숙하지 않았습니다. 그래서 한 고객이 그 음료를 주문했을 때 저는 실수로 몇 가지 중요한 재료를 빠뜨리고 넣지 않았습니다. 그 사실을 깨닫자마자 저는 그 고객에게 가서 사과하고 다시 음료를 만들어 드렸습니다. 제가 그 사실을 알려드리지 않았다면 고객은 제가 실수했다는 사실을 알아차리지 못했을 것입니다. 하지만, 저는 정직은 실수를 실패로 만드는 것을 방지하기 위한 가장 빠른 방법이라고 항상 생각해 왔습니다. 그래서 저는 그 손님에게 사실을 이야기했습니다. 또한 그 후 같은 실수를 반복하지 않기 위해 그 음료의 레시피를 숙지했습니다.

4 부정확한 보고서를 작성함

Unfortunately, yes. When I worked as a secretary at a previous company, I prepared a presentation for my boss. Being pressed for time, I couldn't thoroughly go through the data. I ended up using wrong figures and that made my boss look really bad in front of a big client. It was nobody's fault but mine. It was the biggest mistake I'd ever made. But I'm a person who learns and grows from my mistakes. I thought really hard about what I could've controlled and what I would've changed. It turned out that I was not that organized. As a result, I became more meticulous and never forgot to double-check all my reports.

* be pressed for time 시간에 쫓기다

유감스럽게도 실수한 경험이 있습니다. 이전 회사에서 비서로 일할 때, 상사를 위해 발표 자료를 준비한 적이 있습니다. 그런데 당시 시간에 쫓겨 자료의 데이터를 충분히 검토하지 못했습니다. 저는 결국 자료의 숫자를 몇 군데 잘못 입력했고 이로 인해 제 상사는 중요한 고객을 상대로 한 발표를 망치게 되었습니다. 이는 전적으로 제 잘못이었고, 제가 지금까지 한 실수 중 가장 큰 실수였습니다. 하지만 저는 실수를 통해 배우고 성장하는 사람입니다. 저는 제가 무엇을 더 잘할 수 있었고 상황을 어떻게 바꿀 수 있었는지를 정말 열심히 생각했습니다. 그리고 제가 체계적으로 일하지 않았다는 사실을 깨달았습니다. 그 일 이후로, 저는 더 꼼꼼히 일을 처리하고 보고서를 작성할 때 두 번씩 확인했습니다.

5 고객에게 잘못된 정보를 제공함

When I started to work at a call center of an insurance company, I was afraid to ask questions to my supervisor and coworkers. I didn't want to disturb them and was worried that I might look incompetent. One day, a customer called me and asked about a new insurance product. I wasn't sure how to answer her question, but I didn't ask for help because everyone around me seemed too busy. Unfortunately, I gave her incorrect information, and she filed a serious complaint. This experience made me realize that it's far better to ask for clarification to solve an issue right away than to be unsure. And as a result, I always encourage newcomers to do the same, citing my own case as a good example.

보험 회사의 콜센터에서 근무할 당시, 저는 제 상사나 동료들에게 질문하는 것을 꺼려했습니다. 그들의 업무를 방해하고 싶지 않았고 자칫 무능해 보일까 봐 걱정이 되었기 때문입니다. 어느 날, 한 고객이 전화로 새 보험 상품에 대해 문의했습니다. 저는 그녀의 질문에 어떻게 답변해야 할지 확신이 없었으나 제 주변의 동료들이 모두 저를 도와주기에는 너무 바빠 보여 도움을 청하지 않았습니다. 결국 저는 그 고객에게 잘못된 정보를 주었고 이는 해당 고객의 심각한 불만 접수로 이어지게 되었습니다. 이 경험을 통해 저는 확신이 들지 않을 때는 질문을 해서 즉시 문제를 해결하는 것이 더 나은 방법이라는 것을 배웠습니다. 그리고 이 결과로, 저는 신입 사원들에게 항상 제가 한 실수를 예로 들며 확신이 없을 때는 질문을 통해 확실히 그 문제 혹은 의문점을 파악하라는 조언을 하고 있습니다.

6 고객의 식사 주문을 누락함

When I first worked at a restaurant as a server, there wasn't enough waiting staff. We were especially short-handed on weekends. One day, I took an order from a couple but I forgot to pass it to the kitchen in my hurry. When one of the customers asked about their food, I just said, "It's coming, sir." Thirty minutes later when the couple complained about the long wait, I realized something went wrong. I apologized sincerely and asked the chef to give priority to their order. In the meantime, I gave them extra bread rolls and soup to ease their hunger, and I offered them a complementary dessert with my manager's permission.

* waiting staff 홀서빙 직원
* in my hurry 바쁜 나머지
* ease one's hunger 배고픔을 달래다

제가 레스토랑에서 처음 일을 시작했을 때는, 홀에서 서빙하는 직원이 부족했습니다. 특히 주말에는 일손이 더 부족했습니다. 어느 날 바쁜 나머지 한 커플로부터 받은 주문을 주방에 전달하는 것을 잊어버렸습니다. 고객이 음식이 언제 나오냐고 물었을 때, 저는 확인 없이 "금방 나올 겁니다, 손님."이라고 답을 했습니다. 30분 후 그 고객이 음식이 너무 늦게 나온다며 불만을 제기했을 때야 비로소 주문이 누락되었음을 알게 되었습니다. 저는 진심으로 사과를 드리고 주방에 부탁을 해서 가장 우선순위로 그 커플의 음식을 만들어 달라고 요청했습니다. 또한 음식이 준비되는 동안, 배고픔을 달랠 수 있는 빵과 수프를 먼저 드리고 매니저의 허락 하에 디저트를 서비스로 제공했습니다.

21 팀워크 관련 경험

Q. Have you ever worked on a team?
Do you have teamwork experience?

면접관의 속마음
매 비행마다 다국적 팀과 좋은 관계를 유지하며 좋은 성과를 낼 수 있을지?

쌤들의 면접 팁

- 간략하게 팀워크 경험을 언급하고 그중 본인이 팀플레이어로서 중요한 역할을 했던 에피소드와 함께 팀 경험을 통해 배운 점이나 중요하다고 생각하는 점을 답변한다.
- 대학 재학생이나 막 대학을 졸업해서 직장 경험이 많지 않은 지원자의 경우, 학교 때의 동아리 활동이나 팀 경험, 봉사 활동 등의 경험을 바탕으로 답변을 구성한다.

답변 골라잡기

- I continued to grow as a team member in the school club and through my (수업명) class where I had numerous team assignments.
  저는 동아리 활동과 많은 팀 프로젝트를 수행한 (수업명) 수업을 통해 팀의 일원으로 성장해 왔습니다.

- I worked as a member of a team at school and companies. The teamwork experience I most enjoyed was when I was a member of (팀명) team.
  저는 학교와 직장에서 팀으로 일했습니다. 제가 가장 즐겁게 일했던 팀워크 경험은 제가 (팀명) 팀에 속해 있을 때였습니다.

- I learned more than I ever expected to when I joined my team.
  팀에 소속되었을 때, 저는 제 기대 이상으로 더 많은 것을 배웠습니다.

- With many years of work experience, I found out that great teamwork is an essential part working on a team.
  수년간의 일 경험을 통해, 저는 팀으로 일할 때 좋은 팀워크가 반드시 필요하다는 것을 알게 되었습니다.

- Working as a team can provide chances to broaden my perspective by sharing one another's ideas that I haven't thought of. Also it provides a chance to have a sense of belonging.

  * a sense of belonging 소속감

  팀으로 일하는 것은 제가 생각하지 못했던 아이디어들을 서로 공유함으로써 제 시야를 넓힐 기회를 제공하며 소속감을 느끼게 합니다.

- My favorite saying is, "A single arrow is easily broken, but not ten in a bundle." I believe in the power of teamwork, so I'm sure I'll be able to build a strong bond with fellow team members when I become part of your company.
  제가 가장 좋아하는 격언은 "하나의 화살은 부러지기 쉽지만, 한 묶음의 화살은 부러뜨리기 어렵다."입니다. 저는 팀워크의 힘을 믿는 사람이며 따라서 제가 귀사의 직원이 되었을 때 동료들과의 끈끈한 유대를 만들 수 있으리라 믿습니다.

샘플 답변

MP3 06-21

1 연극 공연 경험

I've worked as part of a team in school and at work. The experience I got from being a member of a drama club in college is the most memorable. We were about thirty members and tasked with different functions. Mine was assisting the director and promoting our play by selling tickets to students. We planned and practiced after class for several months and helped each other by working as one. These experiences made me confident in both assisting and leading people.

저는 학교와 직장에서 팀으로 일해 왔습니다. 그중 대학 시절 연극 동아리에서 활동한 것이 가장 기억에 남습니다. 그 동아리에는 약 30명의 단원이 있었고 각자의 역할이 있었습니다. 저는 감독을 보조하고 학생들에게 연극 티켓을 판매하는 역할을 맡았습니다. 단원들은 모두 몇 달 동안 수업 후에 연극을 기획하고 연습을 하며 하나가 되어 서로를 도왔습니다. 당시의 경험 덕분에 저는 누군가를 보조하는 역할과 사람들을 이끄는 리더로서의 역할을 수행하는 능력을 함께 기를 수 있었습니다.

2 해외에서 자선 행사를 주최한 경험

I have plenty of teamwork experience. An event that contributed to that was my participation in a fundraising campaign with college friends in the USA. The event aimed at raising awareness of child abuse and helping victims. We shared tasks based on each team member's strengths. For example, some took on technological tasks, some worked on the campaign poster, and others were in charge of planning and promotion and so on. We all worked together and most importantly, we really enjoyed it. The event turned out to be successful and it was the most rewarding experience I've had.

저는 팀으로 일한 경험이 많습니다. 그중 하나는 미국에서 대학 시절 친구들과 자선 행사에 참여한 일입니다. 아동 학대에 대해 알리고 학대당한 아동들을 돕기 위한 행사였습니다. 저희는 각 팀원이 잘하는 일에 따라 업무를 분담했습니다. 예를 들어, 팀원 중 일부는 기술적인 일을 맡고, 일부는 포스터를 제작하고 일부는 기획과 홍보 업무를 맡았습니다. 모두가 함께 일했고 무엇보다 진정으로 즐기며 일했습니다. 행사는 성공리에 끝났으며, 이 일이 제가 가장 보람을 느꼈던 경험입니다.

3 패션쇼 경험

Yes, I have a lot of teamwork experience. I participated in a variety of team projects as I majored in fashion design at university. When we prepared a fashion show, for example, we needed many people like models, makeup artists, hair stylists, backstage staff, and so on to fulfill different roles. We had to communicate to each other very well to pull off a successful show. These shows made me realize that cooperation and communication are very important for success. Also, I found out that great teamwork fosters a positive energy among the members and motivates them to enjoy their work.

네, 저는 팀으로 일한 경험이 많습니다. 대학에서 패션 디자인을 전공했기에 다양한 팀 프로젝트에 참여했습니다. 예를 들어 패션쇼에는 모델이나 메이크업 아티스트, 헤어 디자이너, 공연 스태프 등 각자 다른 역할을 가진 많은 사람들이 필요합니다. 성공적인 쇼를 만들어 내기 위해서는 서로 간에 소통이 무척 중요했습니다. 저는 여러 패션쇼에 참여하며 공연의 성공을 위해서는 협력과 소통이 정말 중요하다는 것을 배웠습니다. 또한, 훌륭한 팀워크는 팀에 긍정적인 에너지를 불러일으키고 일을 즐길 수 있게 해 준다는 사실도 알게 되었습니다.

4 동료들과 학생 연례 발표회를 준비한 경험

Yes, I've had plenty of teamwork experience both in college and at work. Of all the team projects that I've participated in, the one I did last year is the most unforgettable. My employer, a private English institute, always puts on a big annual student show for an audience of more than 200 people including family members. Each student has to present a speech or participate in a musical, play or dance. As all the performances are done in English, at least two months of preparation and practice are needed. Unfortunately, our show organizer was suddenly hospitalized one month before the event so the rest of us had to continue without her for the first time ever. I volunteered to be the director and MC, and the rest of the teachers pulled their weight wherever necessary. Although we were struggling with a heavy workload and a hectic schedule, we overcame those challenges through good teamwork and it resulted in a very successful show. I felt so proud of my team and myself and once again realized the importance of good teamwork.

* pull one's weight 자기 몫을 다하다, 책임(임무)을 다하다

네, 저는 대학과 직장에서 팀으로 일한 경험이 많습니다. 참여한 프로젝트 중에서 작년에 참여한 팀 프로젝트가 특히 기억에 남습니다. 제가 일하고 있는 영어 학원은 1년에 한 번 가족 포함 200명이 넘는 관객 앞에서 공연을 합니다. 모든 학생들은 웅변, 뮤지컬, 연극, 춤 등을 선보입니다. 모든 공연이 영어로 진행되기에 준비와 연습을 위해 최소한 2달은 필요합니다. 그런데 예상치 못하게 행사 총책임자가 행사 1달 전 병원에 입원하게 되어 남은 팀원들이 처음으로 총책임자 없이 행사를 준비해야 했습니다. 저는 감독과 행사의 진행을 자진해서 맡았고, 다른 선생님들도 각자의 위치에서 자신의 몫을 다했습니다. 비록 과중한 업무와 촉박한 준비 시간 때문에 고충이 있었지만 단단한 팀워크로 이를 극복했고 마

침내 공연을 성공적으로 치러 낼 수 있었습니다. 저는 저의 팀과 제 자신에게 자부심을 느꼈고, 팀워크의 중요성을 다시 한번 깨달았습니다.

5 다국적 팀과의 글로벌 프로젝트 경험

Yes, I have. I've taken part in numerous team projects first as a computer programming major and then as a software developer. The most recent one, however, was very special to me because it was global. Although there were some miscommunications and misunderstandings due to different cultural backgrounds and personality traits, we overcame them by putting in extra effort in planning and communication. While working with people from around the globe, I came to understand what it means to work with a group to accomplish a shared goal. I also learned how critical it is to make every team member feel important, included, and motivated to be the best team.

* a major 전공자

네, 있습니다. 저는 컴퓨터 프로그래밍 전공자로서 현재 소프트웨어 개발자로 일하고 있기에 그동안 대학과 직장에서 많은 팀 프로젝트에 참여했습니다. 그중에서 가장 최근에 참여한 글로벌 프로젝트가 특별히 기억에 남습니다. 팀원들의 서로 다른 문화적 배경과 성격차로 인해 의사소통 과정에서 몇몇 문제와 오해가 생기기도 했지만, 계획과 소통에 있어 더 많은 노력을 기울임으로써 그러한 점들을 극복할 수 있었습니다. 세계 여러 나라 사람들과 일하면서, 저는 공동의 목표를 이루기 위해 팀으로 일하는 것이 어떤 것인지를 이해하게 되었습니다. 또한 모든 멤버가 존재감과 소속감, 그리고 동기 부여를 느끼도록 하는 것이 최고의 팀을 만드는 데 얼마나 중요한지도 배우게 되었습니다.

6 카페에서의 팀워크 경험

I've had plenty of teamwork experience in the customer service field and I prefer working in a group rather than working alone. I love to help my coworkers and I enjoy the warm feeling of fellowship in a team. Currently, I'm working at a cafe in Incheon Airport. As it is the busiest place in the airport, a small mistake can mess up all the orders and deliveries. So to avoid that, our team members put in extra effort to pay better attention to each other. We never hesitate to help each other whenever necessary. When I had just started to work there, every team member encouraged me to ask questions anytime and helped me to learn the products and skills needed to do the job. I think that good teamwork is a must to offer a high-quality speedy service.

* the warm feeling of fellowship 따뜻한 동료애

저는 고객 서비스 분야에서 팀으로 일한 경험이 많으며, 혼자 일하는 것보다 팀으로 일하는 것을 선호합니다. 동료들을 도우며 팀의 일부로서 따뜻한 동료애를 느낄 수 있다는 점이 좋습니다. 현재 저는 인천 공항 안에 위치해 있는 카페에서 일하고 있습니다. 공항에서 가장 바쁜 곳이기에 작은 실수 하나가 주문과 배달 순서를 엉망으로 만들 수 있습니다. 그래서 모든 팀원들은 서로에게 더 집중하고 경청하려 많은 노력을 기울이며 필요할 때마다 기꺼이 서로를 도와줍니다. 제가 막 일을 시작했을 때는, 모든 직원들이 일에 필요한 지식과 요령을 알려 주었고 언제든지 모르는 것은 물어보라며 격려해 주었습니다. 저는 좋은 팀워크가 양질의 신속한 서비스를 위해 반드시 필요하다고 생각합니다.

7 호텔에서의 팀워크 경험

I have been working on a team in a hotel for several years. I like the African proverb, "If you want to go fast, go alone; if you want to go far, go together." Working alone can improve efficiency on the job so that the work can be done faster. However, my work experience has showed me that it is important to know how to cooperate, communicate and deal with a diverse group of people. And that can only be learned through teamwork. So even though working with others may slow down workflow, it still enables me to accomplish things that I can't do on my own.

저는 호텔에서 수년 동안 팀으로 일해 왔습니다. 저는 "만약 빨리 가고 싶다면 혼자 가고, 멀리 가고 싶다면 남들과 같이 가라."라는 아프리카 속담을 좋아합니다. 혼자 일하는 것은 일의 효율성 부분에서 유리할 수 있으며 작업을 더 빨리 끝낼 수도 있습니다. 하지만 팀으로 일하며 저는 협동하는 법, 소통 능력 및 다양한 그룹의 사람들을 다루는 법 등을 배우는 것이 중요하다는 것을 알게 되었습니다. 공동 작업은 작업 속도를 느리게 만들 수는 있지만, 제가 혼자서는 해낼 수 없는 일들을 이루게 해 줍니다.

8 해외 레스토랑에서의 팀워크 경험

I've worked as part of a team in many places. The most memorable experience was when I worked at a Japanese start-up restaurant in Australia. As a new employee of a new restaurant, I was asked to start two weeks before its opening. We used this time to share ideas and work out the procedures for taking orders from customers, giving them to the kitchen, and setting up tables. In our free time, we became multiplayers by learning each other's duties to ensure faster and more efficient service. For example, when the kitchen staff were busy, the waiting staff immediately helped with the cooking and vice versa. Thanks to our great teamwork, we managed to deliver quality service on the opening day and consequently got good reviews.

* work out 결정하다

저는 다양한 직장에서 팀으로 일한 경험이 있습니다. 그중에서 호주의 새로 오픈한 일본 식당에서 일한 경험이 가장 기억에 남습니다. 새로운 식당의 직원으로서 저는 오픈 2주 전부터 일을 시작해야 했습니다. 식당 사람들은 오픈 전 2주 동안 아이디어를 모으고 주문받기, 주문을 주방으로 전달하기, 테이블 세팅하기 등 서비스 순서 및 방법을 결정했습니다. 또한 더 신속하고 효율적인 서비스를 위해 모든 직원들은 쉬는 시간에 서로의 업무를 배웠고 그 덕분에 모든 팀원이 멀티플레이어로 일할 수 있었습니다. 예를 들어, 주방이 바쁜 경우 홀 직원이 바로 주방 일을 돕고, 홀이 바쁜 경우 주방에서 일하는 직원이 홀 서빙을 돕고는 했습니다. 좋은 팀워크 덕분에 저희는 개업 날부터 만족스러운 서비스를 제공하며 고객들로부터 좋은 평가를 받을 수 있었습니다.

9 다국적 팀과의 팀워크 경험

I have lots of experience working on a team. Previously I worked with a group of six at a trading company for two years. And now I work for UNICEF's Korea Committee as part of a huge team of colleagues with different backgrounds and perspectives. Therefore, I always try to appreciate and respect diversity. Sometimes it's a bit hard to work out our differences but we always manage to reach an agreement and achieve a good result by communicating with one another. Working in a team also gives me a sense of belonging and fellowship.

* a sense of belonging and fellowship 소속감과 동료애

저는 팀으로 일한 경험이 많습니다. 예전에 2년 동안 6명의 직원들과 무역 회사에서 함께 일했으며 지금은 UNICEF 한국 지부에서 다양한 배경과 관점을 가지고 있는 많은 직원들과 함께 팀으로 일하고 있습니다. 따라서 다양성을 이해하고 존중하려 항상 노력합니다. 가끔 차이를 좁히는 것이 어려울 때도 있지만 결국 서로 소통하며 합의를 이끌어 내고 좋은 결과를 만들어 냅니다. 또한 함께 일하는 것은 소속감과 동료애를 느끼게 해 줍니다.

22 창의적인 아이디어 제안 경험

Q. Have you ever suggested(come up with) creative ideas at work?

면접관의 속마음

진취적이고 적극적으로 일할 수 있는 사람인지?

자신이 하는 일에 애정과 열정이 있는 사람인지?

쌤들의 면접 팁

- 진취적이고 자신이 하는 일에 애정이 있는 직원이 회사를 위한 아이디어를 제안하기 마련이다. 업무의 효율성 또는 고객 만족을 높이기 위해 제안한 아이디어를 중심으로 답변을 구성한다.

샘플 답변

MP3 06-22

1 중요 정보 및 피드백을 적을 수 있는 일지 작성 제안

Yes, I have. I previously worked as a marketing assistant for a company that promoted the summer night markets that are held annually around Seoul. Before and during the event, we got some constructive feedback from visitors and participating companies but no one ever recorded them for further investigation. My suggestion was to start a logbook to help ensure the implementation of changes the next year and to make it easier to follow up on what worked and what didn't. As a result, the logbook made the events better because team members could share the things to be improved and to be followed up on.

네 있습니다. 저는 매년 서울에서 열리는 여름 야시장 행사의 홍보를 담당하는 회사에서 마케팅 부서 직원으로 일한 적이 있습니다. 행사를 준비하고 진행하는 동안 행사에 참여하는 회사들과 고객들로부터 건설적인 충고와 제안을 받았지만 개선을 위해 그러한 피드백을 기록하는 사람이 아무도 없었습니다. 저는 다음 해 행사를 위해 이러한 점들을 개선하고 행사에서 잘된 점과 그렇지 않은 점을 검토할 수 있는 일지를 만들자고 제안했습니다. 덕분에, 팀원들이 개선점과 처리해야 할 사항들을 공유할 수 있었고 다음 해에 더 나은 행사를 만들 수 있었습니다.

2 문화 교류 이벤트 제안

During my university days, I actively participated as the leader in a club called 'Buddy' which helps international students from all over the world to adjust to college life in Korea. While planning cultural exchange programs, I suggested some creative ideas. One of them was a monthly international movie night. For example, if it's an Irish movie night, then an Irish student selects one or two movies that are representative of Irish culture and history. After watching them, the Irish student gives a short lecture and then club members have an open discussion. The events always got positive feedback as they promoted a good understanding of foreign cultures.

대학교 시절, 저는 세계 각지에서 온 학생들이 한국 대학 생활에 잘 적응하도록 도와주는 '버디'라는 동아리에서 활동했습니다. 문화 교류 행사를 계획할 때 저는 몇 가지 창의적인 아이디어를 제안했습니다. 그 아이디어들 중 하나가 매달 열렸던 '세계 영화의 밤'입니다. 예를 들어 '아일랜드 영화의 밤'이라면, 아일랜드에서 온 학생이 그들의 문화나 역사를 잘 보여 주는 1~2개의 영화를 고릅니다. 영화를 함께 본 후에는, 아일랜드에서 온 학생이 짧은 강연을 하고 사람들이 그것에 대해 자유롭게 이야기를 나누는 행사였습니다. 이 행사는 외국 문화를 이해하는 데 많은 도움이 되었기에 좋은 반응을 얻었습니다.

3 화장실 체크 리스트 사용 제안

When I worked as a part-time server at a restaurant, our team was supposed to check and clean the restroom every hour. We took turns but often forgot to check it until we got a complaint about it being dirty. So in a meeting, I suggested making a restroom cleaning checklist and putting it on the wall of the restroom to serve as a reminder of our restroom duties. As a result, team members paid closer attention to the restroom and that kept it clean all the time.

* pay closer attention to 더 많은 주의를 기울이다

식당에서 아르바이트를 할 당시 직원들은 매 시간마다 화장실을 확인하고 청소해야 했습니다. 직원들이 돌아가면서 청소를 했지만, 종종 청소하는 것을 놓쳐 화장실이 더럽다는 불만이 접수되고는 했습니다. 그래서 저는 회의에서 화장실 확인 및 청소를 잊지 않기 위해 화장실 청소 확인표를 만들어 화장실 벽에 붙여 놓자고 제안했습니다. 이에 사람들이 해당 업무에 좀 더 주의를 기울이게 되었고, 그 결과 화장실을 깨끗하게 유지할 수 있었습니다.

4 통닭을 먹기 어려워하는 외국인을 위해 일회용 장갑 사용 제안

I came up with a great idea during my employment at a Korean start-up restaurant in Manila. Since Filipinos have a different food culture from Koreans, it wasn't easy to grasp their needs accurately. So I tried to identify how the restaurant's service could be more appealing to local customers and I realized that many seemed uncomfortable eating Korean fried chicken with a fork and a knife. I then came up with an idea to provide customers with disposable plastic gloves because it's easier to eat it by hand like most Koreans do. The manager accepted this idea, put it to the test and increased customer satisfaction. Since then, the other branches have also started to serve plastic gloves along with their fried chicken.

* put it to the test 시험해 보다

마닐라에서 새로 오픈한 한국 식당에서 일할 당시 좋은 아이디어를 제안한 적이 있습니다. 필리핀은 한국과 다른 음식 문화를 가지고 있기에, 현지인들의 니즈를 정확하게 파악하는 것이 쉽지는 않았습니다. 그래서 저는 필리핀 사람들이 좋아할 만한 서비스를 찾기 위해 노력했고 많은 현지 손님들이 나이프와 포크를 이용해서 한국식 치킨을 먹는 것을 불편해한다는 것을 알게 되었습니다. 그래서 일회용 장갑을 제공하면 어떨까 하는 아이디어를 떠올렸습니다. 왜냐하면 대부분의 한국 사람들처럼 손을 이용해서 치킨을 먹는 것이 더 편하기 때문입니다. 이에 매니저가 동의하여 시범적으로 일회용 장갑을 제공했고, 손님들로부터 좋은 반응을 얻었습니다. 그러자 다른 지점들도 일회용 장갑을 치킨과 같이 제공하기 시작했습니다.

5 쇼핑 가이드북 제작 제안

I'm currently working as a receptionist at a big commercial building housing many restaurants and shops. Whenever foreign customers ask me for directions or other information, I always do my best to give them correct information. However, I realized that sometimes they don't fully understand either because of a language barrier or cultural difference. So I suggested publishing a guide book in different languages on the shops in the building and their products. I also suggested inserting pictures in the book for a better understanding. As a result, the building now publishes a monthly shopping guide. Customers are very happy with this and that is hugely rewarding for me.

저는 현재 많은 식당과 매장들이 입점해 있는 규모가 큰 빌딩의 안내 데스크에서 일하고 있습니다. 외국인 고객들이 매장 위치나 정보를 물어볼 때마다 저는 정확한 정보를 제공하기 위해 최선을 다합니다. 그러나 때로는 언어 장벽 또는 문화 차이 때문에 외국인 고객들이 제 설명을 완전히 이해하지 못한다는 것을 알게 되었습니다. 그래서 저는 저희 빌딩에 있는 매장과 상품들을 다양한 언어로 안내하는 쇼핑 가이드북을 만들자는 아이디어를 제안했습니다. 또한 이해를 돕기 위해 사진을 함께 싣자는 의견도 냈습니다. 그 결과, 매달 쇼핑 가이드북을 발간하게 되었습니다. 고객들이 쇼핑 가이드북을 보고 만족스러워하는 것을 보며 저 역시 큰 보람을 느낍니다.

6 커플 티셔츠 판매 제안

When I worked as a salesperson in a clothing shop, I suggested a way to increase sales to the owner. The shop mainly sold clothes and accessories for ladies. After dealing with many customers, I found that many of them wanted to buy matching items for their boyfriends especially for summer vacations and honeymoons. So after buying something in our shop, they would usually move on to men's clothing shops to find the same and a similar design. That's why I came up with the idea of selling T-shirts and accessories for couples. In the end, sales increased by 30% and the shop became popular among customers who wanted to buy matching T-shirts or hats. My boss really appreciated what I did and gave me a big bonus.

옷 가게 직원으로 일하면서 사장님에게 매장의 매출을 올리기 위한 방안을 제시한 적이 있습니다. 제가 일했던 곳은 주로 여성 의류나 액세서리를 취급하는 매장이었는데, 많은 고객들을 응대하다 보니 많은 여성 손님들이 특히 여름휴가 및 신혼여행을 위해 남자 친구 또는 남편과 함께 입을 커플 아이템을 구입하고 싶어 한다는 사실을 알게 되었습니다. 그래서 저희 매장에서 옷을 구입한 후 그와 비슷하거나 같은 디자인의 옷을 구입하기 위해 남성복 매장으로 향하고는 했습니다. 그래서 저는 손님들의 번거로움을 덜어 드리고 저희 매장의 매출도 높이기 위해서 커플 티셔츠와 액세서리를 팔자는 아이디어를 냈습니다. 그 결과 매출은 30%나 올랐으며, 저희 매장은 커플룩을 위한 티셔츠나 모자를 구입하려는 손님들에게 유명해졌습니다. 제 아이디어로 인한 매출 상승에 사장님은 무척 고마워했으며, 저는 사장님으로부터 고마움의 표시로 큰 금액의 보너스를 받았습니다.

23 직장에서의 가장 큰 성취

Q. What was your greatest achievement at work?

면접관의 속마음

자신의 일에 열정적이고 진취적인 사람인지?

쌤들의 면접 팁

- 한국 사회에는 겸손이 미덕이라고 여기고 자신의 뛰어난 업무 성과를 자랑하는 것을 부끄러워하는 경향이 있다. 하지만 면접에서는 달라야 한다. 면접관들이 지원자가 승무원직에 맞는 최고의 인재라는 생각이 들도록, 자신이 이전 혹은 현재 직장에서 이루어 낸 성과나 결과들을 간결하되 임팩트 있게 면접관에게 전달하자.
- 그 항공사가 선호하는 인재상을 조사한 후, 그 특징에 맞는 자신의 성취 경험을 이야기하는 것도 좋은 방법이다.

유용한 표현

지원자가 이룬 성과와 관련된 표현

- I have made a remarkable achievement in (성과 내용).
  저는 (성과 내용)에서 놀랄 만한 성취를 이루었습니다.

- I think it was a big achievement in my life.
  그것은 제 인생에 있어서 큰 성취라고 생각합니다.
- I won a prize for my achievements in (성과 내용).
  저는 (성과 내용)에서의 뛰어난 성과 덕분에 상을 받게 되었습니다.
- Customer's good feedback on my service gives me a sense of achievement.
  제 서비스에 관한 고객의 칭찬은 저에게 성취감을 줍니다.
- I have several notable accomplishments in my career. Probably the most notable one was (성과 내용).
  저는 직장 생활을 하면서 눈에 띄는 여러 성과를 이루어 냈습니다. 그중 최고의 업적은 (성과 내용)입니다.
- My greatest achievement occurred in my current position.
  저는 현재 하고 있는 일에서 최고의 업무 성과를 이루었습니다.

샘플 답변

MP3 06-23

1 고객으로부터 감사 편지를 받은 일

My greatest achievement was receiving a thank you letter from a guest. When I worked at a hotel restaurant, an old lady visited the place alone. At the time, we were fully booked so we didn't have any seats available. But since she carried a lot of luggage and looked very tired, I wanted to do something for her instead of refusing her. So first of all, I made some space for her luggage and checked the reservation list quickly. Fortunately, I found that one table was reserved for late that night and that meant she could have a seat and order a meal for the time being. I explained the situation to her and she confirmed that an hour would be just enough for her. As a result, she was able to enjoy a meal despite of the full booked restaurant. She really appreciated what I did for her and sent a thank you letter to the hotel a few days later. It made me really happy and was one of my great moments at work.

저의 가장 큰 성취는 고객에게 감사 편지를 받은 것입니다. 제가 호텔 레스토랑에서 일할 때 나이가 지긋한 여성분이 혼자 식당에 오신 적이 있습니다. 당시 레스토랑은 예약이 꽉 찬 상태였으므로, 그 손님에게 안내할 수 있는 테이블이 없었습니다. 그러나 그녀는 많은 짐들을 가지고 있었으며 또한 매우 피곤해 보였기에 저는 그 손님을 그냥 돌려보내고 싶지 않았습니다. 먼저, 그녀가 짐을 놓을 수 있도록 공간을 마련한 뒤에 예약 장부를 재빨리 확인했습니다. 다행히도 한 테이블이 그날 밤 늦은 시간에 예약되어 있었기에 잠시 동안 그 테이블에서 식사를 하는 것이 가능해 보였습니다. 저는 이 상황을 설명드렸고, 손님은 1시간이면 충분히 식사를 마칠 수 있다고 했습니다. 결과적으로, 그 손님은 예약이 꽉 차 있었음에도 불구하고 편안하게 식사를 마쳤습니다. 그녀는 저의 서비스에 매우 고마워했고 며칠 후, 호텔로 감사 편지를 보냈습니다. 저 또한 무척 기뻤으며 이것이 제가 경험한 가장 의미 있는 순간 중 하나입니다.

2 새로운 재고 관리 시스템 구축

One of my greatest accomplishments occurred in my previous position as a manager of a clothing company. We sold many kinds of items for ladies and kids. During my employment, I noticed that team members often had difficulty checking and finding stock even though we already had an inventory management system. Actually many people complained about its inefficiency, particularly during busy periods. As I studied computer programming in school, I decided to implement a new system. I took the initiative to categorize stock according to color, size and season and entered data into the new inventory management system. It took a long time and wasn't easy at all but it was worthwhile because team members were very happy. They said that it made their lives easier and saved them a lot of time because they didn't have to look around for stock anymore.

* take the initiative 솔선수범하다

이전 직장인 의류 회사에서 매니저로 근무할 때, 큰 성과를 낸 적이 있습니다. 저희 회사는 여성과 어린이를 위한 많은 종류의 제품을 판매했습니다. 그곳에서 일하는 동안, 저는 재고를 확인하는 시스템이 있음에도 불구하고 팀원들이 재고 상품을 찾고 조사하는 데 종종 어려움을 느낀다는 사실을 알게 되었습니다. 사실 많은 직원들이 특히 바쁜 시즌 때는 더 빈번하게 시스템의 비효율성에 대해 불만을 표시했습니다. 저는 대학에서 컴퓨터 프로그래밍을 전공했기에 새로운 시스템을 만들어 보기로 결심했습니다. 솔선수범해서 색상과 크기, 계절별로 재고들을 분리한 후 자료를 새로 만든 재고 관리 시스템에 입력했습니다. 시간이 많이 걸리고 쉽지 않은 작업이었지만 직원들이 행복해했기에 저 역시 보람이 있었습니다. 팀원들은 더 이상 재고를 찾는 데 헛된 시간을 보내지 않아도 되며, 업무가 전보다 편해졌다고 말했습니다.

3 학생이 성장하도록 도움을 준 일

My greatest achievement was when I took care of children in my previous position as a teacher at an institute. I mainly taught them reading and comprehension. I noticed that one student stammered so badly that he was afraid of reading aloud in front of other people. I told him that he could overcome his stammer if he wanted to. To help him gain confidence, I sometimes tutored him after his regular classes and gave him many useful tips on how to improve his reading skills. Thankfully, he started to read fluently after six months. His parents visited the institute and voiced their appreciation for the care and attention given to their son. It is one of the memorable moments of my life.

* stammer 말을 더듬다
* voiced one's appreciation 감사를 표하다

제가 가장 큰 성취감을 느꼈을 때는 학원에서 아이들을 가르칠 때였습니다. 당시 저는 아이들에게 독해를 가르쳤습니다. 저는 한 학생이 말을 심하게 더듬으며 그 때문에 다른 사람들 앞에서 책을 읽고 발표를 하는 것을 매우 두려워한다는 것을 알게 되었습니다. 저는 그 학생에게 마음만 먹으면 말 더듬는 것은 충분히 고칠 수 있다고 말했습니다. 그리고 그 학생에게 자신감을 심어 주기 위해서 정규 수업 후에는 종종 개인 지도를 했으며 책 읽는 요령을 알려 주었습니다. 고맙게도 6개월 후 그는 유창하게 책을 읽기 시작했습니다. 그 학생의 부모님은 학원을 방문해서 아들에 대한 제 관심과 보살핌에 감사를 표했습니다. 제 인생에서 가장 기억에 남는 순간 중 하나입니다.

4 교육 프로그램 개선

In my most recent job, I was responsible for training new hires. Unfortunately, I didn't have a proper training manual, and was also receiving poor feedback on the training course. Many trainees said the content wasn't interesting and practical. So I decided to rework the training program to make it more relevant and interesting. As a result, both trainees and trainers gave me very good feedback. My manager was also very pleased with the improvements.

* new hire 신입사원

가장 최근에 저는 신입사원들을 교육시키는 일을 담당했습니다. 그러나 안타깝게도 제대로 만들어진 교육 매뉴얼이 없었을 뿐더러, 당시 실시하던 교육 프로그램도 낮은 평가를 받고 있었습니다. 많은 참가자들이 내용이 재미가 없고 실용성이 없다고 평가했습니다. 그래서 저는 좀 더 흥미롭고 업무와 관련이 있는 교육 프로그램을 만들어 보기로 결심했습니다. 결과적으로 신입 직원들과 다른 교육관들 모두 새로운 프로그램에 긍정적인 피드백을 주었습니다. 또한 저의 매니저 역시 이러한 프로그램 개선에 매우 만족해했습니다.

24 리더인가 팔로워인가

Q. Are you more of a leader or a follower?

면접관의 속마음

팀 내에서 어떤 역할을 잘 할 수 있는 사람인지?

쌤들의 면접 팁

- 회사는 리더와 팔로워 두 가지 역할을 모두 잘 해낼 수 있는 지원자를 선호한다. 처음에는 팔로워 역할을 주로 하지만 몇 년 후에는 팀을 이끌어야 하는 리더 역할을 맡게 되기 때문이다.
- 본인의 성향을 숨기고 무조건 팔로워라고 대답하기보다는 본인에게 더 가까운 성향을 솔직하게 이야기하되, 두 가지 역할을 무리 없이 소화할 수 있다고 언급하는 것이 좋다.
- 단, 리더라고 해서 권력 지향적인 사람이거나 팔로워라고 해서 수동적인 사람으로 보이지 않도록 유의한다.

유용한 표현

리더와 팔로워 모두 선호 표현

- I'm confident in both roles. Sometimes I lead and sometimes I follow.
  두 가지 역할 모두 자신 있습니다. 경우에 따라 리더 역할도 하고 팔로워 역할도 합니다.
- As I've been in both positions in college and at work, I can adapt myself to any one of them.
  대학과 직장에서 두 역할 모두 경험했기에, 역할에 상관없이 잘 해낼 수 있습니다.
- I can be both a leader and a follower depending on the situation.
  상황에 따라 어느 역할이든 해낼 수 있습니다.

- I'm equally comfortable working as both a leader and a follower.
  두 가지 역할 모두 똑같이 잘 해낼 수 있습니다.

리더 또는 팔로워 선호 표현

- I think I'm more of a leader(follower)[= I'm more likely a leader(follower)].
  저는 리더(팔로워)에 더 가까운 것 같습니다.
- I think I'm closer to a leader(follower) if I have to choose.
  한 가지를 선택해야 한다면 리더(팔로워)에 더 가까운 것 같습니다.
- Considering my personality and experience, I think I can do better in a leader(follower) position.
  제 성격이나 경험으로 보아 리더(팔로워) 역할을 더 잘할 수 있을 것 같습니다.
- I feel more comfortable when I work as a leader(follower) in a team.
  팀에서 리더(팔로워) 역할을 할 때 더 편하다고 느낍니다.

샘플 답변

MP3 06-24

1 두 가지 역할 모두 선호

I'm confident in both roles. Sometimes I lead and sometimes I follow. I do think, though, that I'm closer to a leader if I have to choose. I have a lot of experience in leading teams and that's where I got my leadership skills from. People who've worked with me said that I always show initiative and boost their passion with my positivity. But when I take on a role as a follower, I actively participate with a strong sense of responsibility and support for team members. So, I believe I can be a good team player regardless of being a leader or a follower.

저는 두 역할 모두 자신 있습니다. 저는 상황에 따라 주어진 역할을 합니다. 하지만 선택해야 한다면 리더에 더 가깝다고 생각합니다. 저는 팀을 이끈 경험이 많고 그 경험을 통해 리더십을 배웠습니다. 저와 함께 팀으로 일했던 사람들은 제가 항상 솔선수범하며 긍정적인 에너지로 팀원들의 열정을 북돋운다고 말했습니다. 그러나 팀에서 팔로워의 역할을 할 때는 강한 책임감을 가지고 적극적으로 참여하며 팀원들을 돕습니다. 그래서 저는 역할에 상관없이 좋은 팀플레이어가 될 수 있다고 믿습니다.

2 리더 성향 1

I feel more comfortable when I work as a leader, not because I think I'm given a crown, but because I see the big picture. I'm good at planning and delegating and I like motivating a team to achieve goals. However, as I've been in both positions so far, I'm a good follower as well. When a team needs a leader, I'm capable of handling that role, but at the same time, I'm also good at taking a step back and supporting my team as a follower.

저는 리더일 때 더 편안함을 느낍니다. 리더로서 누릴 수 있는 힘과 권한 때문이 아니라, 큰 그림을 볼 수 있기 때문입니다. 저는 계획 수립과 권한 위임에 능하며, 목표를 이루기 위해 팀을 독려하는 것을 좋아합니다. 그러나 지금까지 두 역할을 많이 맡아 왔기 때문에 팔로워의 역할도 잘 할 수 있습니다. 팀이 리더를 필요로 할 때는 리더 역할을 할 수 있으나, 동시에 뒤에서 팀을 돕는 팔로워 역할도 잘 할 수 있습니다.

3 리더 성향 2

I think I'm flexible in that I can easily adjust from the one to the other. But if I have to choose between them, then I'm more likely a leader. In the past, I often took on a role as a leader because of my diverse experience and leadership qualities. When I worked as a travel journalist, my teammates told me that my leadership inspired others to learn more, do more, and make the right decision at the right time.

저는 두 역할 모두 유연하게 잘 해낼 수 있습니다. 그러나 굳이 한 가지를 선택해야 한다면 리더에 더 가깝다고 생각합니다. 과거에 저는 다양한 경험과 리더십 덕분에 종종 리더 역할을 했습니다. 여행 기자로 일할 때, 저의 동료들은 저의 리더십이 팀원이 더 많은 것을 배우고, 더 많은 일을 하도록 고무시키며, 적절한 타이밍에 옳은 결정을 내리게 하도록 만든다는 말을 했습니다.

4 팔로워 성향 1

I think I'm more of a follower because I'm a great supporter. As part of the student council, I supported the president and the rest of the board by respecting them and facilitating communication to reach decisions. This enabled the council to achieve great success in school events, which was really motivating for me. Although followers might not always be in the spotlight, I believe they play an important role as they can change a team's vibe.

* facilitate communication 소통을 원활히 하다

저는 팀을 충실히 잘 돕기에 팔로워에 더 가깝다고 생각합니다. 학생회의 일원으로서 결정을 내리기 위해 저는 팀원들을 존중하고 서로 간의 원활한 소통으로 학생회장과 팀원들을 도왔습니다. 이로 인해 학생회는 여러 학교 행사를 성공적으로 치를 수 있었고 이것은 저에게 큰 동기 부여가 되었습니다. 비록 팔로워가 항상 주목을 받는 위치는 아니지만, 저는 팔로워가 팀의 분위기를 바꿀 수 있는 중요한 역할을 한다고 생각합니다.

5 팔로워 성향 2

Frankly, I feel more comfortable when I work as a follower in a team. However, I can be both a follower and a leader as I've been in both positions in college and at work. When a group needs a leader, I gladly take on that role and the following responsibility and when I'm asked to follow, I'm willing to be a good follower who obeys rules and instructions. I know that entry-level cabin crew have a lot to learn and I'm therefore happy to take directions from those with more knowledge and a better sense of the bigger picture. On top of that, I believe that one must be a good follower first to become a good leader.

솔직히 말씀드리면, 저는 팀에서 팔로워로서 일할 때 더 편안함을 느낍니다. 그러나 대학과 직장에서 두 가지 역할을 모두 경험했기 때문에 두 가지 역할 모두 잘 해낼 수 있습니다. 그룹에서 리더가 필요할 때는 기꺼이 리더가 되어 맡은 바 책임을 수행하고, 팔로워 역할을 할 때는 규칙과 지시를 잘 따릅니다. 신입 승무원은 배워야 할 것이 많음을 알기에 더 많은 경험과 지식을 가진 선배들의 지시를 기꺼이 따를 것입니다. 무엇보다도, 좋은 리더가 되려면 먼저 좋은 팔로워가 되어야 한다고 생각합니다.

25 좋은 리더의 정의

Q. What do you think is a good leader?

면접관의 속마음

지원자가 생각하는 이상적인 리더와 리더십은 무엇인지?

쌤들의 면접 팁

- 항상 팀으로 일하는 승무원은 팀원으로서 리더의 지시를 따르거나 리더로서 팀을 이끌기도 한다. 추상적인 답변보다는 그동안의 경험을 바탕으로 이상적인 리더의 모습을 정의해 보자.

유용한 표현

좋은 리더란

- Lead the team to success
  팀을 성공으로 이끈다.
- Empower and encourage others
  팀원들에게 권한을 부여하고 격려한다.
- Trust and support team members
  팀원들을 지지하고 신뢰한다.
- Inspire and motivate the team
  팀원들을 격려하고 동기를 부여한다.
- Identify and acknowledge team's strengths and use them as resources
  각 팀원들의 강점을 잘 파악하고 자원으로 활용한다.
- Show energy, enthusiasm and commitment
  에너지와 열정, 헌신을 보여 준다.
- Take into account cultural differences when interacting with others and respect others
  남을 대할 때, 항상 문화적 차이를 고려하고 존중한다.
- Show attentiveness when listening to the team
  팀의 의견을 주의를 기울여 경청한다.
- Compliment people and magnify their strengths, not their weaknesses
  칭찬하며 사람들의 단점이 아닌 장점에 집중한다.

Point! Boss와 Leader의 차이점

BOSS	LEADER
Tell you what to do 무엇을 하라고 지시함	Teach you why and how to do it 왜 그리고 어떻게 하는지 방법을 가르쳐 줌
Say "Go" "가라."라고 말함	Say "Let's go" "가자."라고 말함
Give orders 명령을 함	Give directions 방향을 제시함
Focus on work 일을 중요시함	Focus on people 사람을 중요시함
Inspire fear 두려움을 만들어 냄	Generate enthusiasm 열정을 만들어 냄

샘플 답변

MP3 06-25

1 칭찬으로 팀을 이끄는 리더

I think a good leader should lead people with praise. When I worked as a journalist at a publishing company, my boss was a perfect example of a good leader. His secret for getting people motivated is praising them and acknowledging their hard work. I believe praise is one of the most powerful things that leaders can offer their teams.

저는 좋은 리더란 사람들을 칭찬하면서 이끄는 사람이라고 생각합니다. 제가 출판사에서 작가로 일할 때 저의 상사는 좋은 리더의 표본이었습니다. 효과적인 동기 부여를 위한 그 상사의 비결은 바로 칭찬과 인정이었습니다. 저는 칭찬이 리더가 팀원들에게 줄 수 있는 가장 영향력이 있는 것들 중 하나라고 생각합니다.

2 긍정적이며 경청하는 리더

I think a good leader is someone who has great listening skills and a positive attitude. I believe that a leader represents other team members and therefore has to be in touch with their ideas and opinions. Also, when a problem occurs, a leader should rise above the situation and respond positively. I'm convinced that a good leader with these traits can help a team succeed at work.

* rise above (문제, 모욕 등에) 굴하지 않다, 극복하다

저는 좋은 리더란 경청할 줄 알며 긍정적인 태도를 가진 사람이라고 생각합니다. 리더는 팀을 대표하는 사람이기에 팀원들의 의견에 귀를 기울여야 한다고 생각합니다. 또한 일에 차질이 생겼을 때, 그 상황을 직시하며 굴하지 않고 긍정적으로 대응해야 한다고 생각합니다. 이러한 이유들로 경청 능력과 적극성을 가진 리더가 직장에서 팀을 성공적으로 이끌 수 있다고 믿습니다.

3 이해심이 많고 문제 해결 능력이 뛰어난 리더

For me, a good leader is someone who has a good understanding of others and an ability to handle various situations well. When I worked as a part-timer at a cinema, my manager showed good leadership. She demonstrated a deep understanding of team members' interests and needs. Also, when someone suggested new ideas, she responded appropriately and actively implemented them. Moreover, she handled many different problems very well such as customer complaints and conflicts in the team.

저는 이해심이 많고 다양한 상황에 잘 대처하는 사람이 좋은 리더라고 생각합니다. 제가 극장에서 아르

바이트를 할 때, 제 매니저는 좋은 리더십을 보여 주었습니다. 그녀는 팀원들이 무엇에 관심이 있고 무엇을 필요로 하는지를 잘 이해하고 있었습니다. 또한 누군가 새로운 아이디어를 제안하면 적극적으로 채택을 했습니다. 더욱이 고객 불만이나 팀원들 사이의 갈등 같은 다양한 문제들도 지혜롭게 잘 해결했습니다.

4 팀원들의 강점 및 능력을 파악하고 활용할 줄 아는 리더

I think a good leader is a person who can identify and acknowledge a team's strengths and use them as resources. I remember one team leader who successfully led a project in college. She quickly realized each member's abilities and delegated tasks accordingly. And that worked perfectly. Everyone felt it was easier and more efficient to work together. So, I think it is one of the important qualities of a leader to achieve the best outcome.

좋은 리더는 팀원들의 강점을 파악하고 그들의 능력을 활용할 줄 아는 사람이라고 생각합니다. 대학 재학 시절, 팀 프로젝트를 성공적으로 이끌었던 리더가 떠오릅니다. 그녀는 빠르게 각 팀원들의 강점을 파악하고 그에 따라 일을 분배했습니다. 그리고 그것은 큰 효과가 있었습니다. 그녀의 리더십은 모든 팀원들이 함께 일하는 것이 더 쉽고 효율적이라고 느끼게 했습니다. 그래서 저는 팀원의 강점 파악 및 활용 능력이 최고의 결과를 만들어 내기 위한 리더의 가장 중요한 자질 중 하나라고 생각합니다.

26 회사 규칙을 어긴 경험

Q. Tell me about a time you broke a rule.
Can you tell me about a time you went against company's policy?

면접관의 속마음

규칙을 존중하고 따르는 사람인지?
필요한 경우 융통성을 발휘할 수 있는 사람인지?

쌤들의 면접 팁

- 기내에서 일을 하다 보면 다양한 상황에 직면하게 된다. 이때 무조건 규칙을 엄격하게 지키는 것이 항상 최선의 방법은 아니다. 경우에 따라 융통성을 발휘해서 슬기롭게 상황에 대처할 수 있어야 한다.
- 규칙을 어긴 상황이 반드시 필요했다는 것을 면접관이 납득할 수 있도록 구체적인 예와 함께 답변한다. 규칙을 지키지 못한 이유가 지원자 개인의 이익을 위한 것이 아니라 고객의 만족을 위한 경우라면 가장 좋다.

이런 답변은 피하자

지원자의 도덕성이 의심되는 답변

- To be honest, I used some office supplies for personal use.
  솔직히 말씀드리면, 회사 물품을 개인적인 용도로 사용한 적이 있습니다.

위생 또는 안전 규정을 어기는 답변

- When I worked as a lifeguard, I sometimes worked without carrying a personal flotation device which I was supposed to carry all the time.

I thought it was't necessary as the swimming pool was indoor and not very deep.

안전 요원으로 일할 때, 실내 수영장이었고 수심이 깊지 않아서 안전 규정을 어기고 상시 착용해야 하는 구명 장비를 착용하지 않은 채 일한 적이 있습니다.

유용한 표현

규칙 준수 또는 위반과 관련된 표현

- I believe that rules and policy are there for a reason. If I were not sure what to do or were asked to break or bend a rule, I would refer to my employee manual or ask a manager first.
  회사의 규칙이나 정책은 만들어진 이유가 있다고 생각합니다. 만약 무엇을 해야 할지 확실하지 않거나 규칙에 위반되는 행동을 해야 한다면, 매뉴얼을 참고하거나 상사에게 조언을 구할 것입니다.

- Within reason, it's important to offer some flexibility on policy to satisfy customers in every way possible.
  합당한 범위 내에서 고객 만족을 위해 규칙에 대해 약간의 융통성을 발휘하는 일은 중요하다고 생각합니다.

샘플 답변

MP3 06-26

1 외부 음식 반입을 허용해 줌

At a restaurant where I used to work part-time, bringing outside food into the restaurant was not allowed. One day, a mother of a four-year-old son came in and ordered a meal. As I was serving her, I saw her taking out some food from a bag and giving it to her son. I explained the restaurant's food policy to her and recommended something on the kids' menu. She apologized and explained that the reason for the homemade food was her son's multiple food allergies. I totally understood her situation and decided to make an exception in her case. So I took the food to the kitchen and put it on a plate so that other customers wouldn't have any misconceptions. She really appreciated that.

제가 예전에 아르바이트를 했던 식당은 외부 음식 반입이 금지되어 있었습니다. 어느 날 한 여성 손님이 4살 아기와 함께 와서 음식을 주문했습니다. 주문한 식사를 가져다드릴 때, 저는 그 손님이 가방에서 음식을 꺼내 아기에게 먹이는 것을 보았습니다. 저는 손님에게 식당의 외부 음식 반입 금지 정책에 대해 설명하고 어린이 메뉴를 주문하기를 권해 드렸습니다. 손님은 사과와 함께 아기가 여러 가지 음식에 대한 알레르기 반응을 보여 직접 만든 유아식을 먹인다고 말했습니다. 저는 그 손님의 상황을 충분히 이해할 수 있었기에 규정에 예외를 두기로 했습니다. 하지만 다른 고객들이 오해하는 것을 방지하기 위해 유아식을 주방으로 가지고 가서 식당의 그릇에 담아 드렸고 손님은 매우 고마워했습니다.

2 놀이 기구 입장 티켓을 잃어버린 손님을 입장시켜 줌

When I worked part-time at an amusement park, my main duty was to check that visitors had tickets for their rides. One day, I was assigned to the ticket check for one of the most famous and popular rides. When it was time for a family of six to display their tickets, they found that one was missing. So, I let them stand aside while they searched for it, but unfortunately they couldn't find it. They were in a panic because they knew that if they went back to the park entrance to buy a new one, they had to wait again in line for at least another hour. Although I wasn't supposed to let anyone on the ride without a ticket, I decided to let all six family members through. I thought there was a very slim chance that they had bought only five tickets on purpose, and I wanted to see them enjoy their holiday on a ride not in a line. Afterwards, I informed my manager about the situation and he understood why I did it. I know that rules and policies are there for a reason, but I believe it's important to be flexible enough to meet customers' needs as long as it's not harmful to them and the company.

* there is a very slim chance 가능성이 거의 없다

놀이 공원에서 아르바이트를 할 당시 저의 주된 업무는 손님들의 놀이 기구 티켓을 확인하는 것이었습니다. 어느 날 저는 그곳에서 가장 인기 있는 놀이 기구의 티켓을 확인하는 업무를 배정받았습니다. 6명 가족의 티켓 검사를 하던 중, 가족 중 1명이 티켓 한 장을 잃어버린 것을 발견했습니다. 저는 한쪽에서 티켓을 찾아 보도록 했지만 그 가족은 잃어버린 표를 끝내 찾지 못했습니다. 매표소에 가서 다시 표를 산다면 적어도 1시간을 더 기다려야 하기 때문에 그 가족은 매우 당황해했습니다. 비록 원칙적으로 티켓 없이는 누구도 놀이 기구에 탑승시키면 안 되지만, 저는 그 가족들을 입장시키기로 했습니다. 그 가족이 고의로 5장의 표만을 구입했을 가능성이 거의 없다고 판단했고, 손님들이 휴가를 대기 줄이 아닌 놀이 기구 위에서 보내기를 원했기 때문입니다. 그 후 저는 이 사실을 매니저에게 알렸고 매니저는 저의 결정을 이해해 주었습니다. 규칙이나 규정에는 이유가 있다는 것을 알지만 고객과 회사에 해를 끼치지 않는 한 고객의 요구에 유연하게 대응할 필요가 있다고 생각합니다.

3 직원 전용 공간을 손님이 사용하게 함

When I worked at a family restaurant, a group of mothers and kids were having a birthday party. In the middle of the party, a mother of twins came to me and asked if there was any place for breastfeeding in the restaurant. I fully understood her concern but the staff lounge was the only place offering some privacy. Since it was only meant for staff members, I asked my manager if it was possible to let her use it for a while. The manager said yes and she breastfed her twins there without embarrassment. I also informed it to my colleagues and asked them not to enter the room until she came out. She appreciated my help and sent a thank-you letter to our head office.

제가 한 패밀리 레스토랑에서 일할 당시, 한 그룹의 엄마들과 아이들이 레스토랑에서 생일 파티를 했습니다. 파티 중간에 쌍둥이를 둔 고객이 제게 와서 매장 안에 모유 수유를 위한 공간이 있는지를 물었습니다. 저는 그녀의 입장을 충분히 이해했지만 직원 휴게실이 프라이버시가 보장되는 유일한 공간이었습니다. 직원들만을 위한 공간이었기에 저는 매니저에게 직원 휴게실을 손님이 잠시 사용하는 것이 가능한지 물어보았습니다. 매니저의 허락 하에 그 손님은 남들의 시선을 받지 않는 곳에서 쌍둥이에게 수유를 할 수 있었습니다. 손님이 직원 휴게실에서 수유를 하는 동안, 저는 동료들에게 이 상황을 전달하고 손님이 나오기 전까지 그 방의 출입을 자제해 달라고 부탁했습니다. 그녀는 제 도움에 대해 감사해 했으며 본사에 감사 편지를 보내 주었습니다.

4 식당에서 일할 때 마감 시간을 연장함

The kitchen of a sushi restaurant in the USA where I used to work closed at 10:30 p.m. One day, an elderly couple came in at around that time. When I told them the kitchen was closed, they looked very disappointed and told me that they had driven for forty minutes to dine at the sushi restaurant and asked me to make an exception as there were no other restaurants open. So, I went to the chef and asked him if he could cook for the couple. I assured him that I would in return take care of the rest of the things such as cleaning up the kitchen and washing the dishes. Even though it was against the rules, everyone found it acceptable.

제가 미국에 있을 때 일했던 일식당은 10시 30분에 주방을 마감했고 그 이후에는 음료 주문만 가능했습니다. 어느 날 노부부가 마감 시간 즈음에 식당에 왔습니다. 주방이 마감되었다고 안내하자 그들은 매우 실망하며 초밥을 먹기 위해 40분을 운전해 왔으며 문을 연 주변의 다른 식당들이 없으니 예외로 해 줄 수가 없는지를 물어보았습니다. 그래서 저는 셰프에게 그 손님들을 위해 음식을 만들어 줄 수 있는지를 물어보았습니다. 대신 주방 청소 및 설거지 등의 나머지 주방 업무들은 제가 하겠다고 제안했습니다. 비록 규칙에 어긋나기는 했지만 모두가 만족한 결과였습니다.

5 신분증 없이 유모차를 임대해 줌

When I worked at a shopping mall as a receptionist, one of my duties was to provide customers with strollers when needed. But in order to do so, they had to hand in their ID cards at the reception desk. One day, a pregnant mother with a baby in her arms wanted to borrow a stroller, but she hadn't brought her ID card with her. According to the mall's policy, I had to refuse her request but I could see that she would have a hard time carrying her baby and doing her shopping at the same time. So, I made an exception and asked her to leave her name and phone number instead of her ID card. I knew that I went against policy, but I considered helping an expectant mother more important. Afterwards, I informed my manager about the situation and he understood why I did it.

쇼핑몰 안내 데스크에서 일할 당시에, 저의 업무 중 하나는 고객들에게 유모차를 무료로 대여해 주는 것이었습니다. 유모차 대여를 원하는 고객은 신분증을 안내 데스크에 보관해야 했습니다. 어느 날, 아이를 안고 온 임산부 고객이 유모차 대여를 원했지만 신분증을 지참하지 않았습니다. 원칙적으로는 손님에게 유모차를 대여해 줄 수 없었지만 임신 중인 고객이 아기를 안고 쇼핑을 하는 것이 쉽지 않을 것임이 분명했습니다. 그래서 저는 예외적으로 그 손님에게 신분증 대신에 이름과 전화번호를 남길 것을 부탁드렸습니다. 회사 규정에 어긋나는 일이라는 것을 알고 있었지만, 임신한 고객을 돕는 것이 더 중요하다는 생각이 들었습니다. 그 후 저는 이 일을 매니저에게 보고했고 그는 제 결정을 이해해 주었습니다.

6 복장 규정을 어김

When I worked as a bank teller, all female staff members were supposed to wear uniforms. But according to the company's dress code, we had to commute in regular clothes and then change into the uniforms at work. One day, my alarm clock didn't go off and I overslept. I was so late that I knew I wouldn't have time to get dressed again at the bank. So, I drove to work in my uniform and went straight to my desk. Fortunately, no one noticed that, but I still felt bad because I was in breach of the company's dress code and it might seem unprofessional to others. Since then, I've set two alarm clocks to prevent a situation like this from happening again.

제가 은행에서 일할 당시 모든 여성 직원들은 유니폼을 입었습니다. 출퇴근 시에는 사복을 입고 근무 시작 전에 유니폼으로 갈아입는 것이 회사 규정이었습니다. 어느 날, 저는 알람 시계가 울리지 않아 늦잠을 잤습니다. 너무 늦어 회사에서 유니폼으로 갈아입을 시간이 충분하지 않을 것 같았습니다. 그래서 유니폼을 입은 채로 운전을 해서 직장에 도착했고, 바로 사무실의 제 책상으로 갔습니다. 다행히 아무도 이 사실을 눈치채지 못했지만, 회사 복장 규정을 위반했고 다른 사람들에게 전문가답지 않게 보일 수 있다는 생각에 기분이 좋지 않았습니다. 그 이후로, 저는 같은 상황이 또 발생하는 것을 방지하기 위해 2개의 알람 시계를 맞춰 놓았습니다.

7 영어만 사용해야 하는 수업에서 한국말을 사용함

I once broke a rule at work when I was an English teacher. I was only allowed to speak English in my classroom, but I saw some children lost interest in the language because they didn't understand my instruction properly. So I started to use Korean in my classroom too, but one of my colleagues advised me that speaking only English is good for the students – especially for those under ten years – as they can soak up a new language like a sponge. So I went back to using only English in my classroom and most of the students got used to it. Since then I've followed the rules more closely because I realized that they are there for a reason.

제가 영어 강사로 일할 때 규정을 위반한 적이 있습니다. 교실에서는 영어만 사용하는 것이 원칙이었지만 일부 학생들이 수업 시간에 제가 하는 말을 제대로 이해하지 못해서 영어에 대한 흥미를 잃는 것을 보았습니다. 그래서 교실에서 한국말도 함께 사용하기 시작했습니다. 그러나 동료 중 1명이 특히 10살 이하의 어린 학생들은 새로운 언어를 스펀지처럼 흡수하기 때문에 교실에서 영어만 쓰는 것이 더 좋다고 조언했습니다. 저는 다시 교실에서는 영어만 사용했으며 곧 대부분의 학생들이 영어에 익숙해졌습니다. 규정이 존재하는 이유가 있다는 것을 깨달은 후부터 저는 규정을 더 잘 지키려 노력합니다.

8 향수를 뿌리면 안 되는 규칙을 어김

I'm quite strict about rules because I believe there must be good reasons for them. But I once ignored my employer's perfume ban. When I worked at a cafe, I wasn't supposed to wear any perfume, because it could negatively affect the flavor of the coffee. One day, I passed a big cosmetic sale on my way to work. The perfumes were all selling at very good prices. So I tested some of them on my body. I thought the smells would faint soon after, but I was wrong. When I arrived at work, I still gave off the strong smell of perfume. When my manager pointed it out, I was a bit ashamed. But it was a good opportunity to learn the importance of sticking to the rules. Since then, I've always complied with any kind of ban at work.

저는 규정이 존재하는 이유가 있다고 믿기에 규정을 잘 지키는 편입니다. 하지만 한 번 회사의 향수 사용 금지 규정을 어긴 적이 있었습니다. 제가 카페에서 일할 당시에는 향수가 커피의 향에 부정적인 영향을 줄 수 있다는 이유로 인해 향수 사용이 금지되어 있었습니다. 어느 날, 출근하는 길에 화장품 가게를 지나가다가 향수를 크게 할인된 가격에 판매하는 것을 보았습니다. 그래서 몇 개의 향수를 시향해 보았습니다. 저는 그 향기가 곧 사라질 것이라고 생각했지만, 그렇지 않았습니다. 제가 가게에 도착했을 때 여전히 향수 냄새가 강하게 났습니다. 매니저가 이를 지적했을 때는 부끄러움을 느꼈습니다. 하지만 이 일은 회사 규칙 준수에 대한 중요성을 배울 수 있는 기회였습니다. 그 이후로 저는 항상 회사 규정을 지키고 있습니다.

27 동료에게 받은 긍정적인 피드백

Q. Have you ever gotten positive feedback from colleagues?

면접관의 속마음

동료들에게 어떤 평가를 받고 있는 사람인지?

쌤들의 면접 팁

- 지원자의 강점을 객관적인 입장에서 들을 수 있는 질문이다. 승무원의 업무와 자질, 본인의 강점과 관련 있는 긍정적인 피드백을 어필할 수 있는 기회이므로 피드백의 내용과 함께 구체적인 예를 함께 준비한다.

유용한 표현

긍정적인 평가를 받을 수 있는 능력 또는 자질과 관련된 표현

- Make quick decisions
  의사결정이 빠르다.
- Be a good role model and lead by example
  롤모델이 되며 솔선수범한다.
- Take the initiative to solve problems
  문제 해결에 적극적이다.
- Communicate openly(effectively) with others
  의사소통 능력이 뛰어나다.
- Work well in a team
  팀으로 일하는 것에 능하다.
- Treat others with respect
  동료를 존중한다.
- Be open to change
  변화에 열려 있다.

답변 골라잡기

- My last boss once told me that I never criticize team members or customers and it made a better work atmosphere.
  이전 상사는 제가 절대 다른 팀원들이나 손님들을 비판하지 않으며 그런 부분이 업무 분위기를 더 좋게 한다고 말한 적이 있습니다.
- I've got many good feedback from colleagues that I'm talented in making people feel encouraged when I'm around them.
  저는 주변 사람들을 잘 격려한다는 점에 대해 동료들로부터 자주 칭찬을 들었습니다.

- I was often told that I have a talent to look deep into others' feelings so I can make them feel comfortable and relaxed.
  저는 다른 사람들의 감정을 잘 헤아리는 능력을 가지고 있어서 그들을 편안하게 만든다는 말을 자주 들었습니다.
- My manager told me that I'm a good team player who always tries to build positive relationships.
  상사로부터 항상 원만한 관계를 맺고 유지하려 노력하는 좋은 팀원이라는 말을 들었습니다.
- My last boss thought highly of me for taking initiative to help coworkers in need. Because he saw me voluntarily helping newcomers to adapt to their new work environment.
  저의 예전 직장 상사는 솔선수범해서 도움이 필요한 동료를 돕는 점에 대해 저를 높이 평가했습니다. 제가 신입 사원들이 업무 환경에 적응할 수 있도록 자발적으로 돕는 모습을 보았기 때문입니다.

샘플 답변

MP3 06-27

1 주인 의식에 대한 칭찬

When I worked at a cafe, my boss often complimented me. He said that I had a sense of ownership because I always tried to do my work to the best of my abilities. If there were no customers, I would find something to do instead of sitting and waiting for them to come. For example, I would organize old receipts and clean things that were easily overlooked such as shelves. I also took care of our sales in that I always came up with new ideas and suggestions on how to attract customers. That's why I believe my boss told me that I have a sense of ownership.

* a sense of ownership 주인 의식

저는 카페에서 일할 당시 사장님에게 자주 칭찬을 들었습니다. 사장님은 항상 최선을 다해 일하는 제 모습을 보며 주인 의식을 가진 직원이라고 말했습니다. 저는 손님이 없을 때도 그냥 앉아서 손님을 기다리는 것 대신에 스스로 할 일을 찾아서 했습니다. 예를 들어, 선반처럼 평소 소홀해지기 쉬운 곳들을 청소하고 영수증을 정리했습니다. 또한 항상 손님을 유치할 수 있는 좋은 아이디어를 제안하며 영업과 매출에도 신경을 썼습니다. 아마도 이런 이유들 때문에 제가 주인 의식이 있다는 말을 들은 것 같습니다.

2 힘든 업무에도 항상 밝은 모습을 유지한다는 칭찬

Yes, I have. When I was in charge of handling complaints as a customer service manager, I was often told that I always looked happy in spite of dealing with many complaints every day. And people complimented me on my ability to stay calm and in control of my emotions and behavior even in high-pressure situations. I think that's because I don't take any complaints personally and I like helping people.

네, 있습니다. 고객 서비스 담당자로서 고객들의 불만 처리 업무를 담당하고 있었을 때, 매일 많은 고객 불만을 처리함에도 불구하고 항상 밝아 보인다는 말을 자주 들었습니다. 그리고 힘든 상황에서도 침착함을 유지하고 감정 및 행동을 통제하는 저의 능력에 대해서도 칭찬을 받았습니다. 이는 고객의 불만을 개인적으로 받아들이지 않고 사람들을 돕는 것을 좋아하는 제 성격 덕분인 것 같습니다.

3 피드백을 잘 받아들이고 이를 발전의 계기로 삼는다는 칭찬

My boss once told me one of my strong points is that I'm open and receptive to feedback. When I'd just started my career as a secretary, I tried to be open to all kinds of feedback from my coworkers. I wrote all of it down and pushed myself to be better. I appreciated the feedback as it helped me improve myself and avoid repeating the same mistakes.

제 상사는 저의 장점 중 하나가 피드백을 잘 받아들이는 것이라고 말한 적이 있습니다. 제가 비서로서 커리어를 막 시작했을 때, 저는 동료들로부터의 피드백을 잘 받아들이려고 노력했습니다. 그리고 모든 피드백을 잘 기록하고 개선하며 더 발전하기 위해 노력했습니다. 저를 더 발전시키고 같은 실수를 반복하지 않게 해 주었기에, 저는 모든 조언과 충고에 대해 감사하게 생각하고 있습니다.

4 직장 분위기를 밝게 만든다는 칭찬

Yes. I've received many compliments from my coworkers on my bright and cheerful attitude. For example, when I worked at a restaurant in London, I worked with many different nationalities. I like to socialize and bond with different people, so I fully enjoyed working there. But we worked long hours and the restaurant was always busy, so most of the staff felt tired because of a heavy workload. To cheer up my colleagues, I always greeted them with a smile in the morning. And I sometimes brought home-made cup cakes or cookies to work to give my team some energy for the day. Moreover, I often made them laugh by telling funny stories and jokes. I believed my cheery hello and sense of humor made the atmosphere much better.

네, 저는 동료들에게 저의 밝고 활기찬 태도에 대한 칭찬을 들은 적이 많습니다. 런던의 한 식당에서 일할 때 저는 다양한 국적의 동료들과 함께 일을 했었습니다. 다양한 사람들과 만나고 교류하는 것을 좋아하기에 정말 즐기면서 일했습니다. 그러나 식당은 항상 바빴기 때문에 장시간의 노동으로 인한 과중한 업무로 대부분의 직원들은 피곤해했습니다. 동료들을 격려하기 위해서, 저는 아침에 항상 미소로 동료들을 맞아 주었습니다. 때때로 팀원들의 활기찬 하루를 위해 직접 구운 컵케이크나 쿠키를 가져와 선물하기도 했습니다. 그리고 종종 재미있는 이야기와 농담으로 동료들을 웃게 했습니다. 저는 저의 활기찬 인사와 유머 감각이 더 좋은 직장 분위기를 만들었다고 생각합니다.

5 멀티태스킹과 시간 관리 능력에 대한 칭찬

I got lots of good feedback from my manager about my multitasking and time-management skills when I worked as a journalist. It wasn't easy at all because my team and I were always on a tight schedule to meet important deadlines. On top of that, I had to talk and listen to tons of people and process a lot of information quickly. I think it was because I always tried to put my heart and soul into my work, even though it was heavy going.

* put one's heat and soul into~ ~에 정성을 다하다

제가 기자로 일할 당시 저의 멀티태스킹 능력과 시간 관리 능력에 대한 칭찬을 많이 들었습니다. 저와 팀원들은 중요한 마감을 맞추기 위해 늘 시간에 쫓겼기 때문에 이런 칭찬을 듣는 것은 쉽지 않은 일이었습니다. 게다가 많은 사람들과 만나 대화를 나누고 빠른 속도로 많은 정보를 정리해야 했습니다. 힘든 일이었지만 늘 제가 하는 일에 마음과 정성을 다했기 때문에 칭찬을 들었다고 생각합니다.

6 열정과 진취적인 태도에 대한 칭찬

When I did an internship at a designer's boutique in Ireland, I got positive feedback from my manager and the designer on my passion and proactive attitude toward work. As there were many kinds of clothes in our shop, it was really hard to distinguish the designs and sizes at a glance in a small stock room. That's why I suggested arranging the stock by style, color, and size. My manager was really happy with this idea and let me rearrange it. Afterwards, it looked really neat and organized and the designer loved it too.

아일랜드의 한 디자이너 의상실에서 인턴으로 일할 때, 매니저와 디자이너에게 저의 열정과 진취적인 태도에 대해 칭찬을 들은 적이 있습니다. 당시 매장에서는 다양한 종류의 옷들을 판매하고 있어서 작은 창고에서 제품의 디자인과 사이즈를 한눈에 구분하는 것은 매우 어려운 일이었습니다. 그래서 저는 창고에 있는 제품들을 스타일과 색상, 사이즈에 따라서 정리하자고 제안했습니다. 매니저는 흔쾌히 저에게 정리하는 일을 맡겼습니다. 창고가 깔끔하게 정리된 것을 보고 디자이너 역시 매우 만족스러워했습니다.

28 동료에게 받은 건설적인(부정적인) 피드백

Q. Have you received constructive(negative) feedback from your colleagues?

면접관의 속마음

동료들로부터 받은 개선 사항을 포함한 조언을 열린 마음으로 받아들이고 개선할 수 있는 사람인지?

쌤들의 면접 팁

- 누구나 실수를 한다. 특히 경험이 없는 신입 승무원들은 동료들로부터 많은 조언과 피드백을 받게 된다. 이때 중요한 것은 지원자가 부족한 부분 또는 실수를 인정하고 타인의 조언이나 피드백을 열린 마음으로 받아들이며 개선하려는 노력을 할 수 있는 사람인지의 여부이다.

이런 답변은 피하자

승무원 직무에 치명적인 단점이 포함된 답변

- I once got feedback from my colleague that I'm late for work too often.
  저는 지각이 너무 잦다는 말을 들은 적이 있습니다.
- My manager once pointed out that I needed to get along well with the team.
  매니저로부터 팀원들과 잘 어울리지 못하는 것에 대해 지적을 받은 적이 있습니다.

샘플 답변

MP3 06-28

1 빠른 서비스보다 중요한 것은 안전이라는 조언

I got constructive feedback from my manager. When I worked in a hotel's banquet hall, I normally served at least four to five plates together at a time to be quick. One day, my manager told me that my service might be faster than others but it looked risky and made customers uneasy. At that time, I realized that serving food without the risk of spilling was more important than speed.

저는 상사로부터 조언을 받은 적이 있습니다. 호텔 연회장에서 일할 당시 저는 빠른 서비스를 위해 4~5개의 접시를 한꺼번에 옮기고는 했습니다. 어느 날, 저의 상사가 제 서비스가 남들보다 빠를 수는 있지만 위험해 보이고 이를 지켜보는 손님들 역시 불안하게 만든다고 말했습니다. 그 당시, 저는 음식을 떨어뜨리거나 흘릴 위험이 없는 안전한 서비스가 빠른 서비스보다 중요하다는 것을 깨달았습니다.

2 소극적인 태도에 대한 조언

I worked with a group of six when I was a staff member in a trading company. For the first few weeks, I made some paperwork mistakes, because I was very new and didn't have enough expertise to deal with so many documents at a time. But I was a bit afraid of asking my colleagues things that I wasn't sure about, because I didn't want to disturb them. So, my manager advised me to ask the team when I didn't understand something or when I was in doubt. Thanks to his feedback, I made a habit of asking my coworkers to clarify things whenever necessary.

제가 무역 회사에서 근무할 때는 6명이 한 팀으로 일했습니다. 많은 서류들을 한 번에 처리하기에는 경험과 기술이 부족한 신입이었기 때문에 처음 몇 주 동안은 서류를 작성하며 몇 가지 실수를 저질렀습니다. 하지만 동료들의 업무를 방해하고 싶지 않았기에 제가 확신이 없는 일에 대해 질문하는 것을 망설이고는 했습니다. 그래서 저의 상사는 제가 다시 한번 실수를 했을 때 저에게 확실하지 않은 일은 동료들에게 언제든지 질문하라고 조언했습니다. 그의 조언 덕분에 저는 모르는 것은 질문을 통해 명확히 하는 습관을 가지게 되었습니다.

3 효율적인 업무 처리를 위한 조언

When I was working at a school uniform store, I was under a lot of pressure during the first three weeks of every semester because we had a lot of customers wanting their uniforms tailored. At first I was at a loss as I was newly employed and unfamiliar with assisting many customers at the same time. But my manager advised me to set priorities and to do similar tasks together. Thanks to her feedback, I managed to do my work more efficiently in a timely manner.

* be at a loss 당황해서 어쩔 줄 모르다

제가 교복 판매점에서 일할 당시, 매 학기의 첫 3주 동안은 교복을 맞추기 위한 손님이 한꺼번에 몰려 압박감이 심했습니다. 처음에는 경험도 없고 동시에 많은 고객들을 응대하는 일에 익숙하지 않아 허둥대고는 했습니다. 그때 매니저가 일의 우선순위를 정하고 비슷한 부류의 일들을 함께 처리하라는 조언을 해 주었습니다. 매니저의 조언은 제가 적시에 효율적으로 일을 처리하는 데 도움이 되었습니다.

4 작은 것에 집착하다 큰 그림을 놓친다는 조언

Yes, I got constructive feedback from my last boss. I once spent a month to prepare a presentation about a new project for an executive meeting. One day before the meeting, I did a test-run in front of my boss. He asked me some questions that I might get in the meeting and I managed to answer most of them except for one on the project vision. I got hung up on the details and missed the big picture. My manager advised me to look at not only the trees, but also at the forest as a whole. Since then, I've always seen the big picture first.

* a test-run 모의 발표 연습

* get hung up 매달리다, 집착하다

네. 저의 예전 상사에게서 조언을 받은 적이 있습니다. 당시 저는 1달 동안 중역 회의를 위한 새 프로젝트 발표를 준비했습니다. 회의 하루 전 저는 상사와 모의 발표 연습을 했습니다. 상사가 던진 몇 가지 예상 질문들 중에서 대부분은 답변했지만 해당 프로젝트의 비전에 관한 질문에 대한 답변은 하지 못했습니다. 저는 세부적인 내용에 매달려 큰 그림을 놓치고 있었습니다. 그때 상사는 저에게 나무만이 아닌 숲도 볼 줄 알아야 한다고 조언했습니다. 그 이후로 저는 항상 큰 그림을 먼저 파악합니다.

5 꼼꼼하지 못한 일 처리에 대한 조언

I was once told that I had to pay more attention to detail. As a secretary, one of my main jobs was compiling documents and reports for my boss. Unfortunately, he found some errors in their figures, and pointed out how crucially important accurate numbers are in his line of work. I totally agreed with him and started to double-check all the documents and reports before submitting them.

저는 상사로부터 더 꼼꼼하게 일할 필요가 있다는 조언을 들은 적이 있습니다. 비서로서 저의 주된 임무는 상사를 위한 서류와 보고서를 만드는 일이었습니다. 하지만 제출된 보고서의 숫자에 몇 가지 실수가 있는 것을 상사가 발견했고 그는 그의 업무에서 정확한 수치가 얼마나 중요한지 제게 상기시켜 주었습니다. 저는 그의 말에 전적으로 동의했고 그 이후 보고서를 제출하기 전에 두 번씩 확인하는 습관을 가지게 되었습니다.

6 안전에 대해서는 단호한 태도를 취해야 한다는 조언

When I first started working as a bus monitor at an international school, my main duty was making sure students remained safely seated and wore their seatbelts while the shuttle bus was in motion. One day after school on the way to their homes, two kids went wild with excitement and moved around in the bus. I told them to sit down in a soft and gentle voice, but it took quite a few minutes before they finally listened. After work, the bus driver told me that I should have been firmer with them for their own safety. Then I realized I had to be more assertive when it came to the students' safety. Since then I've constantly kept the responsibility in mind that the customers' safety is in my hands.

* on the way ~로 가는 중에
* go wild with excitement 신이 나서 날뛰다
* in motion 이동 중인

국제 학교에서 버스 안전 요원으로 일할 당시 저의 주요 업무는 셔틀버스가 이동할 때 학생들이 안전벨트를 하고 안전하게 앉아 있는지 확인하는 것이었습니다. 어느 날 방과 후 아이들을 집으로 데려다주는 길에 두 아이가 장난을 치며 버스 안을 돌아다녔습니다. 저는 아이들에게 부드럽게 앉으라고 말했지만 아이들이 제 말을 듣고 자리에 앉기까지는 꽤 오랜 시간이 걸렸습니다. 아이들을 모두 집에 데려다준 후 버스 기사님은 아이들의 안전에 관련된 일이었으므로 그들의 행동을 엄격하게 통제했어야 했다고 말했습니다. 그때 저는 학생들의 안전과 관련된 일에 있어서는 더 단호해져야 한다는 사실을 깨달았습니다. 그 이후로 저는 고객의 안전이 제게 달려 있다는 것을 항상 유념하고 있습니다.

29 동료에게 주었던 건설적인(부정적인) 피드백

Q. Have you ever given constructive(negative) feedback to your colleagues?

면접관의 속마음

동료에게 어떤 식으로 조언이나 충고를 하는 사람인지?

쌤들의 면접 팁

- 매 비행마다 새로운 다국적 팀과 일을 하다 보면 동료의 실수나 잘못된 행동에 대해 조언을 해야 할 때가 생긴다.
- 어떤 피드백을 주었는지보다 어떻게 피드백을 주었는지가 더 중요하다. 피드백의 목적은 더 좋은 결과를 가져오기 위함이지, 그 사람을 비판 또는 비난하는 것이 아님을 기억하자.
- 칭찬은 공개적으로, 비난은 남들이 보지 않는 곳에서 하는 것이 좋다.

Point! 더 효과적인 피드백을 주기 위한 팁

1. Focus on the behavior, not the person
   그 사람이 아닌 그 사람의 행동에 초점을 맞춘다.
2. Remember that feedback is your opinion
   자신의 피드백이 자신의 의견일 뿐이라는 것을 기억한다.
3. Don’t do the feedback sandwich
   칭찬–부정적 피드백–칭찬 식의 샌드위치 피드백을 주지 않는다.
4. Don’t be too one-sided
   한쪽 편만 들거나, 편중된 시각에서 피드백을 주지 않도록 주의한다.

유용한 표현

피드백을 줄 때 유용한 표현

- If I were you, I would~
  제가 당신이라면, 저는 ~할 것입니다.
- It might be a good idea to~
  ~하는 것이 좋을 것 같습니다.
- You could also try~
  ~을 해 보는 건 어떨까요?
- It helps if you~
  만일 ~을 해 준다면 도움이 될 것 같습니다.
- It's easier if you~
  만일 당신이 ~해 준다면, 일을 더 쉽게 처리할 수 있을 것입니다.

샘플 답변

MP3 06-29

1 마감 기한을 맞추지 못한 팀원을 위한 조언

Yes, I once gave advice to a teammate in college. Four of us worked on a project that consisted of various individual tasks. He struggled to manage his time well and consequently slowed the whole team down, because his tasks were indispensible for us to continue. As the leader, I sat down with him privately and voiced my concerns. I advised him to notify the team at least three days before the deadline if he wasn't going to get his work done so that the rest of us could help him. Otherwise the project wouldn't be delivered on time. I also added that we were ready to support him since that's what a team is for. He was really receptive of my feedback and appreciated it.

네, 저는 대학 시절 팀원 중 1명에게 조언을 해 준 적이 있습니다. 당시 저는 4명의 팀원과 함께 각자 할 일을 나누어 프로젝트를 진행하고 있었습니다. 그 팀원은 자신이 맡은 일을 시간 내에 끝내지 못했는데, 그가 맡은 분량을 넘겨받은 후에야 다음 일을 진행할 수 있었기 때문에 그가 일을 넘겨주기를 기다리느라 결국 전체적인 일의 진행이 늦어졌습니다. 팀의 리더로서 저는 그와 단둘이 앉아 그 문제에 대해 이야기를 나누었습니다. 저는 그에게 만일 일을 제시간에 끝내기 힘들 것 같으면 최소한 3일 전에 팀에 알리고 도움을 받으라고 조언했습니다. 그렇지 않으면 그 프로젝트를 시간 내에 끝내지 못할 것이라고 말했습니다. 그리고 팀원들은 그를 도와줄 준비가 되어 있으며, 그것이 팀이 존재하는 이유라고 덧붙였습니다. 그는 제 조언을 받아들였고 감사를 표했습니다.

2 능력은 출중하나 자신감이 부족한 동료를 위한 조언

Yes, I once gave advice to someone who has been working with me for three years. He is one of the most proficient and smartest people I've ever met. Recently I found that he was hesitant to be a leader of a new project despite everyone recommending him and thinking he was good enough. After talking with him, I found out that he was not sure of himself and afraid of making mistakes. So I encouraged him to take the role and reassured him that he was qualified for the position. I also advised him that no one was perfect from the beginning and that even if things didn't go according to plan, he would still learn from it. He took my advice, and ended up accepting the position, and carried out the project successfully.

네, 저와 3년째 함께 일하고 있는 동료에게 조언을 한 적이 있습니다. 그는 제가 지금까지 만난 사람 중에서 가장 능력 있고 똑똑한 사람 중 1명입니다. 최근 저는 모든 이들이 그가 그 자리에 적임자라고 생각하고 그를 추천하고 있음에도 불구하고 그가 새 프로젝트의 팀장 직을 맡는 것을 망설이고 있다는 사실을 알게 되었습니다. 대화를 통해 저는 그 동료가 자신감이 부족하고 실수를 두려워하고 있다는 것을 알게 되었습니다. 그래서 저는 그가 자격을 충분히 갖췄으니 팀장직을 수락하라고 독려했습니다. 그리고 처음부터 완벽했던 사람은 없으며, 계획대로 일이 진행되지 않더라도 그것을 통해 배울 수 있다고 조언했습니다. 그는 저의 조언을 받아들여 팀장 직을 맡게 되었고 프로젝트를 성공적으로 끝낼 수 있었습니다.

3 실수에 자책 및 집착하는 동료를 위한 조언

Yes. I once gave a coworker feedback at a previous company I used to work for. She was very ambitious and professional in building a good reputation. But when she made a single mistake, she would obsess over it more than necessary and give herself a hard time all day long. It ended up affecting her other tasks negatively, so I encouraged her not to be so hard on herself and assured her that she was doing well. I also advised her that everyone makes mistakes so she should rather see it as an opportunity to learn and move forward. She appreciated my feedback.

네, 있습니다. 저는 전 직장에서 제 동료 중 1명에게 조언을 한 적이 있습니다. 그녀는 매우 야망 있고 능력 있는 직원이었습니다. 하지만 그녀는 하나의 사소한 실수에도 필요 이상으로 얽매여 하루 종일 자책을 하고는 했습니다. 이러한 성격은 결국 그녀의 다른 업무에도 나쁜 영향을 주었습니다. 그래서 저는 스스로에게 조금 더 관대해질 필요가 있으며 그녀가 충분히 잘하고 있다고 말하며 안심시켜 주었습니다. 그리고 모든 사람들이 실수를 하므로 실수를 배우고 더 발전할 수 있는 기회로 여기라고 조언했습니다. 그녀는 저의 조언에 고마워했습니다.

4 중요한 일을 대충하는 동료를 위한 조언

Yes. It happened when I worked as a safety monitor at an international school. Every day, we kept a logbook of the number of students who took the school bus. One day, one of my colleagues said she didn't count the students properly but only made a rough estimate instead. I was shocked, because counting the students was a serious safety precaution. So, I told her firmly how important counting the students was and explained what could happen if she did her job carelessly. Fortunately she acknowledged what I said. I usually give feedback nicely but this time I thought I needed to be more assertive because I wanted her to take her job seriously.

네, 제가 국제 학교에서 안전 요원으로 일할 때의 일입니다. 저는 동료와 함께 매일 스쿨버스에 탄 학생의 숫자를 세어 기록하고 보고했습니다. 어느 날, 제 동료가 학생 수를 대충 센다고 말했습니다. 학생 수를 정확히 세는 것이 중요한 안전 규정이었기에 저는 매우 놀랐습니다. 이 문제가 안전과 관련된 매우 중요한 사안이기에, 저는 그녀에게 단호하게 버스에 탄 학생 수를 정확히 세는 것이 얼마나 중요한지 강조하고 그녀의 임무 소홀로 인해 발생할 수 있는 일을 설명해 주었습니다. 다행히 그녀는 제 조언을 받아들였습니다. 저는 보통 제 동료들에게 부드럽게 조언을 하지만 이 경우에는 그 동료가 업무의 중요성을 깨닫기를 바랐기 때문에 좀 더 단호한 자세를 취할 필요가 있다고 생각했습니다.

5 주문을 받을 때 말을 빨리 하는 동료를 위한 조언

When I worked at a restaurant in Sydney, I had a colleague who used to speak very fast. Customers couldn't catch what she said when she explained the menu. In addition, there were even some complaints due to miscommunication between her and the customers. So I spoke to her in private to give her a bit of advice. I told her that if she spoke a little bit slower while making eye contact with customers, there wouldn't be such issues. After that, I could see her trying to change her habit of speaking too fast.

제가 시드니의 한 레스토랑에서 일했을 때, 말을 유독 빠르게 하는 직원이 있었습니다. 그녀가 메뉴를 설명할 때는 손님들이 제대로 이해하지 못하는 경우가 많았습니다. 그뿐만 아니라 손님과 그 직원 사이의 의사소통 문제로 인해 불만이 종종 접수되기도 했습니다. 그래서 저는 그녀에게 조언을 하기 위해 둘만의 대화 시간을 가졌습니다. 저는 그녀에게 손님들과 눈을 맞추고 조금 더 천천히 말한다면 이런 문제는 없을 것이라고 말했습니다. 그 이후로, 그 직원이 말을 빨리 하는 습관을 바꾸려 노력하는 것을 볼 수 있었습니다.

6 한국 10대 여학생들을 대하는 법을 잘 모르는 외국인 동료를 위한 조언

When I was working at a private English institute, there was a teacher from Canada. He had only been in Korea for a couple of months so he didn't understand the local culture well. One day I noticed a misunderstanding between him and his students. What happened was one of the students got upset because he made a joke about her dress in class. He told me that he did that in an attempt to build rapport with his students. I understood his intention but gave him advice on dos and don'ts. I told him that some students, especially teenage girls, are very sensitive to people commenting on their appearance, so it would be better to avoid any such jokes. He was grateful for my advice.

* dos and don'ts 해야 할 것과 하지 말아야 할 것

영어 학원에서 일할 당시, 캐나다에서 온 영어 선생님이 있었습니다. 그는 한국에 온 지 몇 달밖에 되지

않아 한국 문화에 대해 잘 알지 못했습니다. 어느 날 저는 학생들과 그 선생님 사이에 오해가 있다는 것을 알게 되었습니다. 그가 수업 중에 한 여학생이 입은 옷에 대한 농담을 했는데 그것이 그 여학생의 기분을 상하게 만들었던 것입니다. 그는 그 여학생과 친해지고 싶은 마음에 한 농담이라고 말했습니다. 그의 의도를 알고 난 후 저는 그에게 수업 시간에 해도 되는 것과 해서는 안 되는 것에 대해 조언해 주었습니다. 또한 일부 학생들, 특히 10대 여학생들은 외모와 남들의 평가에 특히 예민하기 때문에 농담을 할 때 그런 주제는 피하는 것이 좋다는 조언을 해 주었습니다. 그는 제 조언에 고마워했습니다.

7 시간을 잘 안 지키는 동료를 위한 조언

I once gave constructive feedback to a member of my team who was frequently late for work. When I worked as a receptionist, I was part of a group of six. During that time, her lateness made other team members feel uncomfortable to the point of complaining about it behind her back. So, I decided to talk to her about it. I first started with some positive comments on what she was doing well to make her feel at ease. Then I explained to her the importance of punctuality at work – especially in shift jobs – for both team members and customers as well. Thankfully, she took my advice without feeling offended and tried to be more punctual since then. I've realized that when I have to say something to others, it's all about how you say it.

저는 자주 지각을 하는 동료에게 조언을 한 적이 있습니다. 제가 안내 데스크에서 일했을 때 저희 팀은 6명이었습니다. 당시 그 동료의 지각이 잦아지자 팀원들이 그녀의 뒤에서 불만을 토로할 정도에 이르렀습니다. 저는 그 문제에 대해 그녀와 이야기해 보기로 했습니다. 대화 초반에는 그녀의 긴장을 풀어 주기 위해 그녀에 대한 칭찬으로 시작했습니다. 그런 다음, 특히 교대직 업무에서 다른 팀 동료들과 고객들을 위해 시간 엄수가 얼마나 중요한지를 상기시켜 주었습니다. 감사하게도 그녀는 제 충고를 오해 없이 받아들였고 그 후로 시간을 잘 지키려 노력했습니다. 그 일을 통해, 저는 누군가에게 조언을 해야 할 때 중요한 것은 어떻게 말하느냐라는 사실을 알게 되었습니다.

30 동료의 요청을 거절한 경험

Q. Have you ever said "No" to your colleague?

면접관의 속마음

필요한 경우 동료에게 단호한 태도를 취할 수 있는 사람인지?

쌤들의 면접 팁

- 회사는 'Yes man'보다는 필요한 경우 단호한 태도를 취할 수 있는 직원을 선호한다.
- 왜 동료에게 No를 했느냐보다 중요한 것은 어떤 방식으로 No를 했느냐이다. 중요한 것은 말하는 내용보다 말하는 방식이다.
- 답변 시 구체적인 예시가 반드시 있어야 한다. 회사의 규칙이나 안전에 관한 거절은 안전한 답변이다.

유용한 표현

거절과 관련된 표현

- I had to say no because~
  저는 안 된다고 말할 수밖에 없었습니다. 왜냐하면~
- I couldn't help saying no when~(= I couldn't help but say no when~)
  저는 ~했을 때 안 된다고 말할 수밖에 없었습니다.

* can't help ~ing = can't help but 동사원형 ~할 수밖에 없다

샘플 답변

MP3 06-30

1 회의 일정을 반복적으로 미뤄 달라는 동료의 요청 거절

I usually try to help others as much as possible, but when it comes to group work, I say "No" when necessary. For example, when I was leading the preparations for a graduation fashion show with other classmates, we had weekly meetings with our professor to monitor and track our progress. But there was one member who made a habit of putting off her work until the last minute and expecting me to postpone the meetings. I rearranged the meetings a couple of times but she kept making excuses and asking for extensions. Eventually I thought it wasn't fair to the professor and the rest of the team to keep rescheduling the meetings, so I started to say "No" to her.

저는 평소 최대한 다른 사람들을 도우려고 노력하지만, 팀으로 일할 때는 경우에 따라 동료의 부탁을 거절해야 할 때가 있습니다. 예를 들어, 제가 같은 수업을 듣는 학생들과 졸업 패션쇼 준비를 이끌고 있을 때, 저희 팀은 매주 교수님과 작업 진행 상황을 확인하기 위한 미팅을 했습니다. 그러나 당시 습관적으로 자신의 일을 마지막까지 미루고 교수님과의 미팅을 연기해 주기를 바라는 팀원이 있었습니다. 처음 몇 번은 미팅 일정을 변경해 주었지만 그녀는 계속 핑계를 대며 마감 기한을 연장해 달라고 요청했습니다. 결국 저는 미팅 일정을 계속 변경하는 것이 팀원들이나 교수님께 좋지 않다는 생각이 들었고 그 후 그녀의 요청을 거절하기 시작했습니다.

2 어려운 업무를 대신 해 달라는 동료의 요청 거절

Yes. When I worked as a salesperson at a trading company, a new employee joined our department. She was fluent in English, but not good at computer programs such as Excel or PowerPoint. In the beginning, she would ask me for help when she needed to prepare reports or presentations. After helping her the first few times, I realized it would be better to teach her how to fish instead of giving her a fish. So when she asked for my help again, I told her that I had a lot on my plate and would therefore not have time to help her. Instead, I recommended some good MS office tutorials for beginners. She was a little upset at this as it took her much more time to prepare her reports and presentations, but she eventually got used to using the software and appreciated my showing her how to help herself.

* teach someone how to fish instead of giving someone a fish 물고기를 잡아 주는 대신 낚는 법을 알려 주다

네. 제가 무역 회사에서 영업 사원으로 일할 당시 신입 사원이 저희 부서에 들어왔습니다. 그녀는 영어는 유창했지만 엑셀이나 파워포인트 같은 컴퓨터 프로그램 사용은 서툴렀습니다. 그래서 그녀는 발표를 하거나 보고서 작성이 필요할 때마다 저에게 도움을 요청하고는 했습니다. 처음 몇 차례 도와준 후, 저는 물고기를 잡아 주는 것보다 물고기를 낚는 법을 알려 주는 것이 낫다는 사실을 알게 되었습니다. 그래서 그녀가 다시 제 도움을 요청했을 때, 저는 일이 너무 많아 그녀를 도와줄 시간이 없다고 말했습니다. 그 대신 초보자를 위한 좋은 온라인 교육 프로그램을 몇 가지 추천해 주었습니다. 그녀는 스스로 발표나 보고서 준비를 하려면 시간이 훨씬 많이 들기 때문에 조금 서운해했지만, 곧 프로그램 사용에 익숙해지면서 남의 도움 없이 스스로 일할 수 있게 해 준 것에 대해 감사를 표했습니다.

3 위생 규정을 지키지 않은 동료에 대해 단호하게 대처함

I always try to embrace my team and create a positive work atmosphere, but I prefer to be assertive when it comes to safety or hygiene issues. When I worked as a manager at a fast-food restaurant, I noticed that one of the kitchen crew didn't act in accordance with the restaurant's hygiene standards. She didn't wear a hairnet, which all kitchen crew members were supposed to do to avoid any hair from getting into the food. I reminded her of it and she agreed to wear it. A few days later, I saw her violate another hygiene rule. As it wasn't her first time, I thought it was time to take it seriously. I gave her a warning and reported the incident to prevent it from happening again.

대부분의 경우 저는 팀을 포용하고 좋은 업무 분위기를 만들려 노력합니다. 하지만 안전이나 위생과 관련해서는 단호하게 대처하는 것을 선호합니다. 제가 패스트푸드점에서 매니저로 일할 때, 한 직원이 위생 규정을 위반한 것을 알게 되었습니다. 그녀는 주방 직원들이 머리카락이 음식에 들어가는 것을 예방하기 위해 사용해야 하는 머리망을 쓰고 있지 않았습니다. 제가 그 점을 상기시키자 그 직원은 머리망을 쓰겠다고 했습니다. 며칠 후, 저는 그녀가 다른 위생 규정을 어기는 것을 보았습니다. 그 직원의 위생 규정 위반이 처음이 아니기에 저는 이 문제를 진지하게 받아들여야 할 때라고 생각했습니다. 저는 그녀에게 경고를 주고 같은 일이 일어나는 것을 방지하기 위해 회사에 보고했습니다.

4 미숙함을 이유로 일을 대신 해 달라는 요청 거절

I once said "No" to my colleague when I was working at a Japanese restaurant. There was a part-timer who had just started for the first time. She kept asking me to take orders on her behalf as she was unfamiliar with that and had a hard time memorizing the menu. I did it for a few times at first, but after a while I refused because I wanted her to learn how to do it herself. Instead, I gave her some tips on how to recommend something on the menu to customers and how to take orders. I think my decision to say "No" ended up making her confident in her work.

* on one's behalf ~을 대신해
* end up ~ing 결국 ~가 되다

일식당에서 일할 당시 동료의 부탁을 거절한 적이 있습니다. 당시 처음으로 식당에서 일을 시작한 아르바이트생이 있었습니다. 아직 메뉴를 다 외우지 못하고 주문을 받는 데 익숙하지 않았기 때문에, 그녀는 저에게 계속 대신해서 주문을 받아 달라는 부탁을 했습니다. 처음에는 몇 번 도와주었지만 계속 부탁을 하자 저는 그녀가 일을 배워야 한다는 생각에 이를 거절했습니다. 대신 그녀에게 손님에게 메뉴를 추천하는 법과 주문받는 요령을 가르쳐 주었습니다. 제가 그녀의 부탁을 거절했기에 결국 그녀가 일에 대한 자신감을 가질 수 있었다고 생각합니다.

5 업무 시간에 개인 행동을 하는 팀원 제지

Yes, I have. When I worked as a journalist in a previous company, I once said "No" to one of my team members. I was the leader of a team and the team went on a business trip to Tokyo to cover famous shopping streets. We had very tight schedules. However, one of our team visited many shops and bought lots of stuff for her kids and that slowed down our work. I reminded her of our tight schedule and asked her to rather focus on the mission of our trip. She took my advice without any offence and focused on her work.

네, 있습니다. 제가 기자로 일할 당시 한 팀원의 행동을 제지한 적이 있습니다. 일본의 유명 쇼핑 거리를 취재하기 위해 팀장으로서 도쿄로 출장을 갔을 때의 일입니다. 마감 기한이 매우 촉박한 상황에서 한 동료가 그녀의 아이들을 위해 여러 가게에 들러 쇼핑을 했고 이에 일정이 지연되었습니다. 리더로서 저는 그녀에게 저희의 촉박한 일정을 상기시키고 일에 더 집중해 달라고 부탁했습니다. 그녀는 제 충고를 오해 없이 받아들였고 그 이후로 취재에만 집중하기 시작했습니다.

31 동료에게 도움을 준 경험

Q. Have you ever helped your colleague?

면접관의 속마음

좋은 팀워크를 발휘할 수 있는 사람인지?

쌤들의 면접 팁

- 직원으로서 당연히 해야 하는 업무를 동료를 도운 것과 혼동하지 말자.
- 승무원들은 항상 팀으로 일하므로 인간 관계는 아주 중요한 부분이다. 동료와의 관계와 관련된 질문들은 예시를 풍부하게 생각해 두자.

답변 구성

- 도움을 주게 된 상황 + 도움을 준 이유 + 구체적으로 어떤 도움을 주었는지

유용한 표현

저는 (상황)에 동료를 도와준 적이 있습니다

- I helped my coworker when (상황).
- I stepped in and helped her when (상황).

답변 골라잡기

- It always feels nice to help someone out and, I realized the favor would be returned if I ever needed.
  누군가를 돕는다는 것은 항상 기분이 좋은 일이고, 저는 제가 베푼 호의가 필요할 때 제게 다시 돌아온다는 것을 알게 되었습니다.
- I enjoy seeing my coworkers succeed and will help them whenever possible.
  저는 저의 동료들이 성공하는 것을 보는 것이 즐겁고 가능할 때마다 동료들을 도울 것입니다.
- Helping coworkers gives me the chance to build good relationships at work.
  동료들을 돕는 것은 제가 직장에서 좋은 관계를 형성할 수 있는 좋은 기회를 제공합니다.
- While helping my colleagues, I can see how they do things as well, and I might even get good tips from them in the process.
  동료들을 도우면서 그들이 어떻게 일을 처리하는지 볼 수 있게 됩니다. 그 과정에서 저 또한 그들로부터 좋은 팁을 얻을 수 있습니다.

샘플 답변

MP3 06-31

1 신입 바텐더 동료가 칵테일 레시피를 암기하도록 도움을 준 경험

When I worked as a bartender at a big pub, there was a new bartender struggling to learn hundreds of cocktail recipes by heart. I saw him frequently checking his smartphone to recall them, but that looked very unprofessional. He said he tried to remember them but he wasn't good at memorizing. I totally understood how he felt because I had the same problem when I'd just started bartending. In order to help, I advised him to memorize dozens of classic and house recipes first as more than half of the cocktail orders were from one of them. I also suggested that he make flashcards and review them often to memorize the cocktails as it had helped me a lot to remember a long list of recipes. In addition, I quizzed him on the flashcards and let him make complicated cocktails every day after work for thirty minutes. Two months later, he finally mastered most of the recipes.

* learn something by heart 암기하다

제가 규모가 큰 바에서 바텐더로 일할 때, 저는 신입 바텐더가 수많은 칵테일 레시피를 암기하는 것을 힘들어한다는 것을 알게 되었습니다. 그는 레시피를 기억하기 위해 자주 그의 스마트폰을 확인했는데 그것은 프로답지 않아 보였습니다. 그는 자신이 노력하고 있으나 암기하는 것이 어렵다고 이야기했습니다. 막 이 일을 시작했을 때, 저도 같은 어려움을 겪었기에 그가 어떠한 상황인지 충분히 이해할 수 있었습니다. 그를 돕기 위해, 저는 우선 전체 칵테일 주문의 반 이상을 차지하는 클래식 칵테일들의 레시피들을 암기하라고 조언했습니다. 그리고 제가 수많은 레시피들을 암기하는 데 도움이 되었던 방법인 플래시카드를 만들어 자주 복습할 것을 그에게 제안했습니다. 또한 저는 매일 퇴근 후 30분씩 그에게 플래시카드로 퀴즈를 내고 복잡한 레시피의 칵테일들을 만들어 보도록 했습니다. 2개월 후 그는 거의 모든 레시피를 숙지할 수 있게 되었습니다.

2 판매 실적이 낮은 동료를 도운 경험

When I worked as a sales person at a department store, my colleagues and I had to undergo a monthly performance evaluation, and then the manager would give us individual feedback. The day was either pleasant or unpleasant according to a person's sales performance. One coworker in particular dreaded these monthly evaluations, because he always struggled to reach his sales targets. As one of the top sellers, I wanted to cheer him up and help him. After we had a long conversation, I noticed that he didn't have a good understanding of our products, so I spent some time with him every day for weeks to go over the products. In addition, I gave him some selling tips which increased his sales and contributed to an increase in his performance as well.

제가 백화점에서 판매원으로 일할 때, 1달에 한 번, 각자의 판매 실적을 평가받는 월간 실적 평가의 날이 있었습니다. 매니저는 그 평가에 따라 직원들에게 개별적으로 피드백을 주었습니다. 실적에 따라 그 날은 기분 좋은 날일 수도 있고 스트레스를 받는 날이 되기도 했습니다. 팀원 중 판매 실적이 저조한 한 동료는 그 날을 매우 두려워했습니다. 우수 판매원 중 1명으로서, 저는 그에게 용기를 주며 도와주고 싶었습니다. 그와의 긴 대화 끝에 저는 그가 판매 제품에 대해 충분히 이해하지 못하고 있다는 것을 알게 되었습니다. 그래서 저는 몇 주간 그와 함께 제품에 대한 리뷰를 하는 시간을 가졌고 또한 판매 요령들을 알려 주었습니다. 결국 그의 판매 실적은 증가했고 그의 실적 평가 점수도 좋아지게 되었습니다.

3 신입 사원 트레이닝 프로그램이 없는 회사에서 신입 사원을 도운 경험

When I started to work at a hotel, there was no initial training for new employees. For that reason, I didn't get all the training I'd needed. So when a new hire joined our team, I let him shadow me to see what I did and how I did it. We even had lunch together several times so that I could go over some basic tips for work in detail. He appreciated my help a lot and quickly ended up understanding his job and role within the hotel well.

제가 호텔에서 일을 시작할 때는, 신입 직원을 위한 교육이 없었습니다. 그 이유로 인해 저는 저에게 필요한 적절한 교육을 받지 못했습니다. 그래서 저는 한 신입 직원이 들어왔을 때, 저를 따라다니며 제가 하는 일을 배우도록 했습니다. 그리고 점심을 몇 번 함께 하며 일에 대한 기본적인 팁들을 상세하게 알려 주었습니다. 결국 그는 그에게 맡겨진 일과 역할에 대해 잘 이해하게 되었고 저에게 고마움을 표했습니다.

4 향수병에 걸려 우울해하는 동료를 도운 경험

When I worked in a design company in New York, I had an Indian co-worker who always looked depressed and lost. When I asked about her well-being, she revealed that she was homesick and badly missed her family and friends. I just wanted to help her as she looked really demotivated. So when I found out that she was a big K-pop fan, I suggested that we go to a K-pop festival in Manhattan. Long story short, we really enjoyed the event and had a lot of fun. After that, we had dinner at an Indian restaurant and became good friends. She appreciated what I did for her and I realized that little acts of kindness can help others.

제가 뉴욕에 있는 디자인 회사에서 일할 때, 항상 울적해 보이는 인도에서 온 동료가 있었습니다. 제가 그녀에게 괜찮은지 물어보았을 때, 그녀는 향수병으로 인해 고향에 있는 가족과 친구들이 너무 그립다고 이야기했습니다. 그녀가 의욕이 없어 보였기 때문에 저는 그녀를 어떻게든 돕고 싶었습니다. 그래서 우연히 그녀가 K-pop의 팬이라는 사실을 알게 되었을 때, 저는 맨해튼에서 열리는 K-pop 축제에 함께 가자고 제안했습니다. 짧게 이야기하자면, 함께 좋은 시간을 보냈고 이후 우리는 인도 음식점에서 저녁을 함께 먹었습니다. 그 이후로 우리는 친구가 되었고 그녀는 저의 행동에 고마워했습니다. 저 또한 저의 작은 선의의 행동이 누군가에게 도움이 될 수 있다는 것을 알게 되었습니다.

5 원어민 동료 강사에게 조언을 해 준 경험

When I worked as an English teacher at a language institute, one of my colleagues from Canada was having difficulty in making students pay attention in his class. They were second-graders and, at that age, they have a short attention span and get distracted very easily. He said that it was hard to make them concentrate and follow his instruction. I advised him to utilize various teaching methods such as games, English animation or pop-songs to keep them focused. With my detailed advice, he was able to create a freer learning environment that was more fun and allowed students to focus better.

제가 외국어 학원에서 영어 강사로 일할 때, 캐나다에서 온 저의 동료 중 1명이 학생들이 수업에 집중하도록 하는 것을 힘들어했습니다. 그의 수업은 초등학교 2학년 학생들로 구성된 반이었기 때문이었습니다. 그 연령대의 아이들은 집중할 수 있는 시간이 짧기 때문에 쉽게 산만해집니다. 그는 학생들을 집중시키고 그의 가르침에 따르도록 하는 것이 힘들다고 말했습니다. 저는 그에게 게임, 영어 애니메이션 보기, 팝송 듣기 등 다양한 방법을 활용해 보라고 조언했습니다. 저의 구체적인 조언으로, 그는 더 자유롭고 재미있는 학습 환경을 조성해 학생들이 잘 집중할 수 있는 수업을 하게 되었습니다.

6 동료를 위해 영어 가이드북을 만들어 준 경험

I previously worked as a receptionist at a big shopping center in Dongdaemun. This area is very popular among foreigners so many of them visited the center. My colleagues and I had many chances to communicate with them in English and Chinese, but one coworker couldn't speak English. Whenever foreign customers asked her something, her face turned red with embarrassment. Thanks to two years of overseas experience, I'm good at English and wanted to help her somehow. In order to do that, I made a note for her with useful English expressions and put it on her desk so that she could refer to it when necessary. The note took a couple of days to complete, but once I had given it to her, she was very happy and appreciated my help.

저는 동대문에 있는 큰 쇼핑몰 안내 데스크에서 일한 경험이 있습니다. 그곳은 외국인들에게 잘 알려진 관광 명소였기 때문에 많은 외국인이 방문하는 곳입니다. 저를 포함한 직원들은 외국인 고객들과 소통을 하기 위해 영어와 중국어를 사용할 기회가 많았는데, 저의 동료 중 1명은 영어를 잘하지 못했습니다. 외국인 고객이 그녀에게 질문을 할 때면, 그녀는 당황해서 얼굴이 붉어지고는 했습니다. 2년간의 해외 경험이 있는 저는 영어에 자신이 있었고 그녀를 돕고 싶었습니다. 그래서 그녀가 필요할 때마다 볼 수 있도록 유용한 영어 표현들을 적은 노트를 만들어 데스크에 올려놓았습니다. 노트를 완성하기까지는 며칠이 걸렸지만, 그녀에게 그 노트를 건넸을 때 그녀는 매우 기뻐하며 고마워했습니다.

7 상품권 판매 시 실수를 반복하는 동료를 도와준 경험

Currently, I'm working as a cashier at a shopping mall and one of my main duties is selling gift cards. One day, I found that a new cashier repeated the same mistakes when selling the gift cards, and that made her very depressed. In order to help her, we went over the basic selling procedures together for several days in a row during our lunch breaks. I noticed that she wasn't double checking her calculations to work faster. So I advised her to make a habit of it to avoid any mistakes. She appreciated my help a lot.

* several days in a row 며칠 연속으로

현재 저는 쇼핑몰에서 계산원으로 일하고 있고 저의 주된 업무 중 하나는 상품권을 판매하는 일입니다. 어느 날, 저는 신입 계산원이 상품권을 판매할 때 같은 실수를 반복한다는 것을 알게 되었습니다. 그리고 그런 실수는 그녀를 주눅 들게 만들었습니다. 저는 그녀를 돕기 위해서 며칠 연속으로 점심시간마다 그녀와 함께 상품권 판매 기본 절차들을 복습했고, 그녀가 일을 할 때 업무를 빠르게 처리하기 위해 그녀가 한 계산을 다시 확인하지 않는다는 것을 알아차렸습니다. 그래서 저는 그녀에게 재차 확인하는 습관을 들이도록 조언했습니다. 그녀는 저의 도움에 굉장히 고마워했습니다.

32 동료와의 갈등 경험

Q. Have you ever come into conflict with someone at work?

면접관의 속마음

동료와의 갈등을 어떤 방식으로 해결하는 사람인지?
살아온 배경과 생각이 다른 동료와의 갈등 상황을 슬기롭게 풀어 나갈 수 있는 사람인지?

쌤들의 면접 팁

- 직장 내의 인간 관계, 자신과 의견이 다른 동료와의 갈등을 어떤 식으로 해결하는지 알아보고자 하는 질문이다.
- 팀으로 일할 때 동료와의 갈등이나 의견 불일치는 피할 수 없는 일이다. 때문에 갈등이 한 번도 없었다고 대답하기보다는 솔직하게 답변하되, 갈등 해결에 있어 원인(why)보다는 어떻게 해결했는지(how)에 초점을 두어 답변한다.

이런 답변은 피하자

너무 쉽게 해결되거나 갈등이 아닌 상황을 포함한 답변

- There was a coworker who had strong mood swings. She used to treat people according to her mood. That's why I felt uncomfortable to work with her. So, I talked to her about the issue, and she promised not to do it again.

  감정 기복이 심한 동료가 있었습니다. 그 동료가 본인의 기분에 따라 사람들을 대할 때 저는 불편함을 느꼈습니다. 그래서 저는 그 문제에 대해 이야기를 했고 그 동료는 조심하겠다고 말했습니다.

→ 갈등의 과정은 상세하게, 그러나 갈등 해결의 과정은 한 줄로 간단히 설명하는 경우가 많다. 실제 동료 사이의 갈등은 그렇게 간단히 해결되지 않는 경우가 대부분이다. 갈등 해결의 과정을 구체적으로 설명해서 면접관에게 나의 대인 관계 및 문제 해결 능력을 보여 주자.

답변 구성

- 동료와의 갈등 경험 + 대처 방법 및 결과

유용한 표현

갈등 상황과 관련된 표현

- Once, I had difficulty working with my manager when I worked at (직장명). Because~
  제가 (직장명)에서 일할 때, 저는 매니저와 일하는 데 어려움이 있었습니다. 왜냐하면~
- In order to avoid escalating situations, I try to~
  상황이 악화되는 것을 막기 위해, 저는 ~하는 방법으로 노력합니다.
- I'm usually not in conflict with my coworkers but if I am, I try to~
  저는 동료들과 갈등 없이 잘 지내는 편이지만, 만일 그런 경우가 생긴다면 저는 ~하려고 노력합니다.
- (해결 방법) is the best way to deal with the situation.
  (해결 방법)이 그 상황을 해결하기 위한 최선의 방법입니다.

답변 골라잡기

- I think the best way to solve a problem is through honest conversation.
  제 생각에 문제를 해결하는 가장 좋은 방법은 솔직한 대화인 것 같습니다.
- From this experience, I've found that I need to control my emotions when I come into conflict with someone at work.
  저는 이 경험을 통해, 동료와 갈등이 있을 때는 제 감정을 조절할 필요가 있다는 것을 깨달았습니다.
- If I have a problem with my coworker, I would think very carefully what caused the problem and have an open conversation with him or her. And then I would try to suggest solutions making positive statements rather than

negative statements.

만일 동료와 갈등이 생긴다면 저는 그 문제의 원인이 무엇인지 매우 신중하게 생각한 후 그 동료와 솔직한 대화를 나눌 것입니다. 그 후 부정적인 말보다는 긍정적인 말로 해결책을 제시하려 노력할 것입니다.

샘플 답변

MP3 06-32

1 힘든 일을 남에게 미루려고 하는 동료와의 갈등

When I worked at a restaurant, there was a coworker who habitually dumped his work on others. Whenever he wanted to do that, he made excuses. For the first few times, I threw the trash away and checked the toilet for him, but I soon realized that he came up with those excuses on purpose to avoid doing something difficult or dirty. I told him a few times to do it himself, but he wouldn't listen. I thought it would be better to find a smarter way to sort out this problem other than confronting him. At a weekly staff meeting, I suggested putting up a check sheet in the toilet to show customers that we check it on a regular basis. The manager loved that idea, and implemented it right after the meeting. As names and times had to be recorded on the sheet, he couldn't help but do what was expected of him. By systemizing the task, I solved the problem without raising my voice.

* dump on ~에게 떠넘기다

제가 식당에서 일을 했을 때, 자신의 일을 습관적으로 남에게 미루는 동료가 있었습니다. 그는 그럴 때마다 핑계를 댔습니다. 처음 몇 번은 그를 대신해서 쓰레기를 버리거나 화장실을 점검했지만, 곧 그가 힘들거나 더러운 일을 피하기 위해 변명을 한다는 사실을 알게 되었습니다. 저는 그에게 스스로 그 일들을 하라고 여러 번 말했지만, 그는 제 말을 듣지 않았습니다. 저는 그와 정면으로 부딪치는 것보다 이 문제를 해결하기 위한 더 현명한 방법을 찾는 것이 좋을 것이라 생각했습니다. 그래서 주간 직원 회의에서 저는 화장실 체크 표를 만들어 벽에 붙여 두고 고객들에게 화장실이 주기적으로 체크되고 있다는 것을 알리자는 제안을 했습니다. 매니저는 그 아이디어를 마음에 들어 했고, 회의 직후부터 실행이 되었습니다. 이름과 시간이 체크 표에 기록이 되어야 했기 때문에 그는 그 일을 하지 않을 수 없었습니다. 일을 체계화시킴으로써 저는 제 목소리를 높이지 않고 문제를 해결할 수 있었습니다.

2 기분에 따라 업무 태도가 심하게 변하는 동료와의 갈등

In my previous company, there was a coworker who had strong mood swings. When she felt good, she was so nice and friendly to others. But when she felt down, she was a different person and treated people badly. At first, I felt she was kind of cold to me. That made me wonder whether I'd perhaps made a mistake or whether she simply disliked me. But when she gave me the cold shoulder again for no reason, I felt offended and had an argument with her. I was really upset, but I didn't want bad blood between us since we had to work together every day. So a few days later when her mood seemed okay, I had a coffee break with her. I explained how I felt when she behaved so unreasonably toward me. She apologized and said that she was suffering from depression and couldn't always control her emotions. That conversation enabled us to understand each other and to make up. If we hadn't talked about the incident, I would've misjudged her.

* have strong mood swings 감정 기복이 심하다
* give somebody the cold shoulder 쌀쌀맞게 대하다
* bad blood between A and B A와 B 사이의 악감정, 불화

전 직장에서, 기분 변화가 심한 동료가 있었습니다. 그녀는 기분이 좋을 때는 아주 친절하고 상냥하게 사람들을 대하다가, 기분이 좋지 않을 때는 완전히 다른 사람이 되어 사람들을 함부로 대했습니다. 처음에 그녀가 저에게 냉랭하게 대했을 때, 저는 제가 그녀에게 무엇인가 실수를 했거나 그녀가 저를 싫어한다고 생각했습니다. 그러나 그녀가 다시 한번 이유 없이 저를 차갑게 대했을 때, 저는 기분이 상해서 그녀와 언쟁을 벌였습니다. 저는 기분이 좋지 않았지만 어쨌거나 저는 그녀와 매일 함께 일해야 했기에 둘 사이의 불화를 원하지 않았습니다. 그래서 며칠 후 그녀의 기분이 좋아 보일 때, 그녀와 커피를 마시며 대화를 나누었습니다. 저는 그녀가 그렇게 행동할 때 제 기분이 어떤지 설명했습니다. 그녀는 사과하며 우울증 때문에 가끔 감정 조절이 어렵다는 사실을 말해 주었습니다. 그녀와의 대화를 통해 우리는 서로를 이해하게 되었으며, 화해할 수 있었습니다. 제가 그 동료에게 이유를 묻지 않았다면 그 동료에 대해 오해를 했을 것입니다.

3 나에 대해 나쁜 소문을 퍼뜨리는 동료와의 갈등

In a previous company, there was a coworker who started her employment there at the same time as I. At first, we used to be good friends and supported each other. But not long after that, I realized that she was a negative person who loved to spread rumors. When I advised her not to do that, she got very upset. So, I distanced myself from her. A few weeks later, one of my team members told me that she was gossiping about me. So I thought it was time to sort out this problem. When I asked her in person whether or not she was gossiping behind my back, she admitted it and said the reason for that was my giving her unasked-for advice. Through the conversation, we apologized and made up. Then, her gossiping about me stopped. I think the best way to solve a problem is through honest conversation.

이전 직장에서, 저와 같은 시기에 입사한 동기가 있었습니다. 처음에 우리는 좋은 친구였고 서로를 도와주었습니다. 하지만 얼마 지나지 않아, 저는 그녀가 부정적이고 루머를 퍼뜨리는 것을 좋아하는 사람이라는 사실을 알게 되었습니다. 그녀에게 그런 행동을 하지 말라고 조언했을 때, 그녀는 불쾌해했습니다. 그래서 저는 그녀와 거리를 두었습니다. 몇 주 후, 저의 팀 동료 중 1명이 저에게 그녀가 저에 대한 나쁜 소문을 퍼뜨리고 다닌다는 이야기를 해 주었습니다. 그때 저는 그녀와의 문제를 해결해야 할 때라고 생각했습니다. 개인적으로 그녀를 만나 저에 대한 소문을 퍼뜨린 것이 사실이냐고 묻자, 그녀는 제가 요청을 하지도 않은 충고를 한 것에 기분이 상해서 그랬다고 말하며 루머에 대해 인정했습니다. 대화를 통해 우리는 서로 사과하고 화해했습니다. 이후, 그녀는 그러한 행동을 더 이상 하지 않았습니다. 제 생각에 문제를 해결하는 가장 좋은 방법은 솔직한 대화인 것 같습니다.

4 이유 없이 나를 질책했던 상사와의 갈등

When I once was an intern at ABC Hotel, I had a problem working with my supervisor. She was so hard on me that she would often assign unreasonably large amounts of work without proper instruction and then scolded me for every single mistake. She even yelled at me once in front of the customers and that made me and them feel uncomfortable and embarrassed. So I decided to have a frank discussion with her on how I felt about her leadership and her coaching style. She explained that the reason for her being so hard on me was that she thought I would learn faster just like she did when she had been trained that way. She apologized and appreciated the fact that I had an outspoken discussion with her. After that, her attitude changed and I realized that the best way to handle conflict is through communication.

제가 예전에 인턴으로 ABC 호텔에서 근무할 때, 저의 상사와 일하는 데 어려움을 겪었습니다. 그 상사는 저에게 매우 엄격해서 제가 혼자 처리하기 힘든 많은 양의 일을 자세한 지시 사항을 주지 않은 채 할당하고, 실수 하나에도 엄하게 질책하고는 했습니다. 한번은 손님들 앞에서 제게 소리를 질러 지켜보던 손님들과 제가 민망하고 불편했던 적도 있습니다. 그래서 저는 그 상사의 리더십과 코칭 스타일에 대해 제가 어떻게 생각하는지에 대한 솔직한 대화를 그녀와 해 보기로 했습니다. 상사는 자신 역시 그렇게 훈련받았고 그 방식을 통해 일을 더 빨리 배울 수 있었음에, 저도 그럴 것이라 생각했다며 엄하게 대한 이유를 설명해 주었습니다. 그녀는 사과하며 제가 솔직하게 이야기해 준 것에 대해 고마움을 표시했습니다. 그 이후로 그녀의 태도가 변했고 저는 갈등을 해결하는 최선의 방법은 소통이라는 사실을 알게 되었습니다.

5 레시피 매뉴얼을 무시하고 임의로 음료를 만들던 카페 동료와의 갈등

I once had a disagreement with a colleague when I worked at a cafe. When a new beverage was launched, many customers complained that it was too bland. So my coworker changed the original recipe by adding more syrup to the drink, saying that customers would rather prefer hers. But since the cafe was part of a big coffee franchise, I thought regular customers could tell the difference. I voiced my concern, but she wouldn't listen to me and that resulted in an argument. To resolve this matter, I suggested passing on the customers' feedback to the branch manager so that he could report it to the head office in the hope of officially changing the recipe. When we finally got the revised recipe, we both felt good to have found the happy medium.

* voice one's concern ~의 우려를 표명하다
* find a happy medium 적당한(좋은) 합의점을 찾다

제가 카페에서 일할 때 동료와 의견이 맞지 않았던 적이 있습니다. 새 음료 메뉴가 출시되었을 때, 많은 손님들이 그 음료의 맛이 밍밍하다는 불만을 제기했습니다. 그래서 제 동료 중 1명이 원래의 조리법을 변경해서 그 음료에 시럽을 더 많이 넣기 시작했습니다. 그녀는 고객들이 본인의 레시피를 더 좋아할 것이라고 말했습니다. 하지만 그 카페가 큰 프랜차이즈 카페였기 때문에, 저는 단골 고객들은 그 맛의

차이를 구분할 수 있을 것이라는 생각에 우려를 표현했습니다. 그러나 그녀는 제 말을 듣지 않으려 했고 결국 언쟁이 생겼습니다. 이 문제를 해결하기 위해 저는 매니저에게 새로운 음료에 대한 고객의 피드백을 전달하고 본사에서 공식적으로 음료의 레시피를 바꿀 수 있도록 하자고 제안했습니다. 결국 본사에서 그 음료에 대한 수정된 레시피가 나왔을 때 저와 제 동료는 적당한 합의점을 찾아 만족했습니다.

6 바쁘다는 핑계로 규정을 어기고 미리 커피 추출을 해 놓는 동료와의 갈등

I haven't been in serious conflict with a coworker except for one minor disagreement on different working methods. It happened when I worked at a cafe. I was taught that time and temperature are very important in brewing coffee. However, one coworker used to extract the coffee for espresso in advance to provide customers with a faster service. I told her that espresso is supposed to be brewed after taking orders to preserve the quality of the coffee. But she wouldn't listen to me, saying that no one could tell the difference. So I suggested doing a blind test and it turned out that most staff members preferred the freshly extracted coffee. She finally admitted that people could tell the difference and agreed not to extract the coffee in advance.

지금까지 동료와 심각한 갈등을 빚어 본 적은 없었지만 일하는 방식에 있어서 의견이 달랐던 적은 있습니다. 카페에서 일할 때 있었던 일입니다. 저는 커피 추출은 정확한 시간과 적절한 온도가 매우 중요하다고 배웠습니다. 그러나 제 동료는 손님들에게 커피를 더 빨리 제공하기 위해 에스프레소를 미리 추출해 놓고는 했습니다. 그래서 저는 그녀에게 맛있는 커피를 만들기 위해서 에스프레소는 주문을 받은 후 추출해야 한다고 말했습니다. 하지만 그녀는 아무도 그 차이를 모를 것이라며 자신의 의견을 굽히지 않았습니다. 그래서 저는 그 동료에게 블라인드 테스트를 제안했고 결과적으로, 대부분의 직원들은 막 추출한 신선한 커피를 선호하는 것으로 드러났습니다. 그 후 그녀는 마침내 사람들이 그 차이를 구분할 수 있다는 사실을 인정했고 커피를 미리 추출하지 않기로 했습니다.

7 식당에서 주문받는 방법의 차이로 인한 동료와의 갈등

Yes I have. I had an argument with a colleague when I was working as a server at a restaurant in Sydney. It was a very busy day and we had a backlog of orders and, as a result, it took a long time to serve customers their food. So when I took orders, I informed the customers of the situation, told them their estimated waiting time, and apologized in advance for any inconvenience. However, my colleague didn't mention anything to her customers and that led to complaints from those who didn't expect to be waiting so long for their food. I told her to inform the customers about it. But she said it would slow down the work flow. I felt bad for the customers. After work, we had a talk in private and I told her that I partially agreed with her view, but we wasted far more time handling the complaints of customers who were unaware of the backlog. Thankfully, she got my point and promised to inform the customers properly if a scenario like this would happen again.

* have a backlog of orders 주문이 밀리다

네 있습니다. 시드니의 한 레스토랑에서 종업원으로 일했을 때, 저는 동료와 언쟁을 벌인 적이 있습니다. 그 날은 손님들이 많아 매우 바쁜 날이었고, 주문이 밀려 있었습니다. 손님들은 주문한 음식을 받기까지 오랜 시간이 걸렸습니다. 그래서 주문을 받을 때, 저는 손님들에게 음식이 늦게 나올 것에 대한 양해를 구하고 예상 대기 시간을 알려 주었습니다. 그러나 제 동료는 주문을 받을 때 손님들에게 음식이 늦게 나올 것에 대한 언급을 전혀 하지 않았습니다. 그 결과로 일부 손님들이 불평하기 시작했습니다. 그래서 저는 그녀에게 주문을 받을 때 손님들에게 상황을 설명하라고 말했지만 그녀는 그렇게 하면 일을 더 늦어지게 만들 것이라고 말했습니다. 저는 오래 기다리는 고객들에게 미안한 마음이 들었습니다. 근무가 끝나고, 우리는 대화를 했습니다. 저는 그 동료에게 부분적으로 그녀의 의견에 동의하기는 하지

만 결과적으로 미리 양해를 구하지 않아 생긴 고객 불만을 처리하느라 허비한 시간이 훨씬 더 많다는 것을 상기시켰습니다. 다행히도 그녀는 제 의견을 받아들였습니다. 그녀는 같은 상황이 다시 발생할 때는 손님들에게 정확한 정보를 주겠다고 말했습니다.

33 함께 일하고 싶은 동료

Q. What type of people do you want to work with?

면접관의 속마음

지원자가 생각하는 이상적인 팀원의 모습은 어떠한지?

쌤들의 면접 팁

- 함께 일하고픈 동료의 유형을 간단히 언급하고 본인의 경험을 짧게 언급하거나 본인이 바로 그런 동료가 될 것이라는 것을 어필해 주면 좋다.

유용한 표현

저는 ~한 동료와 일하는 것을 좋아합니다(= 저는 ~한 동료와 일하고 싶습니다)

- I enjoy working with people who~
- I best enjoy working with people who~
- I work best with people who~
- My favorite type of person to work with is the person who~
- I want to be around people who~

- It would be nice and fun to work with a colleague who~
- I would love to work with a person who~

샘플 답변

MP3 06-33

1 본인의 일을 사랑하고 즐기는 동료

I work best with people who love and enjoy what they do. They always feel proud of their jobs and have positive energy that is very contagious and beneficial to an optimistic work atmosphere. In my experience, those kinds of people are responsible for better team results because they motivate and inspire others around them. That's why I want to work with people like that.

저는 본인의 일을 사랑하고 즐기는 사람들과 일하는 것을 좋아합니다. 그들은 항상 자신이 하는 일에 자부심을 느끼며 긍정적인 업무 분위기에 도움이 되는 전염성이 강한 긍정적인 에너지를 갖고 있습니다. 저의 경험에 비추어 볼 때, 그러한 유형의 사람들은 주변 사람들에게 동기를 부여하고 영감을 주어 팀에 더 나은 결과를 가져옵니다. 이것이 바로 제가 즐기면서 일하는 사람들과 일하는 것을 선호하는 이유입니다.

2 긍정적이고 유머러스한 동료

I best enjoy working with people who are optimistic, energetic, and humorous because they create a positive team spirit and a strong bond among the members. My previous manager is a good example. Once, our team was working overtime for several days to get a big project done on time. He motivated and inspired us with his funny jokes and positive energy when we were struggling with a heavy workload and a hectic schedule. That ultimately led to the project's success. I think people like my ex-manager are vital to build a happy team.

저는 긍정적이고 열정이 넘치며 유머 감각이 풍부한 사람들과 일할 때 가장 즐겁게 일합니다. 왜냐하면 그들은 긍정적인 팀 분위기를 만들어 내고 멤버 간의 강한 유대감을 조성하기 때문입니다. 저의 예전 상사가 그 좋은 예입니다. 저희 팀은 큰 프로젝트를 제 시간에 마치기 위해 며칠 동안 야근을 한 적이 있습니다. 그는 과도한 업무와 바쁜 스케줄로 지쳐 있는 팀원 모두에게 그의 긍정적인 에너지와 특유의 농담으로 동기를 부여시키고 힘을 실어 주었습니다. 그리고 그것은 결국 프로젝트의 성공으로 연결되었습니다. 저의 예전 상사 같은 사람들은 행복한 팀을 만드는 데 꼭 필요한 사람이라고 생각합니다.

3 직업 윤리관이 투철한 동료

I most enjoy working with people who have a strong work ethic. Based on my experience, I found that those people are self-disciplined and dedicated to their jobs. They have good attendance records and place a high value on punctuality, which are vital for this position. In addition, they are willing to take initiative and deal with challenging tasks when necessary. I have these traits and want to be around like-minded people to deliver remarkable customer service.

* like-minded 생각이 비슷한

저는 직업 윤리관이 투철한 동료와 일하는 것이 좋습니다. 저의 경험으로 비추어 볼 때, 이런 유형의 사람들은 자기 절제가 뛰어나고 자신이 맡은 일에 최선을 다하며 이 직업에 필수적인 시간 엄수 능력 및 높은 출석률을 보입니다. 또한, 솔선수범하고 필요시 팀을 위해 기꺼이 힘든 업무를 맡아서 합니다. 저 또한 이러한 성향을 가지고 있으며, 훌륭한 고객 서비스 제공을 위해 저와 같은 자세를 가진 사람들과 함께 일하고 싶습니다.

4 팀원들에게 동기를 부여하는 동료

It would be nice and fun to work with a colleague who is good at motivating team members. I worked with such a person in a publishing company. Everyone was always overwhelmed by a heavy workload right before a deadline. We often had to work overtime at night for more than a week at a time. When everyone was exhausted, she always said nice things, told funny jokes, and made us laugh. Sometimes she even got us energy drinks or sweets to cheer us up. Even though the work itself was hard, we enjoyed working together thanks to her.

팀원들을 잘 격려하고 동기 부여를 해 주는 동료와 일한다면 일이 즐거울 것 같습니다. 제가 출판사에서 일했을 때 그런 동료가 있었습니다. 마감 직전에는 항상 팀원 모두가 과도한 업무량에 힘들어 했습니다. 때로는 일주일 이상 야근을 해야 할 때도 있었습니다. 모두가 지쳐 있었을 때면, 그녀는 격려의 말과 함께 재치 있는 농담으로 모두를 웃게 해 주었습니다. 그리고 종종 힘내라는 응원과 함께 모든 팀원들에게 에너지 음료 또는 달콤한 간식들을 나눠 주고는 했습니다. 일 자체는 힘들었지만 그녀 덕분에 함께 일하는 것이 즐거웠던 경험이 있습니다.

5 항상 잘 도와주고 지지해 주는 동료

I would love to work with a person who always supports other team members by being a reliable back-up. When I was a leader of a group project in college, there was a team member who was very supportive and actively participated on the project. One day, I was too sick to attend an urgent team meeting and it couldn't be postponed just for me because we were running out of time. So she took over as leader and delegated tasks to team members based on their strengths. She even helped them with their allocated tasks on my behalf. I was deeply impressed by her dedication. She demonstrated that being supportive and reliable is very important, and that is exactly the kind of person I want to be as a member of your cabin crew.

* on one's behalf ~를 대신해서

저는 언제든지 든든한 지원군으로서 팀을 돕는 동료와 함께 일하고 싶습니다. 대학에서 팀 프로젝트의 리더 역할을 하던 당시, 프로젝트에 적극적으로 참여하고 항상 팀원들을 잘 돕는 팀원이 있었습니다. 어느 날, 제가 몸이 아파서 팀 미팅에 참석할 수 없었습니다. 그러나 발표를 위한 시간이 많이 남지 않았기에 미팅을 미룰 수는 없었습니다. 그래서 아픈 저를 대신해서 그녀가 리더의 역할을 맡아, 각 팀원들이 잘하는 일 중심으로 할 일을 분담해 주었습니다. 심지어 저를 대신해서 다른 팀원들의 일도 도와주었습니다. 저는 그녀의 팀을 위한 헌신에 깊은 인상을 받았습니다. 그녀는 도움을 주고 신뢰할 수 있는 사람이 되는 것이 매우 중요하다는 사실을 보여 주었습니다. 제가 귀사의 승무원으로서 팀원이 된다면 이와 같은 동료가 되고 싶습니다.

6 유연한 사고와 태도를 가진 동료

I enjoy interacting with others, so I usually get along well with various types of people. The best type among them to work with is a person with a flexible mindset and attitude. With five years of work experience in the customer service field and two years of overseas experience in Australia, I've come to realize that every person has a different background, value system and perspective, so being open to others is very important to build good relationships. I think cabin crew members must be open and flexible as they work with multinational coworkers and passengers.

저는 사람을 좋아하기에 다양한 유형의 사람들과 잘 어울리는 편입니다. 그중 함께 일하기 좋은 유형의 사람은 유연한 사고와 태도를 가진 사람입니다. 5년간의 서비스 경력과 2년간의 호주에서의 해외 경험을 통해, 모든 사람들은 각자 다른 배경과 가치, 관점을 가지고 있기에 타인에 대한 열린 마음을 가지는 것이 사람들과 좋은 관계를 맺기 위해 매우 중요하다는 사실을 알게 되었습니다. 승무원은 여러 국적의 동료와 승객들과 함께 일하기 때문에 유연한 태도를 가지는 것이 필수적이라고 생각합니다.

7 다른 사람의 말을 경청하는 동료

For the last seven years, I've met many kinds of colleagues. Some of them were remarkably great to work with, and I found that the one thing they all had in common was being good listeners. They always tried their best to encourage and welcome the thoughts, opinions, and feelings of others. And whenever I'm faced with a difficult situation, it's really helpful to know that there is someone who could listen to me.

지난 7년 동안 저는 다양한 유형의 직장 동료들을 만났습니다. 그중 일부는 정말 함께 일하기에 좋은 사람들이었는데, 그들에게는 다른 사람의 말을 잘 들어 준다는 공통점이 있다는 사실을 발견했습니다. 그들은 상대방의 말을 경청하면서 상대방의 생각, 의견, 감정 등을 잘 이끌어 내며 호응해 주려고 항상 노력했습니다. 일하면서 힘든 상황에 부딪힐 때, 제 말을 잘 들어 주고 지지해 주는 동료가 있다는 것은 큰 도움이 됩니다.

8 친근하며 먼저 남에게 잘 다가가는 동료

In my opinion, someone who has an approachable attitude is the best type of person to work with. When I was twenty, I worked as a waitress at a family restaurant. The place was huge and there were many kinds of coworkers. I remember a girl among them who always greeted everyone with a smile. I noticed that her bright energy and beautiful smile often changed a chilly workplace into a pleasant one. Moreover, her behaviors including making small talk and showing an interest in my hobbies made me feel closer to her and more comfortable. I learned from this experience that a cheerful 'hello' in the morning and a genuine interest in fellow colleagues can create a better atmosphere and relationships at work.

제 생각으로는 친근하고 다가가기 쉬운 동료가 일하기 가장 좋은 유형의 동료인 것 같습니다. 제가 20살 때 패밀리 레스토랑에서 웨이트리스로 일한 적이 있습니다. 큰 식당이었기에 많은 직원들이 있었는데, 그중에서도 항상 밝은 미소로 동료들을 맞아 주던 동료가 기억이 납니다. 그때 저는 그녀의 밝은 에너지와 아름다운 미소가 경직된 분위기를 밝게 만들어 준다는 것을 알아차렸습니다. 또한 그녀가 먼저 제 취미에 흥미를 보이며 말을 걸어 준 덕분에 그녀와도 더 가깝고 편한 사이가 될 수 있었습니다. 이러한 경험을 통해, 먼저 기분 좋은 아침 인사를 건네고 동료의 관심사를 물어 보면서 먼저 다가가는 자세가 업무 분위기와 동료들과의 관계를 더 좋게 만들 수 있다는 사실을 배우게 되었습니다.

34 함께 일하기 싫은 동료

Q. What type of people do you feel uncomfortable to work with?

면접관의 속마음

어떤 유형의 동료와 함께 일하기 불편하며 그런 동료로부터 무엇을 배웠는지?

쌤들의 면접 팁

- 자신의 경험을 돌이켜 생각해 보면 함께 일하기 힘든 유형의 사람이 있었을 것이다. 그러한 경험을 바탕으로 솔직히 이야기하면 된다.
- 단, 면접관이 꼬리 질문으로 구체적인 경험을 물어보는 경우 동료를 직접적으로 비난하는 표현을 쓰기보다는 내가 불편하다고 느꼈던 동료의 행동이나 상황을 객관적으로 설명하는 것이 좋다.

이런 답변은 피하자

너무 강한 표현을 쓴 답변

- I hate to work with a person who is lazy at work.
  저는 게으른 사람과 일하는 것이 싫습니다.

유용한 표현

~한 동료와 일하고 싶지 않습니다

- It's not easy to work with people who~
- I don't work best with people who~
- I find it difficult(hard) to work with~
- I wouldn't feel comfortable to work with a person who~
- It won't be so pleasant to work with people who~
- It's challenging for me to work with people who~
- I feel uncomfortable to work with those who~
- I wouldn't be happy to work with people who~
- It wouldn't be fun to work with~
- I wouldn't like to work with someone who~

답변 골라잡기

함께 일하기 싫은 동료의 유형

- Two-faced people
  이중적인 사람, 겉과 속이 다른 사람
- People who are prone to lie
  거짓말을 자주 하는 사람
- People who take other people's ideas and pass them off as his own
  다른 사람들의 아이디어를 가로채 마치 본인의 것인 것처럼 행동하는 사람
- People who bring their personal problems to work and create a bad work atmosphere with their own frustrations
  직장에서 본인의 사적인 문제로 업무 분위기를 흐리는 사람
- A person who does not respect others(work rules)
  다른 사람(규칙)을 존중하지 않는 사람
- A person who says much and does little
  말만 앞서는 사람
- People who are not adaptable to others and do stuff their own way
  독단적인 사람
- Inflexible, indecisive people who are unable to think outside the box
  융통성 없고 우유부단한 사람
- People who dump their work on others
  자신의 일을 남에게 떠넘기는 사람

샘플 답변

MP3 06-34

1 공과 사를 구분하지 못하는 동료

It's challenging for me to work with people who mix professional matters with personal ones. A former colleague of mine used to bring her personal problems and frustrations to work and created a bad atmosphere. I understand we are all humans and sometimes it's not easy to conceal our emotions. However, I think we have to make an effort to separate our work from our personal life to create a positive work environment.

공과 사를 구분하지 못하는 사람들과 일하는 것은 어려운 일입니다. 예전 직장의 한 동료는 개인적인 문제와 불만을 직장으로 가져와서 업무 분위기를 흐리고는 했습니다. 사람이기에 때로는 감정을 숨기기 쉽지 않을 때가 있다는 것은 저도 이해합니다. 하지만 바람직한 업무 환경 조성을 위해 일과 사적인 문제를 구분하려는 노력을 기울여야 한다고 생각합니다.

2 협동심이 부족한 동료

I feel uncomfortable to work with those who aren't cooperative. In my experience, I've found that a team can't function if they don't work together as a whole. Unless the different members are supportive of each other, they won't be able to build a good and strong team that can deliver quality service.

저는 협동심이 부족한 사람들과 일하고 싶지 않습니다. 제 경험상 모두가 함께 단결해서 일하지 않으면 그 팀은 제대로 운영될 수 없습니다. 각 팀원들이 서로를 도와주지 않는다면, 좋은 서비스를 제공하는 결속력이 강한 좋은 팀을 만들 수 없습니다.

3 말만 앞서는 동료

I wouldn't be happy to work with people who are all talk and no action. My former team leader used to dump his work on others. And he took other people's ideas and passed them off as his own. His behavior impacted teamwork negatively and made the team dysfunctional. I believe good customer service comes from good teamwork, so I hope to work with people who have a strong sense of responsibility.

* all talk no action 말만 앞서고 행동은 하지 않는
* dump one's work on others ~의 일을 남에게 미루다
* pass something off as something ~을 자신의 것인 척하다

저는 말만 앞서고 행동은 하지 않는 사람들과 일하고 싶지 않습니다. 제 전 직장의 팀장은 자신의 일을 남에게 미루고는 했습니다. 그리고 다른 사람들의 아이디어를 가져가 마치 자신의 것인 척 사용하기도 했습니다. 그의 행동은 팀워크에 부정적인 영향을 끼쳤고 팀원들의 사기를 저하시켰습니다. 저는 좋은 서비스는 좋은 팀워크에서 나온다고 믿기에 책임감이 강한 사람들과 일하고 싶습니다.

4 감정 기복이 심한 동료

It's not easy to work with people who have strong mood swings. When I worked at a restaurant, I had a colleague who was going through a lot of emotional ups and downs. Her mood kept changing all the time. When she was happy, she treated people nicely, but when she was feeling blue, she got very aggressive. I tried to make her feel better by offering her sweet drinks or making funny jokes when she felt down. In spite of my efforts, it wasn't easy to cheer her up, and that demotivated the rest of the team.

* have strong mood swings 기분 변화가 심하다

저는 감정 기복이 심한 사람들과 일하는 것이 쉽지 않습니다. 레스토랑에서 일할 때, 심한 감정 기복을 겪고 있는 동료가 있었습니다. 그녀의 기분은 시시각각 변했습니다. 기분이 좋을 때는 사람들에게 상냥하게 대했지만 기분이 좋지 않을 때는 공격적으로 변했습니다. 저는 그녀가 기분이 좋지 않을 때 달콤한 음료를 건네거나 재미있는 농담을 하며 기분을 풀어 주려 애썼습니다. 저의 노력에도 불구하고 그녀의 기분은 쉽게 좋아지지 않았고 나머지 팀원들에게도 부정적인 영향을 끼쳤습니다.

5 자기중심적인 동료

It wouldn't be fun to work with self-centered people. When I worked as a receptionist in a shopping mall, my coworkers and I had to do shift work. There was one colleague who always asked me to switch shifts with her, which meant I had to work every Saturday. In the beginning, I covered her Saturday shift several times, but later I found out that she had asked other team members the same thing only so that she could hang out with her boyfriend. When I eventually refused to fill in for her, she was a bit offended. It wasn't a pleasant experience.

* cover someone's shift 대신 근무를 서다

* fill in for~ ~를 대신하다

저는 자기중심적인 사람들과 일하고 싶지 않습니다. 쇼핑몰의 안내 데스크에서 일할 당시 저와 팀원들은 교대로 근무했습니다. 그중 한 동료는 항상 제게 자신의 토요일 근무를 바꾸어 달라고 부탁했습니다. 처음에는 몇 번 그녀 대신 토요일에 근무를 해 주었지만 나중에 저는 그녀가 단지 남자 친구와 데이트를 하기 위해 다른 동료들에게 같은 부탁을 해 왔다는 것을 알게 되었습니다. 그 후 대신 근무를 서 달라는 그녀의 부탁을 거절했을 때 그녀는 서운해했고 그것은 저에게도 유쾌하지 않은 경험이었습니다.

6 책임감 없는 동료

I'm an easy-going person and enjoy working with various types of people because I believe there's something to be learned from everyone. But I don't work best with people who aren't responsible. In college, I had to work in a group of seven to do a PowerPoint presentation. Every single member had to pull their weight as there was a lot of research to be done and information to be gathered. Unfortunately, there was one team member who didn't participate in the group meetings and didn't respond to online group messages either. As a result, it was very difficult to meet the presentation deadline. Based on this experience, I've learned that a strong sense of responsibility is a very important factor for a team to work well together.

* pull their weight 자신의 역할을 다하다

저는 원만한 성격이고 누구에게나 배울 점이 있다고 생각하기에 다양한 유형의 사람들과 일하는 것을 즐깁니다. 하지만 책임감이 없는 사람들과 일하며 좋은 결과를 내기는 어렵습니다. 대학 시절, 발표 자료를 만들기 위해 7명의 팀원과 함께 작업을 한 적이 있습니다. 발표 전에 많은 조사와 정보 수집이 필요했기에 각 팀원은 자신의 맡은 바 역할을 다 해야 했습니다. 하지만 회의나 온라인 그룹 채팅에도 참여를 하지 않는 팀원이 있었습니다. 그 결과, 제시간에 발표 준비를 끝내는 것이 정말 어려웠습니다. 그 경험을 바탕으로 강한 책임감이 팀으로 일할 때 정말 중요한 요소라는 것을 깨달았습니다.

7 습관적으로 일에 늦는 동료

I'm a sociable person so I enjoy working with many kinds of people. But I wouldn't like to work with someone who is habitually late for work or appointments. Because I think punctuality is the key to building trust and good relationships with fellow team members. Someone who's frequently late demotivates others and that results in a bad work atmosphere.

저는 사교적인 사람이기에 다양한 사람들과 일하는 것을 좋아합니다. 하지만 습관적으로 일이나 약속에 늦는 사람과는 일하고 싶지 않습니다. 팀원들과 좋은 관계를 맺고 신뢰를 형성하는 것에 있어서 시간 엄수가 핵심 요소라고 생각하기 때문입니다. 자주 늦는 사람은 동료들과 업무 분위기에 나쁜 영향을 끼칩니다.

고민 미리 보기

Chapter 4와 관련된 실제 고민 상담 카톡

❶ 직무 수행 중 갈등 상황을 경험해 보지 못했어요

민아 선생님♡ 제가 아직 대학생이라서 정규직으로 일해 본 경험이 없어요. 회사 규칙을 어긴 적도, 동료랑 다투거나 의견 불일치를 겪은 경우도 없어요. 도대체 답변을 어떻게 해야 하나요?

아직 학생이라면 직장 경험이 많지 않은 것은 당연한 거예요. 학창 시절, 아르바이트생으로 일한 경험을 최대한 답변에 녹여 낼 것! 그리고 정말 그러한 경험이 없다면 솔직하게 대답해도 돼요.

❷ 직장에서 한 실수를 그대로 말해도 괜찮을까요?

하림 선생님! 제가 업무 관련 경험 답변을 만들다가 궁금한 게 있어 카톡을 드립니다. 제가 호텔에서 신입으로 일할 때, 의도치 않게 실수를 많이 저질렀어요. 작은 실수도 있고, 큰 실수도 저질렀고요. 직장에서 실수한 경험을 묻는 질문에 이런 것들을 진짜 말해도 되나요?

신입 때 실수하는 것은 모두에게 있는 경험 아닌가요? 저 역시 첫 비행 때는 서비스를 제대로 하지도 못한 걸요. 하지만 굳이 심각한 실수를 면접장에서 이야기할 필요는 없겠죠? 실수한 경험을 이야기할 때 그 실수에만 너무 초점을 맞추지 말고, 어떻게 해결해 나갔는지와 그 경험을 통해서 무엇을 배우고 어떻게 성장해 갔는지를 언급한다면 최고의 답변이 될 거예요.

Chapter 05

지원 동기 및 포부

35 승무원 지원 동기

Q. **Why do you want to become a cabin crew member?**

면접관의 속마음

승무원이라는 직업을 잘 이해하고 있으며 열정과 포부가 있는지?

쌤들의 면접 팁

- 자기소개와 함께 질문 빈도가 가장 높으며 면접관이 당연히 궁금해 할 수 있는 부분임에도 제대로 답변을 하지 못하는 지원자가 의외로 많다.
- 단순히 승무원에 대한 환상이나 호기심, 승무원으로서 누릴 수 있는 혜택의 나열이 아닌 승무원이 되고 싶은 명확한 이유나 확고한 의지가 엿보이는 답변을 하도록 하자.

이런 답변은 피하자

승무원이 되었을 때 누릴 수 있는 이점만 나열하는 답변

- I want to become a flight attendant because I heard there are so many benefits and entitlements such as a competitive salary, travelling around the globe, discounted flight tickets and so on.

  높은 연봉, 여행, 할인 티켓 등 승무원에게 주어지는 많은 혜택을 누리고자 승무원이 되고 싶습니다.

막연한 답변

- It has been my dream and ambition to become a cabin crew member since I was young.
  어릴 때부터 승무원이 되는 것이 꿈이었습니다.

답변 구성

- 성격, 학교 생활, 해외 경험, 일 경험, 직업의 장점, 직업관, 서비스 철학, 포부 중 2~3개를 골라 답변 구성

유용한 표현

제가 승무원에 지원하는 이유는 ~때문입니다

- It's mainly because~
- What made me apply for this position is~
- The biggest reason why I have a passion for being a cabin crew member is~
- The reason why I decided to be a flight attendant is~
- I'm applying for this position because~

답변 골라잡기

- I applied for this position because my background is well-suited for this role and I'd like to advance my career in a bigger and more dynamic place.
  승무원에 적합한 이력을 가지고 있으며 더 넓고 역동적인 곳에서 일하고 싶기에 지원하게 되었습니다.

- The reason why I applied for this position is that I have many qualities needed to be a good flight attendant.
  제가 승무원이 되고 싶은 이유는 좋은 승무원이 되기 위해 필요한 자질을 많이 가지고 있기 때문입니다.

- I think this job would offer me a great chance of meeting diverse people and seeing the world.
  저는 이 직업이 제게 다양한 사람들과 만나고 새로운 세상을 볼 수 있는 기회를 제공할 것이라 생각합니다.

- While interacting with multinational passengers and coworkers, I will be able to broaden my perspective to see the world that we live in.
  다양한 국적의 승객과 동료들과 교류하면서 우리가 살고 있는 세상을 보는 제 시야를 넓힐 수 있을 것이라 생각합니다.

- I want to become a cabin crew member because I believe this job can expand my worldview so that I can have a better understanding of myself and others. And it will allow me the opportunities to experience the world in various ways.
  제가 승무원이 되고자 하는 이유는 세상을 바라보는 더 넓은 시야를 가질 수 있고 저 자신과 사람들을 더 깊이 이해할 수 있기 때문입니다. 또한 다양한 방식으로 세상을 경험할 수 있는 기회를 가지게 될 것입니다.

- Because your core value is in line with my values.
  귀사의 핵심 가치와 저의 가치관이 일치하기 때문입니다.

- I get motivated and learn from people. So I look forward to making a career in the industry where I can serve with and interact people.
  저는 사람들로부터 동기 부여를 받고 배우는 사람입니다. 그래서 사람들과 소통하고 도울 수 있는 분야에서 경력을 쌓기를 희망합니다.

- By being a flight attendant, I will get an opportunity to interact with diverse people.
  승무원이 됨으로써, 다양한 사람들과 교류할 수 있는 기회를 얻게 될 것이라 생각합니다.

- I want to find a job in the service field where my skills and experience could be utilized.
  저는 저의 경험과 기술들을 활용할 수 있는 서비스 분야에서 일하기를 희망합니다.

- I would like to work in an international company where I could experience new cultures and environments.
  저는 새로운 문화와 환경을 경험할 수 있는 다국적 회사에서 일하고 싶습니다.

• I want to work in a field that gives me many opportunities to develop myself.
저는 제 자신을 발전시킬 수 있는 기회를 제공할 수 있는 분야에서 일하고 싶습니다.

샘플 답변

MP3 06-35

1 해외 경험 X 서비스직 경험 X : 외국인 학생들과의 동아리 활동

It's mainly because my personality and experience align well with it. During my college days, I actively participated in a club called Buddy, which helped international students to adjust to college life in Korea. Sharing ideas and cultures with people from all over the world broadened my worldview and improved my language skills. And it also made me realize that I love working with different people and seeing people satisfied with my service. I'm absolutely sure that this is what I want to do with my future.

* align well with 부합하다, 일치하다

제가 승무원을 희망하는 주된 이유는 제 성격과 경험이 승무원직과 잘 맞는다고 생각하기 때문입니다. 저는 대학 시절, 외국인 학생들의 한국 대학 생활 적응을 돕는 '버디'라는 동아리에서 활발히 활동했습니다. 전 세계에서 온 학생들과 생각과 문화를 공유하면서 저는 세상을 보는 눈이 넓어지고 언어 능력도 향상되었습니다. 또한 제가 다양한 배경을 가진 사람들과 일하고 저의 서비스로 사람들을 만족시키는 것을 좋아한다는 사실을 알게 되었습니다. 저는 승무원이 제가 원하는 제 미래의 직업이라는 것을 확신합니다.

2 해외 경험 X 서비스직 경험 O : 다년간의 서비스직 경험과 적성

That's because I believe I'm a perfect fit for this position. Throughout my six years of work experience in the customer service industry, I've never felt working for customers is something burdensome. I really enjoy working with and for other people. Also, I can quickly grasp what my customers want and respond promptly to their needs. Now I would like to expand my career in the air where more chances exist to develop myself.

제가 승무원을 희망하는 이유는 제가 이 직업에 적임자라고 생각하기 때문입니다. 고객 서비스 분야에서 6년 동안 일하면서 저는 한 번도 고객을 위해 일하는 것이 힘들다고 느껴 본 적이 없습니다. 저는 사람들과 함께 일하고 고객을 응대하는 것을 진심으로 즐깁니다. 또한 저는 고객이 원하는 것을 빠르게 파악하고 신속하게 서비스를 제공할 수 있습니다. 저는 저 자신을 발전시킬 수 있는 더 많은 기회가 있는 하늘에서 제 커리어를 넓히고 싶습니다.

3 해외 경험 X 서비스직 경험 O : 풍부한 서비스직 경험과 외향적인 성격

What made me apply for this position is my people-oriented personality and plenty of service experience. I love to meet new people in new places as it excites me and gives me complete joy. I'm convinced that this position is the one where I can make full use of my language skills and my seven years of work experience in the F&B(= food and beverage) industry.

제가 승무원직에 지원한 이유는 사람을 좋아하는 저의 성격과 풍부한 서비스직 경험 때문입니다. 새로운 장소에서 새로운 사람들을 만나는 것은 늘 제 가슴을 뛰게 하고 제게 큰 기쁨을 주는 일입니다. 저는 승무원이 저의 언어 능력과 식음료 분야에서 쌓은 7년간의 경력을 십분 활용할 수 있는 직업이라고 생각합니다.

4 해외 경험 X 서비스직 경험 O : 서비스직 경험과 글로벌한 근무 환경

First of all, I'd like to have a job that I'm good at and truly enjoy.

I believe this is the one I've been looking for regarding all the skills that I've gained from five years in the customer service field. Moreover, I would like to work in a multinational environment where I can utilize my language skills and willingness to learn new things. As my parents used to say, a big fish must swim in deep waters. – that's why I'm applying for this position.

저는 무엇보다 제가 잘 할 수 있고 진정으로 즐길 수 있는 일을 하고 싶습니다. 서비스 분야에서 5년 동안 배우고 깨달은 것들을 고려할 때 저는 승무원이라는 직업이 제가 찾고 있었던 바로 그 일이라고 생각합니다. 또한 저의 언어 능력을 활용하고 새로운 것을 배우고자 하는 열정을 충족시킬 수 있는 다국적 환경에서 일하고 싶습니다. 부모님께서 늘 말씀하셨듯이, 큰 물고기는 큰 물에서 살아야 합니다. 이것이 제가 승무원이 되고자 하는 이유입니다.

5 해외 경험 O 서비스직 경험 O : 해외 유학 및 아르바이트 경험

I want to become a cabin crew member because I strongly believe that this job is the one I can truly enjoy and do well. Two years of studying and working in the USA gave me a chance to mingle with people from culturally different backgrounds. Since then, I've always wanted to work in a multicultural environment. Furthermore, I really feel delighted when I see people happy with my service. During my school days, I had diverse part-time jobs in different fields. That was a good chance for me to know which job fits me best. I might not have all the qualifications needed for this job at this stage, but I'm young and passionate enough to become the best in the near future.

제가 진정으로 즐길 수 있으며 잘할 수 있는 일이라 확신하기에 승무원이 되고 싶습니다. 미국에서 2년 동안 공부와 일을 하며 다양한 문화적 배경의 사람들과 어울릴 수 있는 기회를 얻었고, 그 이후 항상 다국적 환경에서 일하기를 희망했습니다. 또한 저는 사람들이 저의 서비스에 행복해하는 것을 볼 때 기쁨을 느낍니다. 학창 시절에 다양한 분야의 아르바이트를 했고 그로 인해 어떤 일이 저와 가장 잘 맞는지 알게 되었습니다. 제가 비록 지금 당장은 승무원이라는 직무에 필요한 모든 자격 조건을 갖추지 못했다 하더라도, 저의 젊음과 열정으로 머지않아 최고의 승무원이 될 것입니다.

6 해외 경험 O 서비스직 경험 O : 해외 호텔 근무

I applied for this position because my background is well-suited for this role and I'd like to advance my career in a bigger and more dynamic place. I majored in hotel management and have been working in ABC Hotel in Singapore for three years. So I'm well-trained in the art of hospitality and customer care. Also, I'm competent to work with colleagues and customers from culturally different backgrounds. I'm positive that my background and experience will help me make your customers want to fly with SKY Airlines again and I'm ready to deliver excellence on behalf of your company.

승무원에 적합한 이력을 가지고 있으며 더 넓고 역동적인 곳에서 일하고 싶기에 지원하게 되었습니다. 저는 호텔 경영학과를 졸업하고 싱가포르에 있는 ABC 호텔에서 3년째 근무하고 있습니다. 그렇기에 저는 고객 서비스에 있어 잘 훈련된 인재입니다. 또한 저는 문화적으로 다양한 배경을 가진 동료 및 고객들과 일하고 응대하는 데 있어 능숙합니다. 저의 전공 및 경험이 승객들이 SKY 항공을 다시 이용하게 만드는 데 도움이 되리라 믿으며, 저는 귀사를 대표해서 훌륭한 서비스를 제공할 준비가 되어 있습니다.

7 해외 경험 O 서비스직 경험 O : 다년간의 해외 서비스직 경험

The reason why I applied for this position is that I have many qualities needed to be a good flight attendant. I'm a people person and good at grasping what people want and need. And my six years of service experience in the USA helped me become confident in the hospitality industry. On top of that, I've frequently heard from coworkers and customers that I'm very kind and suitable for my job. I'm looking forward to having many chances to improve myself through my passion and aptitude as part of your cabin crew team at SKY Airlines.

제가 승무원이 되고 싶은 이유는 좋은 승무원이 되기 위해 필요한 자질을 많이 가지고 있기 때문입니다. 저는 사람을 좋아하고 사람들이 원하고 필요로 하는 것을 빨리 파악합니다. 또한 미국에서의 6년간의 서비스 경험을 통해 서비스 업계에서 일하는 것에 대한 자신감을 얻었습니다. 무엇보다 동료들과 고객들로부터 매우 친절하고 서비스직이 잘 맞는 사람이라는 말을 자주 들어 왔습니다. 저의 열정과 자질을 바탕으로 SKY 항공의 승무원으로서 저 자신을 더 발전시킬 수 있기를 기대하고 있습니다.

36 항공사 지원 동기

Q. Why did you apply to our airline?

면접관의 속마음

우리 항공사에 얼마나 많은 관심과 열정을 가지고 있는지?

쌤들의 면접 팁

- 많은 지원자들이 승무원 지원 동기와 항공사 지원 동기가 비슷한 질문이라고 생각하지만 엄연히 다른 질문이다.

- 답변의 포인트는 수많은 정보들 중에서 특히 인상 깊은 점에 나만의 해석을 덧붙이는 것이다. 검색을 하면 누구나 알 수 있는 정보를 단순히 나열하는 것은 좋은 인상을 주지 못한다.
- 면접관은 회사에 대한 관심과 열정이 보이는 지원자를 선호하므로 각 항공사에 대한 조사 및 이해를 바탕으로 답변을 만드는 것이 좋다.

답변 구성

- 해당 회사의 최신 정보, 슬로건, 핵심 가치, 고객 서비스 및 철학, 새로운 서비스, 평판, 해당 항공사를 이용한 경험, 내가 회사에 기여할 수 있는 점, 나의 포부 중 2~3개를 골라 답변 구성

유용한 표현

항공사 지원 동기와 관련된 표현

- The biggest reason why I chose your company is~
  제가 귀사를 선택한 가장 큰 이유는 ~입니다.
- I apply to your company because(due to)~
  저는 귀사에 ~를 이유로 지원했습니다.
- There are many reasons why I would like to be a part of your company.
  귀사에 일원이 되고 싶은 이유는 많습니다.
- What truly impressed me is that~
  제가 깊은 감명을 받았던 점은 ~입니다.
- I applied to (항공사명) because I want to be part of the best cabin crew.
  제가 (항공사명)에 지원한 이유는 최고의 승무원이 되고 싶기 때문입니다.
- I'm sure that (항공사명) is the right place where I should be.
  (항공사명)은 제가 있어야 할 곳이라고 확신합니다.
- (항공사의 강점) is the reason why I think (항공사명) is one of the most successful airlines.
  저는 (항공사의 강점)이 바로 (항공사명)이 가장 성공적인 항공사 중 하나인 이유라고 생각합니다.

샘플 답변

MP3 06-36

1 카타르 항공 : 최고 수준의 서비스와 직원 교육

I applied to your company because I strongly believe that Qatar Airways is the best place where my vision can be fulfilled. I'm a person who strives for excellence in my field as you do, and my vision is to be the best customer service specialist. I believe that numerous awards and innovative services such as Qsuite are clear evidence of your position as the world's best airline and commitment to excellence. What truly impressed me is that you keep focusing on delivering a higher level of service and never settle for the present. I'm sure that your professional education programs for crew and renowned guest services will enable me to be the best service expert. I'm looking forward to delivering remarkable service in your company.

저는 카타르 항공이 저의 비전을 실현시킬 수 있는 최고의 항공사라고 생각하기 때문에 지원했습니다. 저는 카타르 항공처럼 제가 하는 일에서 최고를 추구하는 사람이며 저의 비전은 최고의 서비스 전문가가 되는 것입니다. 귀사가 수상한 많은 상과 Qsuite 같은 혁신적인 서비스는 카타르 항공이 세계 최고의 항공사이며 탁월한 서비스를 위해 헌신하는 회사임을 나타내는 분명한 증거라고 생각합니다. 더 인상 깊은 점은 현재의 위치에 안주하지 않고 더 나은 서비스를 위해 끊임없이 노력한다는 점입니다. 카타르 항공의 전문적인 교육 프로그램과 훌륭한 고객 서비스는 저를 최고의 서비스 전문가로 만들어 주리라 확신합니다. 제가 카타르 항공에서 탁월한 서비스를 제공할 수 있기를 희망합니다.

2 카타르 항공 : 성장성 및 높은 수준의 서비스와 복지

Since I've decided to become a cabin crew member, Qatar Airways has always been at the top of my list. First of all, I've been impressed by your rapid growth and bright future. But what impressed me the most was your passion and commitment for an unparalleled level of service. Flying with your company a couple of times convinced me that it is the right place for me to work in. The safe work environment and great welfare packages with good benefits for your employees attracted me as well. I'm looking forward to creating a truly remarkable experience as part of your winning team.

제가 승무원이 되기를 결심한 순간부터 카타르 항공은 항상 가장 입사하고 싶은 항공사였습니다. 우선 카타르 항공의 빠른 성장과 밝은 미래가 무척 인상적이었습니다. 하지만 가장 인상 깊었던 점은 그 어떤 항공사와도 비교할 수 없는 수준의 서비스를 추구하는 카타르 항공의 열정과 헌신입니다. 카타르 항공을 여러 차례 이용하면서 제가 일해야 할 곳이라는 확신이 들었습니다. 안전한 근무 환경과 훌륭한 직원 복지도 지원한 이유 중 하나입니다. 카타르 항공의 일원으로서 고객에게 멋진 경험을 제공할 수 있기를 희망합니다.

3 에미레이트 항공 : 핵심 가치의 공유

I always learn something from other people and, in doing so, try to be a better version of myself. I've been following how Emirates has changed and grown over time. The way you make an effort to make progress is a lot like me. If I work in a company that shares my values, I'll be able to offer genuine service. It will also allow me to explore my career in the customer service industry further.

저는 항상 사람들에게서 배우며 이를 바탕으로 더 나은 사람이 되기 위해 노력합니다. 저는 에미레이트 항공이 어떻게 변화해 왔고 성장해 왔는지 지켜보았습니다. 귀사가 발전을 위해 노력하는 모습은 저와 유사합니다. 만일 제가 저와 같은 가치를 공유하는 회사에서 일한다면 진심이 담긴 서비스를 제공할 수 있을 것입니다. 또한 고객 서비스 분야에서의 제 커리어를 발전시켜 나갈 수 있으리라 생각합니다.

4 에미레이트 항공 : 글로벌한 근무 환경

The reason why I've applied to Emirates is that I enjoy working in a dynamic atmosphere with people from all over the world. Since your airline is, so to speak, a small world itself with crew members from more than 140 different nationalities, I'd love to work in that environment. I believe it could broaden my views and develop me in positive ways.

* so to speak 이른바, 소위, 말하자면

제가 에미레이트 항공에 지원한 이유는 제가 전 세계에서 온 사람들과 일할 수 있는 역동적인 환경에서 일하는 것을 좋아하기 때문입니다. 에미레이트 항공은 140여 곳의 국가에서 온 승무원들로 이루어진 이른바 작은 세계이며, 저는 그런 글로벌한 환경에서 일하고 싶습니다. 이는 제 시야를 넓히고 제 자신을 긍정적인 방향으로 발전시킬 수 있다고 믿습니다.

5 KLM : 회사의 경쟁력 및 직원 중심의 문화

There are many reasons why I would like to be a part of your company. First of all, KLM is the world's longest-running airline operating under its own name, which means that you've succeeded in being competitive for a century. But what impressed me more is your constant efforts to listen to and respond to customers. I especially think your 24/7 service on social media in nine major languages is brilliant and very customer-focused. In addition, your employee-oriented culture and pleasant work environment are very attractive. I'm looking forward to creating memorable experiences as part of the KLM brand.

귀사의 일원이 되고 싶은 이유는 많습니다. 우선 KLM은 KLM이라는 이름으로 운영하고 있는 세계에서 가장 오래된 항공사이며 이는 귀사가 한 세기 동안 성공적으로 경쟁력을 유지해 왔다는 것을 의미합니다. 그러나 더 인상 깊은 점은 고객의 소리에 끊임없이 귀 기울이고 응대하려는 귀사의 노력입니다. 특히 9개의 세계 주요 언어로 제공되는 소셜 미디어를 통한 24/7 서비스는 고객 중심의 뛰어난 아이디어라고 생각합니다. 귀사의 직원 중심의 문화와 쾌적한 근무 환경 역시 굉장히 매력적입니다. KLM의 일원으로서 고객에게 기억에 남는 경험을 선사할 수 있기를 희망합니다.

6 KLM : 환경 친화적 발전 추구 및 안전 중심 문화

The biggest reason why I've chosen your company is that KLM is the company that I can love and feel proud of. I'm deeply impressed by the fact that you've been voted as the most sustainable airline for more than ten years, which stands for your constant efforts to generate sustainable value to society. Your safety-focused culture is another benefit that gets me excited as it allows me to work in a safer workplace. Based on my background and understanding of your company's philosophy, I'm fully prepared to deliver memorable service.

* stand for 상징하는, 나타내는

KLM에 지원한 가장 큰 이유는 제가 사랑하고 자랑스러워할 수 있는 회사이기 때문입니다. 특히 10년이 넘게 환경 친화적 발전을 하는 항공사로 선정된 것은 사회에서 지속 가능한 가치를 만들기 위한 KLM의 끊임없는 노력을 상징하기에 매우 인상적입니다. 보다 안전한 환경에서의 근무를 보장하는 KLM의 안전 중심 문화 또한 흥미로운 장점입니다. 저의 경력과 귀사의 경영 철학에 대한 이해를 바탕으로, 기억에 남는 서비스를 제공할 준비가 되어 있습니다.

7 루프트한자 : 직원 친화적인 근무 환경

Because you are one of the most crew-friendly airlines that I know. I believe if a company takes good care of its employees, it'll motivate them a lot and that will go to good customer service. Two key values of

Lufthansa are work-life integration and diversity. Work-life integration especially captured my attention as it enables employees to balance their work and family responsibilities. I can easily recognize how much employees are satisfied with their companies when these values are a corporate priority. And I also want to be part of that group of people.

제가 지원한 이유는 루프트한자가 제가 아는 항공사 중 가장 직원 친화적인 회사이기 때문입니다. 회사가 직원을 소중히 대한다면 직원들에게 큰 동기 부여가 될 것이고 이는 결국 좋은 고객 서비스로 이어진다고 생각합니다. 루프트한자의 두 가지 핵심 가치는 일과 삶의 통합, 그리고 다양성입니다. 특히 일과 삶의 통합은 직원들이 일과 가정 사이의 균형을 이룰 수 있게 해 준다는 점에서 제 눈길을 끌었습니다. 이러한 가치들이 회사의 우선순위일 때 직원들이 회사에 얼마나 만족해할지 쉽게 알 수 있습니다. 저도 자신이 속한 회사에 만족하는 루프트한자의 일원이 되고 싶습니다.

8 루프트한자 : 인상적인 항공사 이용 경험

I've dreamed of becoming a member of your team ever since I was on board a Lufthansa flight. It was completely full and yet the service was well-organized and a professional attitude of your crew was very impressive. They were very friendly and never failed to smile while offering service to hundreds of passengers for almost ten hours. Moreover, I've heard that there are many long-term Korean employees. It shows that they are highly satisfied with your company and I guess the reason is that you care about your employees a lot and help them to work in the best environment. That's why I hope to become a member of your team.

저는 루프트한자를 이용한 이후로 귀사의 일원이 되는 것을 꿈꾸어 왔습니다. 그 비행은 만석이었지만 서비스는 체계적이었고 승무원의 전문적인 태도가 매우 인상적이었습니다. 승무원들은 매우 친절했고 수백 명이 넘는 승객들에게 10시간이 넘게 서비스를 하면서도 웃음을 잃지 않았습니다. 또한 루프트한자에는 장기 근속 중인 한국인 직원이 많다고 들었습니다. 이는 직원들의 회사에 대한 높은 만족도를 반영하며, 직원 만족도가 높은 이유는 회사가 직원들의 행복에 관심을 가지며 최고의 환경에서 일할 수 있도록 도와주기 때문이라고 생각합니다. 이러한 점이 제가 루프트한자의 일원이 되기를 희망하는 이유입니다.

9 싱가포르 항공 : 직원의 발전을 가치 있게 생각하는 회사

I believe I can develop my potential to the full in Singapore Airlines. There are many innovative services that your company has offered first, but I know its key competitive advantage is its people. The company places strong emphasis on the development of employees and that's exactly what attracted me to apply to your airline. I'd love to become a Singapore girl so that I can grow together with this world's best company by living my passion and utilizing my skills.

저는 싱가포르 항공에서 저의 잠재력을 십분 발휘할 수 있을 것이라 믿습니다. 귀사가 최초로 시작한 혁신적인 서비스가 많지만, 싱가포르 항공의 가장 큰 핵심 경쟁력은 사람이라고 생각합니다. 싱가포르 항공은 직원의 발전을 중요하게 생각하는 회사라는 점이 제가 귀사에 지원하게 된 이유입니다. 저는 싱가포르 걸이 되어 저의 열정과 능력으로 세계 최고의 항공사에서 함께 성장해 나가고자 합니다.

10 싱가포르 항공 : 세계 최고의 서비스

I applied to Singapore Airlines because I want to be part of the best cabin crew. This airline always proves to be a top-tier company with numerous awards and is well-known for its cabin crew and quality service. I feel happy when I can work in a good team and offer customers genuine service. And I know that you seek people who are customer-focused and team-oriented, so it will be my pleasure if I can work as a member of your team. Also, I'd love to live in Singapore, because I'm fascinated by its nice people and the beautiful places. So being a Singapore girl will be a most satisfying and fulfilling professional life.

제가 싱가포르 항공에 지원한 이유는 최고의 승무원이 되고 싶기 때문입니다. 싱가포르 항공은 많은 상을 수상하며 세계 최고의 항공사임을 입증했고 최고의 승무원과 서비스로 잘 알려져 있습니다. 저는 좋은 팀과 일하고 고객들에게 진심 어린 서비스를 제공할 수 있을 때 행복을 느낍니다. 귀사가 고객과 팀을 우선으로 하는 인재를 찾고 있다는 것을 알기에 싱가포르 항공의 일원으로서 일할 수 있다면 기쁠 것 같습니다. 또한, 싱가포르의 친절한 사람들과 아름다운 장소들에 매료되었기에 싱가포르에서 살고 싶습니다. 따라서 싱가포르 걸이 된다는 것은 제게 직업적으로 가장 큰 만족과 성취감을 줄 것입니다.

11 중국동방 항공 : 서비스 경험 및 항공사의 명성

The reason why I want to be a cabin crew member in your airline is because of my service experience and China Eastern Airlines' reputation. Your company is one of the leading global airlines which focuses on bringing wonderful experiences to customers. Through my work experience in Australia, I realized that I can be excellent in a multinational work environment. And since I majored in Chinese, I would like to utilize my language skills in addition to my fluent English. So, based on my overseas work experience and my language abilities, I want to be a swallow that brings joy and happiness to passengers in your company.

제가 중국동방 항공에 지원한 이유는 저의 서비스 경험과 중국동방 항공의 명성 때문입니다. 귀사는 고객에게 멋진 경험을 제공하는 것에 최선을 다하는 일류 글로벌 항공사 중 하나입니다. 호주에서의 경험을 통해 저는 다국적 환경에서 능숙하게 일을 해낼 수 있는 사람이라는 것을 깨달았습니다. 또한 중국어를 전공했기에 유창한 영어 실력을 포함한 저의 언어 능력을 활용하고 싶습니다. 저의 해외 경험과 언어 능력을 바탕으로 승객들에게 기쁨과 행복을 가져다 주는 중국동방 항공의 제비가 되고 싶습니다.

37 지원 항공사에 대해 아는 것

Q. What do you know about our airline?

면접관의 속마음

우리 항공사에 대한 관심과 열정이 있는지?

쌤들의 면접 팁

- 누구나 이야기할 수 있는 객관적인 사실을 나열하기보다는 내가 가진 그 항공사에 대한 애정과 관심이 잘 드러나도록 답변을 만들어 보자.
- 항공사 홈페이지, 인터넷 검색, 인맥 등을 통해서 지원하는 항공사에 대한 업데이트된 최신 정보를 알아 두자.

이런 답변은 피하자

객관적인 수치만 나열하는 답변

- SKY Airlines is founded in 1985 and it operates about forty aircrafts to 120 destinations, and recently opened direct route from Incheon to Los Angles.

Also, SKY Airlines received the five-star service award last year.

SKY 항공은 1985년도에 설립되었으며, 비행기는 총 40대이며, 취항지는 총 120곳입니다. 신규 취항지는 인천–로스앤젤레스 구간입니다. 또한 지난해에 최고의 서비스상을 수상했습니다.

→ 누구나 검색하면 알 수 있는 항공사의 뉴스 또는 정보의 나열은 면접관들에게 지루함만을 안겨 줄 뿐이다. 특별히 인상 깊은 정보 또는 사진과 그 이유로 간결하고도 인상적인 답변을 만들어 보자.

유용한 표현

지원 항공사의 특징과 관련된 표현

- What I heard(was told) is that your company is~
  귀사는 ~한 회사라고 들었습니다.
- What impressed me most is~
  제가 가장 인상 깊었던 점은 ~입니다.

샘플 답변

MP3 06-37

1 루프트한자 : 마일리지 프로그램 및 회사 슬로건

I found Lufthansa's various activities and programs for passengers very impressive, and it made me want to work for your company. Miles and More program is one of the things that caught my eyes. Miles and More members can donate their miles to help others in need. Under the slogan "Give the gift of the future," Lufthansa supports people who lack the basic necessities of life throughout the world. It is very touching because I believe small contributions can make a big difference in people's lives. A few miles might be nothing, but if many people save and spend them wisely, we can help those in need and make this world a better place.

* catch one's eyes 시선을 사로잡다

루프트한자 항공의 승객을 위한 다양한 활동과 프로그램에 깊은 인상을 받아 귀사에 지원하게 되었습니다. 특히 가입 회원들이 적립된 마일리지를 도움이 필요한 사람들을 위해 기부할 수 있는 Miles and More 프로그램이 인상적이었습니다. 루프트한자 항공은 "Give the gift of the future"라는 슬로건 아래 전 세계 빈곤층을 돕고 있습니다. 저는 작은 기여가 모여 우리의 삶에 큰 차이를 만들 수 있다고 믿기에 이 말에 감동을 받았습니다. 몇 점의 마일리지는 아무것도 아니라고 여겨질 수 있지만, 루프트한자 항공을 이용하는 많은 승객들이 마일리지를 모아서 좋은 곳에 사용한다면, 많은 사람을 도울 수 있으며 세상을 더 살기 좋은 곳으로 만들 수 있을 것입니다.

2 루프트한자 : 유럽 최고의 항공사 및 다양성을 존중하는 회사 문화

Lufthansa is well-known for Europe's first five-star airline and has been voted the best airline in Europe by 18 million passengers. I guess the reason is your great combination of premium service and excellent facilities. Moreover, the airline puts strong emphasis on cultural diversity to create a better work environment. I'm also looking forward to working with people who come from different cultures and seeing their diversity as an opportunity to learn.

루프트한자는 유럽의 첫 5성급 항공사로 잘 알려져 있고 1,800만 명의 승객들에게 유럽 최고의 항공사로 선정되어 왔습니다. 이는 훌륭한 시설과 프리미엄 서비스의 멋진 조합 때문이라고 생각합니다. 또한 루프트한자는 더 나은 근무 환경을 위해 문화적 다양성을 강조합니다. 저 또한 다양한 문화를 가진 사람들과 함께 일하는 것을 기대하고 있으며, 루프트한자에서 일하는 것은 그들이 가진 다양성을 배울 수 있는 기회라고 생각합니다.

3 중국동방 항공 : 세계 최고의 항공사라는 명성

Under the slogan “Bringing you world-class hospitality with an eastern charm,” China Eastern Airlines provides multinational passengers with an excellent flying experience. And cabin crew treat them as their family with warm and caring service and always put their satisfaction first. Based on these reasons, I can undoubtedly say that China Eastern Airlines was, is and will be the best airline in the world.

“Bringing you world-class hospitality with eastern charm”이라는 슬로건하에, 중국동방 항공은 다국적 승객들에게 최고의 비행 경험을 선사합니다. 승무원들은 따뜻하고 배려 깊은 서비스로 승객들을 가족처럼 대하고 항상 고객 만족을 우선으로 생각합니다. 이러한 이유로, 중국동방 항공은 과거에 그러했고 현재에도 그렇듯이 미래에도 세계 최고의 항공사일 것이라고 확신합니다.

4 싱가포르 항공 : 안전함과 5성급 항공사

I think Singapore Airlines’ strength is the airline itself. I’ve heard that it introduces the newest aircrafts and resells them in five or six years. As that is directly connected to safety, I think Singapore Airlines must be the safest airline in the world. In addition, as a five-star airline of Skytrax, its corporate image is very exclusive and elegant. The more I learn about the company, the more I want to work for it.

싱가포르 항공의 강점은 싱가포르 항공 그 자체라고 생각합니다. 싱가포르 항공은 최신 기종의 비행기를 들여와 사용하고 5~6년 후에는 다시 새 비행기로 교체한다고 알고 있습니다. 그것은 안전과 직결되는 부분이라고 생각하기에, 귀사의 안전은 세계 최고 수준이라고 생각합니다. 또한, 스카이트랙스가 선정한 5성급 항공사로서, 싱가포르 항공의 이미지는 독보적이고 우아합니다. 싱가포르 항공은 알면 알수록 더 일하고 싶어지는 회사입니다.

5 싱가포르 항공 : 탁월한 서비스 추구 및 고객 중심의 철학

One of Singapore Airlines' values is the pursuit of excellence. I want to be a part of your airline because it has the highest professional standard. While I did some research, I read an article about your offering cake to honeymooners. I was very impressed because that could just be what newlyweds will remember as an unforgettable time. Moreover, I'm sure that Singapore Airlines is the right place for me to be, since its customer-oriented service philosophy is what I personally strive for.

싱가포르 항공이 중요시 여기는 가치 중 하나는 탁월함의 추구입니다. 저는 가장 높은 기준을 가진 싱가포르 항공의 일원이 되고 싶습니다. 회사에 대해 조사하는 중, 신혼여행을 가는 커플에게 축하 케이크를 제공하는 서비스가 있다는 것을 알게 되었습니다. 이는 갓 결혼한 커플에게 잊지 못할 순간으로 기억될 것이기에 저에게는 매우 인상 깊었습니다. 또한, 고객을 최고로 생각하는 싱가포르 항공의 서비스 철학이 제가 추구하는 서비스와 같기에, 싱가포르 항공이야말로 제가 있어야 할 곳이라고 확신합니다.

6 싱가포르 항공 : '세계 최초와 세계 최고'라는 수식어가 어울리는 회사

Singapore Airlines is well-known just as the phrase says, 'The world's first and best.' Singapore Airlines was the first to provide the economy class with in-flight meal choices and to introduce AVOD systems to all classes. In addition, it operated its first ever charity flight with the world's largest commercial aircraft, an Airbus 380. I would like to contribute to your excellent customer-oriented service by becoming a Singapore girl.

* charity flight 첫 비행

싱가포르 항공은 '세계 최초, 세계 최고'라는 수식어로 잘 알려져 있습니다. 싱가포르 항공은 세계 최초로 이코노미 클래스에 기내식을 제공하고 모든 클래스에 AVOD 시스템을 도입한 항공사입니다. 또한, 가장 큰 상업용 비행기인 A380을 세계 최초로 운행했습니다. 저도 귀사가 추구하는 고객 중심의 탁월한 서비스에 싱가포르 걸로서 기여하고 싶습니다.

7 에미레이트 항공 : 고객의 니즈에 발맞춰 변화와 성장을 하는 회사

I know that Emirates' slogan is "Hello tomorrow." I've checked your website a couple of times, but I couldn't clearly define what it means. I believe it points toward your connecting people with their families, friends and future opportunities wherever they may be. Also, Emirates is quickly adapting to rapid changes in customers' needs and is always going one step further to satisfy them. I believe the airline's developments and global networks are the reason why it's one of the most successful airlines.

에미레이트 항공의 슬로건은 "Hello Tomorrow"입니다. 홈페이지를 여러 번 확인해 보았으나 슬로건의 정확한 의미를 찾기가 쉽지 않았습니다. 제가 생각하기에는 에미레이트 항공의 승객들을 그들의 가족, 친구, 그리고 미래의 기회가 어디에 있는지와 상관없이 서로 연결시킨다는 의미라고 생각합니다. 또한 에미레이트 항공은 고객들의 니즈에 맞춰 항상 빠르게 변화하며 승객들의 만족을 위해 항상 더 노력하는 회사입니다. 에미레이트 항공의 발전과 글로벌 네트워크는 왜 에미레이트 항공이 가장 성공적인 항공사 중 하나인지를 잘 보여 준다고 생각합니다.

8 카타르 항공 : 세계 최고의 항공사, 수상 이력 및 Qsuite 서비스

I know that Qatar Airways is undoubtedly one of the best airlines in the world and will continue to be so in the future. Numerous major awards, including World's Best Airline, are evident of your constant efforts to create excellence in everything you do. I think, of all your innovative ideas, it's probably the Qsuite that shows the essence of your passenger-focused philosophy and attention to detail. I'd like to take part in delivering your award-winning service as a member of your cabin crew.

카타르 항공은 세계 최고 항공사 중 하나이며, 미래에도 같은 위치에 있을 것이라고 생각합니다. '올해의 항공사'상 같은 수많은 주요 수상 경력들은 귀사가 최고의 항공사가 되기 위해 끊임없이 하는 노력에 대한 명백한 증거라고 생각합니다. 카타르 항공의 혁신적인 서비스 중에서 Qsuite 서비스는 귀사의 작은 것까지 배려하는 세심함과 고객 중심의 철학을 잘 보여 주는 예라고 생각합니다. 귀사의 일원으로서 수상 이력에 걸맞은 최고의 서비스를 제공하는 승무원이 되고 싶습니다.

9 카타르 항공 : 항공사 슬로건 및 국제 스포츠 후원

While researching your company, I became aware of the reason why Qatar Airways is the best. In addition to your reputation for rapid growth and award-winning services, your customer-focused philosophy and attention to detail truly impressed me. For example, your slogan "Going places together" stands for your passion to be with your passengers in their achievements and adventures. Also, I've heard that your sponsoring many sporting events, including the World Cup 2022 is mainly about bringing people together, which is in line with your slogan. I'm looking forward to going places along with the passengers as a part of your company.

귀사에 대해 조사하며 저는 카타르 항공이 왜 세계 최고의 항공사인지 알게 되었습니다. 빠른 성장과 수상 이력에 빛나는 서비스로 유명한 카타르 항공의 명성뿐만 아니라, 고객 중심의 철학과 작은 것까지 배려하는 세심한 서비스에 깊은 인상을 받았습니다. 예를 들어, "Going Places Together"라는 슬로건은 고객의 성취와 모험을 함께하겠다는 카타르 항공의 열정을 나타낸다고 생각합니다. 또한 2022년 월드컵을 포함한 다양한 스포츠 이벤트를 후원함으로써 많은 사람들을 하나로 모으는 것은 귀사의 슬로건과 연결된다고 알고 있습니다. 카타르 항공의 일원으로서 승객들과 함께 going places together 하기를 희망합니다.

10 캐세이퍼시픽 항공 : 고객 중심의 서비스 철학, 직원 중심의 업무 환경, 세계 최고 수준의 서비스 교육

Cathay Pacific is well-known for its customer-oriented service philosophy, which is to be in line with mine. The yoga and meditation service offered on board and at the business lounges especially shows that you are really focused on the passengers' well-being. In addition, Cathay Pacific has a solid reputation for its crew-friendly work environment. I've heard that all employees are treated fairly regardless of gender, nationality and age. But what attracted me the most is your world-class service training. It's a very important part for me because I'm eager to advance my career as the best service professional.

* has a solid reputation for~ ~로 유명하다

캐세이퍼시픽 항공은 고객 중심의 서비스 철학으로 잘 알려져 있으며 이는 저의 서비스 철학과 일치합니다. 특히, 기내 및 비즈니스 라운지에서 제공하는 요가와 명상 서비스는 귀사가 승객의 건강과 안녕을 최우선으로 하고 있음을 분명히 보여 줍니다. 또한 캐세이퍼시픽 항공은 직원 친화적인 업무 환경으로도 유명합니다. 저는 캐세이퍼시픽 항공의 모든 직원들은 성별과 국적, 나이에 상관없이 공정하게 대우받는다고 알고 있습니다. 하지만 제가 생각하는 귀사의 가장 큰 매력은 세계적인 수준의 서비스 교육입니다. 최고의 서비스인으로서 경력을 쌓고자 하는 저에게 이것은 매우 중요한 부분입니다.

11 오만 항공 : 성장성과 잠재력, 고객 서비스에 대한 열정, 직원 중심의 문화

Oman Air is the national carrier of Oman and well-known for its rapid growth and great potential. The new international airport and training center in Muscat represent your dedication to further progress. When it comes to your service, your airline has been putting constant efforts into quality customer service based on Omani hospitality and has received many awards such as Best Airline Staff and Leading Airline in the Middle East. But what inspires me the most is your crew-friendly culture. A friend of mine who used to work for your company has always been proud of a friendly and happy work atmosphere on each flight.

* when it comes to~ ~에 관한 한

오만의 국영 항공사인 오만 항공은 빠른 성장과 큰 잠재력으로 잘 알려져 있습니다. 무스카트에 위치한 신공항과 새로운 트레이닝 센터는 더 발전하고자 하는 귀사의 노력을 잘 보여 줍니다. 귀사의 서비스와 관련해서, 오만 항공은 '오만인의 환대 문화'를 바탕으로 수준 높은 서비스를 위해 끊임없는 노력을 해 왔고, 그 결과 중동에서 '최고의 항공사 직원상', '선두 항공사상' 등의 상을 수상했습니다. 하지만 저에게 가장 깊은 인상을 준 부분은 오만 항공의 직원 중심 문화입니다. 전직 오만 항공 승무원이었던 제 친구는 매 비행마다 화기애애하고 행복한 업무 분위기를 항상 자랑스러워합니다.

38 지원자를 채용해야 하는 이유

Q. **Why should I hire you?**

What makes you the best candidate for the job?

Why are you the right fit for the position?

면접관의 속마음

수많은 지원자와 차별화되는 지원자의 강점은 무엇인지?

쌤들의 면접 팁

- 다른 지원자들과 차별화할 수 있는 나만의 특별한 장점 및 강점에 중점을 두어 답변한다.

유용한 표현

강점과 관련된 표현

- I'm passionate about delivering excellent customer service.
  저는 최고의 고객 서비스를 제공하는 것에 열정을 가지고 있습니다.
- I have a natural connection with customers.
  저는 고객들과 자연스럽게 친분을 쌓습니다.
- I understand customers' individual needs.
  저는 고객들에게 각자 다른 니즈가 있다는 것을 잘 알고 있습니다.
- I always seek ways to go above and beyond to help customers.
  저는 항상 고객을 돕기 위한 최선의 방법을 찾으려 노력합니다.
- I love working in a team and helping colleagues.
  저는 팀으로 일하며 동료를 돕는 것을 좋아합니다.

- I'm an excellent listener and communicator.
  저는 다른 사람의 말을 잘 경청하며 의사소통을 잘 합니다.
- I'm ready to provide excellent service to customers with my skills and abilities.
  저의 기술과 능력으로 최고의 서비스를 제공할 준비가 되어 있습니다.
- I believe I have the qualities and skills to be a part of your airline.
  제가 귀사의 승무원으로서 일할 기술과 자격을 갖추었다고 믿습니다.

샘플 답변

MP3 06-38

1 개방적이고 유연한 태도, 다양한 언어 구사, 강인한 체력

First, I'm flexible and open-minded to new cultures and I'm competent to work with people from all over the world. I majored in foreign languages along with people of various nationalities and stayed in Japan and the Philippines for some time. These experiences enabled me to gain a better understanding of different cultures and learned how to embrace diverse perspectives that go beyond just language skills. Second, I can speak multiple languages, which are Spanish, Japanese, Korean and English. I know it will help me to communicate with a diverse range of passengers and coworkers. Lastly, my physical fitness stemming from Pilates and Tae-kwon-do will also be a plus in this job.

* stem from~ ~에서 기인하다, ~에서 생겨나다

첫 번째로, 저는 새로운 문화와 사람에 대해 개방적이고 유연한 태도를 가지고 있으며, 이를 바탕으로 외국에서 다양한 사람들과 일하는 것에 자신이 있습니다. 저는 외국어를 전공하며 다양한 국적의 친구

들과 공부했고 필리핀과 일본에서 생활했습니다. 이 경험을 통해 단순히 언어를 배우는 것 이외에도 타 문화에 대한 이해와 다양한 생각을 존중하는 법을 배웠습니다. 두 번째로 저는 현재 스페인어, 일본어, 한국어 영어 이렇게 4개 국어를 구사할 수 있습니다. 이는 전 세계에서 온 다양한 승객, 동료들과 소통하는 데 도움이 될 것이라고 생각합니다. 마지막으로, 태권도와 필라테스로 다져진 건강한 체력도 이점이 될 것이라고 생각합니다.

2 미술 전공으로 얻은 관찰력, 해외 경험, 서비스에 적합한 적성

I'm good at reading people and meeting their needs. In my fine art studies, I was taught that the interest in and observation of people are essential to making art. I've become so accustomed to these two qualities that observing people and recognizing their emotions are now second nature. I've also been abroad many times for studying and traveling. It helped me to develop an open mind and broad perspectives on diversity and cultures. Lastly, through my experience in the service field, I realized that I truly feel happy when I see customers satisfied with my service. Considering my qualities and skills, I'm sure I'll be able to add value to SKY Airlines.

저는 사람들의 마음을 읽고 신속하게 그들의 니즈를 충족시키는 데 능합니다. 순수 미술을 전공하면서, 좋은 아티스트가 되기 위해서는 사람들에 대한 관심과 관찰이 필수라고 배웠습니다. 이 두 가지가 습관이 되어서 현재 저는 사람들을 관찰하고 그들의 감정을 파악하는 것에 익숙합니다. 또한, 저는 공부와 여행 등으로 다양한 해외 경험을 쌓았습니다. 그 경험은 다양성과 여러 문화에 대한 저의 시야를 넓혀 주었고 열린 마음을 갖게 해 주었습니다. 마지막으로, 서비스 경험을 통해 고객이 저의 서비스에 만족할 때 제가 진심으로 행복감을 느끼는 사람이라는 것을 알게 되었습니다. 저의 자질과 기술을 고려할 때, 저는 SKY 항공의 가치를 더할 수 있는 인재라고 생각합니다.

3 서비스 관련 전공 및 팀워크

I know that cabin crew must have a good understanding of customer service and enjoy working for people. By majoring in tourism, I was able to gain a good understanding of hospitality and customer care. I've also had the opportunity to put my college training into practice in various different service jobs. So I believe I've been really lucky in that I experienced high-standard service training and practiced that on a diverse range of customers including VVIPs. Above all, I'm a team-focused and service-oriented person who is fond of working with people, and love taking care of them. Now I'm confident in catering to every customer's needs with a detailed and flexible approach.

승무원은 고객 서비스에 대한 깊은 이해가 있어야 하고 사람들을 위해 일하는 것을 즐겨야 합니다. 저는 대학에서 관광학을 전공하며 고객 서비스에 대한 지식과 이해를 얻게 되었습니다. 또한, 다양한 서비스직에서 일하면서 대학에서 배운 것을 실습해 볼 기회를 가질 수 있었습니다. 높은 수준의 고객 서비스 트레이닝을 받고 VVIP 고객을 포함한 다양한 고객들을 만나서 배운 것을 실습한 경험은 큰 행운이라고 생각합니다. 무엇보다도, 저는 팀과 서비스 지향적인 사람으로서 팀으로 일하는 것과 고객에게 서비스를 제공하는 것을 좋아합니다. 현재, 저는 세심하고 유연한 태도로 모든 고객들을 만족시키는 것에 자신감이 있습니다.

4 항공운항 전공, 서비스직 경험, 3개 국어 구사

First, I'm an experienced service provider with a good knowledge of the airline industry. I majored in airline services in college and have worked in the service field for a couple of years. Second, I'm a good communicator and team player. While working at ABC Hotel and Changi

Airport, I learned how to collaborate and build good relationships with multinational teams. Last but not least, I'm trilingual in Korean, English, and Japanese. I believe my experience and background will be helpful in being part of your winning team.

첫째, 저는 항공 분야에 대한 풍부한 지식과 경험을 갖춘 서비스인입니다. 저는 항공운항과를 졸업했고, 수년간 서비스직에서 일해 왔습니다. 둘째, 저는 의사소통에 능한 팀 플레이어입니다. ABC 호텔과 싱가포르 창이 공항에서 일하면서, 저는 다국적 팀원들과 좋은 관계를 맺고 협동하는 법을 배우게 되었습니다. 마지막으로 저는 한국어, 영어, 일본어 이렇게 3개 국어를 구사할 수 있습니다. 저의 경험과 배경이 최고의 팀의 일원이 되는 데 도움이 될 것이라 믿습니다.

5 밝은 성격과 다양한 서비스 경험

I believe I can make passengers smile and let them feel at home with my positive vibe. People at work including coworkers and customers often say that I'm a pleasant person to be with and that my smile brightens up their day. Another reason is that I'm a skillful, friendly and thoughtful service provider who pays a lot of attention to detail. I happily serve people, treating them like my own family. And seeing them smile because of my service is what I like the most.

저는 저의 긍정적인 성격을 통해 승객들이 미소를 짓고 편안함을 느낄 수 있도록 만들 수 있다고 믿습니다. 저의 직장 동료들과 고객들은 저와 함께 있으면 기분이 좋아지고 저의 미소가 그들의 하루를 기분 좋게 만든다고 종종 이야기합니다. 또 다른 이유는, 저는 세심한 서비스를 제공할 수 있는, 경험 많고 친절하며 사려 깊은 사람이기 때문입니다. 저는 고객들을 기쁜 마음으로 가족처럼 대합니다. 저의 서비스로 인해 미소 짓는 고객들을 보는 것이 저에게는 가장 행복한 일입니다.

6 3개 언어 구사 및 강한 책임감

First, I'm trilingual in that I can speak Korean, English and Chinese. I believe my strong language skills can help me communicate with more diverse customers. Second, I have a strong sense of responsibility and work ethic. I always do my best and don't hesitate to take initiative. Those things are the reasons why you should hire me.

첫째, 저는 한국어, 영어, 중국어 이렇게 총 3개 국어를 구사할 수 있습니다. 저의 언어 구사 능력이 다양한 고객들과 소통하는 데 도움이 될 것이라고 생각합니다. 둘째, 저는 강한 책임감과 직업 윤리를 가지고 있습니다. 저는 항상 제가 하는 일에 최선을 다하며, 솔선수범하는 것을 주저하지 않습니다. 이러한 강점들이 제가 채용되어야 하는 이유라고 생각합니다.

7 간호사 경력, 응급 상황과 교대 근무에 익숙함

I'm a person who can deliver the best service in any situation. While working as a nurse, I cared for many patients and their families. That taught me how to meet people's needs in a timely manner and treat them with care. Also, dealing with medical emergencies enhanced my ability to remain calm and professional under stressful situations. Last but not least, I can deal with working in shifts because I'm really used to it. I'm eager to dedicate my knowledge and capability to SKY Airlines.

저는 어떤 상황에서도 최고의 서비스를 제공할 수 있는 사람입니다. 간호사로 근무하면서, 저는 많은 환자들과 가족들을 돌보았습니다. 그런 경험을 통해 저는 그들의 요구를 신속하고 주의 깊게 만족시키는 법을 배우게 되었습니다. 또한, 응급 의료 상황을 다룬 경험을 통해 스트레스가 심한 상황에서도 침착하고 프로답게 일을 처리하는 능력을 갖게 되었습니다. 마지막으로 저는 교대 근무에 익숙하기 때문에 교대 근무에 잘 대처할 수 있습니다. 저는 저의 지식과 역량을 SKY 항공을 위해 사용하고 싶습니다.

39 입사 후 계획

Q. Where do you see yourself in five(ten) years?

면접관의 속마음

자신의 커리어에 대한 비전과 계획이 있는 사람인지?

쌤들의 면접 팁

- 승무원으로 근무하면서 이룰 수 있는 중장기 계획을 언급하자.
- 단, 승무원과 전혀 관계 없는 일을 한다는 답변은 피하자. 단지 즐기기 위해서 승무원에 지원했다는 인상을 줄 수 있다.

유용한 표현

입사 후 계획과 관련된 표현

- In the short(long) term~,
  단기적(장기적)인 관점에서,
- In O years, I expect myself to be~
  O년 후에, 저는 ~할 예정입니다.
- In O years, I see myself working in (부서명) as (직책명).
  O년 후에, 저는 (부서명)에서 (직책명)으로 일하고 싶습니다.
- In five years, I hope to continue to pursue my career in your company as (직책명).
  5년 후에, 저는 귀사에서 (직책명)으로서 제 커리어를 쌓아 나가고 싶습니다.
- What I would like to be in O years from now is (되고 싶은 모습).
  저는 O년 후 (되고 싶은 모습)이 되고 싶습니다.

샘플 답변

MP3 06-39

1 전문적인 승무원 및 유명 작가

In five years, I want to be the best flight attendant, giving passengers the most pleasant flying experience based on my excellent language skills and caring approach to service. And personally, I want to be a popular writer who writes about many beautiful spots and hidden gems of the world while exploring many places and meeting people from all walks of life as a flight attendant.

* people from all walks of life 각계각층의 사람들

5년 후 저는 뛰어난 언어 능력과 세심한 서비스를 바탕으로 승객들에게 가장 즐거운 비행 경험을 제공하는 최고의 승무원이 되고 싶습니다. 또한 개인적으로, 승무원으로서 세계를 여행하고 사회 각계각층의 사람들을 만나며 아름다운 장소들과 잘 알려지지 않은 보석 같은 곳들을 알리는 유명 작가가 되고 싶습니다.

2 전문적인 선임 승무원 및 4개 국어 구사

First of all, I would love to develop myself. In five years, I want to speak four languages fluently as a member of a multinational cabin crew. I will have developed my language skills in Chinese, Japanese, and English. In the long term, I want to grow as a senior cabin crew professional who has a positive influence on other people. I'd like to pay my skills, experience and professionalism forward in becoming a role-model for junior crew members by coaching and guiding them into well-experienced service providers.

* pay forward 받은 것을 (좋은 방식으로) 되돌려 주다

우선, 저는 자기 계발에 힘쓰고 싶습니다. 5년 후, 저는 다국적 항공사의 승무원으로서 4개 국어를 유창하게 구사하고 싶습니다. 중국어, 일본어, 그리고 영어 실력을 더 키울 것입니다. 장기적인 계획으로는 다른 이들에게 좋은 영향력을 끼칠 수 있는 전문적인 선임 승무원으로 성장하고 싶습니다. 저는 후배들을 지도하고 경험이 풍부한 서비스 전문가로 이끌어 주는 롤 모델로서 저의 기술, 경험, 프로 정신 등을 나누고 싶습니다.

3 사무장 승진 및 서비스 경영학 석사 학위 취득

My goal is to be the best cabin manager in SKY Airlines. I want to keep myself motivated to be more professional and get a master's degree in service management. I think that will allow me to offer remarkable service to passengers and contribute to SKY Airlines as the best cabin manager.

저의 목표는 SKY 항공에서 최고의 사무장이 되는 것입니다. 저는 서비스인으로서 저의 전문성을 높이고 서비스 경영 분야에서 석사 학위를 받기 위해 끊임없이 노력할 것입니다. 그렇게 함으로써 더 멋진 서비스를 고객들께 제공하고 최고의 사무장으로서 SKY 항공에 기여할 수 있을 것이라고 생각합니다.

4 서비스 전문가 및 다양한 언어 구사

I see myself working as the first Korean service instructor of your company. It would be very rewarding for me to pass onto the company's values into newcomers by sharing my own skills and experience with them. I also love learning new languages and want to acquire two more in the next five years. That will also undoubtedly help me get a better understanding of different cultures and improve my communication skills with passengers from all over the world.

5년 후, 저는 귀사의 첫 번째 한국인 서비스 교육관이 되고 싶습니다. 저만의 서비스 노하우와 경험을 공유함으로써 신입 승무원들에게 회사의 가치를 전달하는 것은 매우 가치 있는 일이라고 생각합니다. 또한, 저는 새로운 언어를 배우는 것을 좋아하므로 5년 안에 두 가지 외국어를 추가로 배우고 싶습니다. 이는 제가 타문화를 더 잘 이해하고 전 세계에서 온 고객들과 소통하는 데 도움을 줄 것이라 생각합니다.

5 서비스 전문가

I see myself flying around the world as a cabin crew member, but I hope to possess a greater degree of knowledge, and advance and expand my skill set. I always want to keep learning, and keep getting better. I hope that after five years my efforts will have carried me closer to becoming an expert at what I do. I'm sure five years will be long enough to learn and experience services in all classes and to become a customer service expert.

저는 5년 후에도 승무원으로서 전 세계를 계속 날고 있을 것입니다. 하지만 더 많은 지식을 쌓으며 저의 서비스 기술을 발전시키고 확장하고 싶습니다. 저는 항상 끊임없이 배우고 발전하기를 원합니다. 그래서 5년 후에는 제가 쏟은 노력을 바탕으로 제 일에서 전문가가 되고자 합니다. 5년이라는 시간은 모든 클래스의 서비스를 배우고 경험하며 서비스 전문가가 되는 데 충분한 시간이라고 생각합니다.

고민 미리 보기

Chapter 5와 관련된 실제 고민 상담 카톡

❶ 승무원 지원 동기와 항공사 지원 동기는 같아도 되나요?

민아 선생님! 항공사 기출문제 답변을 정리하다가 궁금한 것이 있어서 톡을 드립니다. 승무원 지원 동기와 항공사 지원 동기는 답변이 꼭 달라야 하는 건가요? 만약 달라야 한다면, 어떤 식으로 해야 하는 거죠? 감을 못 잡겠어요….

제 생각에는 두 질문의 답변 방향이 약간 달라야 할 것 같아요. 특히 항공사 지원 동기에 관한 질문에는 그 항공사만이 가진 특징 및 강점을 조사한 후에 그러한 것들을 답변에 녹여 내면 좋아요. 예를 들어 그 항공사가 추구하는 인재상이나 비전, 가치 등을 조사해 두면 인상적인 답변을 만드는 데 도움이 되겠죠?

❷ 답이 정해진 질문을 들으면 어떻게 말하죠?

하림 선생님♡ 지난번 항공사 면접 때, 6명 지원자 공통 질문으로 "5년 뒤 자신의 모습이 어떨 것 같은지?"를 받았어요. 근데 저 포함 모든 지원자들이 "귀사에서 전문적인 승무원이 되고 싶습니다."라는 식의 똑같은 대답을 했어요. 이렇게 정해진 질문에는 어떻게 대답해야 하나요? 이런 종류의 질문이 너무 어려워요.

지원자의 포부와 관련된 질문은 면접관들이 자주 물어보는 질문들 중 하나예요. 다들 승무원이 되고 싶은 만큼 답변이 비슷할 수밖에 없어요. 이럴 때는 승무원과 관련된 답변 뒤에 개인적인 포부나 이야기들을 살짝 덧붙이는 것도 하나의 방법이 될 거예요. 예를 들어 "아랍어를 유창하게 말하고 싶습니다." 혹은 "운동을 더 열심히 해서 아마추어 대회에 참가해 보고 싶습니다." 등의 대답이 있을 수 있겠죠?

Chapter 06

승무원에 대한 이해

40 승무원이 갖춰야 할 자질

Q. What do you think are the most important qualifications of cabin crew?

면접관의 속마음

승무원의 자질 중 어떤 것을 중요하다고 생각하고, 어떤 자질을 갖추고 있는지?

쌤들의 면접 팁

- 승무원에게 필요한 자질은 무수히 많다. 그중에서 자신의 장점 및 자기가 가진 좋은 자질 중에 승무원의 직무와 연결되는 것으로 답변하자.

유용한 표현

팀워크

- Excellent organizational and leadership skills
  뛰어난 조직력과 리더십
- Excellent team work skills
  뛰어난 팀워크 능력

서비스 경험

- Hands-on experience in customer service
  고객 서비스 경험

- Good understanding of service
  서비스에 대한 깊은 이해
- Ability to read people's needs and feelings
  사람들이 필요로 하는 것과 기분을 파악하는 능력
- Excellent knowledge of food and beverage
  식음료 분야의 풍부한 지식
- Positive and polite attitude
  긍정적이고 겸손한 태도

의사소통 및 대인 관계 능력

- Excellent people skills with a friendly attitude
  친절한 태도와 뛰어난 대인 관계 능력
- Outstanding communication and interpersonal skills
  뛰어난 의사소통 및 대인 관계 기술
- Ability to interact effectively with people from different cultures
  다른 문화권의 사람들과 효율적으로 교류할 수 있는 능력
- Ability to deal with a range of people
  다양한 사람들을 다룰 수 있는 능력

문제 해결 능력

- Ability to remain calm and professional under pressure
  힘든 상황에서도 침착하고 프로답게 행동할 수 있는 능력
- Competence in handling difficult situations
  어려운 상황을 해결할 수 있는 능력
- Problem-solving skills
  문제 해결 능력

업무 관련

- Ability to multitask
  멀티태스킹 능력

- Organizational skills
  업무 조직 및 정리 능력
- Flexibility
  유연성
- Patience
  인내심
- Commercial awareness and sales skills
  판매 능력
- The capability to work quickly and efficiently
  빠르고 효율적인 일 처리 능력

직업 윤리

- Strong work ethic
  강한 직업 윤리 의식
- Awareness to hygiene and safety
  위생과 안전에 대한 주의력

체력

- Physical fitness and stamina
  강인한 체력

시간 관리

- Punctuality
  정확한 시간 관념

언어 능력

- Strong language skills
  다양한 언어 구사 능력

샘플 답변

MP3 06-40

1 의사소통 능력 및 팀워크

Of all the qualities required for cabin crew, I think good communication and teamwork skills are essential to work in a multinational team and serve passengers from across the globe. Luckily, I had a chance to develop those skills by working in an international hotel in Canada. That experience helped me recognize people's needs and master the art of listening. Now I'm competent at working with diverse people in a multicultural environment.

승무원이 가져야 할 많은 자질 중에서, 전 세계에서 온 동료 및 승객들과 일하는 데 있어 필수적인 자질은 훌륭한 의사소통 능력 및 팀워크 스킬이라고 생각합니다. 운이 좋게도, 저는 이러한 능력을 캐나다의 호텔에서 일하며 배울 수 있었습니다. 이러한 경험을 통해 저는 고객의 니즈를 파악하는 법과 경청하는 법을 배웠습니다. 현재 저는 다문화 환경에서 다양한 사람들과 일하는 것에 자신이 있습니다.

2 다양성과 도전에 대해 열린 마음

I think to work with people from all over the world, cabin crew need to be open to diversity and challenges. Three years of studying in the USA has taught me that all cultures are to be respected as there's no black and white in culture. And dealing with diverse challenges on my own in a foreign country made me realize that they are actually opportunities to grow from.

전 세계에서 온 사람들과 일하기 위해 승무원은 다양성과 도전에 열린 마음을 가져야 한다고 생각합니다. 3년간의 미국 유학 경험을 통해 저는 문화에는 옳고 그름이 없기에 모든 문화는 존중을 받아야 한다는 것을 배웠습니다. 그리고 낯선 나라에서 모든 일을 제 스스로 처리하며 저는 어려움이나 도전이 성장할 수 있는 기회임을 깨닫게 되었습니다.

3 자기 통제력

In my opinion, self-control is the key to a successful cabin crew life. Due to irregular work schedules, cabin crew need to put more effort into staying healthy and fit to fly. They must also stay calm and professional at all times, even when they are faced with challenging situations. With four years of hotel experience, I've developed the ability of self-control. So, based on that ability and my passion for service, I'm sure I'll be a cabin crew professional who can deliver remarkable service to the customers of SKY Airlines.

제 의견으로는, 자기 통제력이 성공적인 승무원 생활을 위한 중요한 자질인 것 같습니다. 불규칙적인 스케줄 때문에, 승무원은 비행을 위한 건강한 몸 상태를 유지하기 위해 더 많은 노력을 기울여야 합니다. 또한 승무원은 어려운 상황에서도 침착함과 프로다운 태도를 유지해야 합니다. 저는 4년간 호텔리어로 근무하면서 자기 통제력을 기를 수 있었습니다. 저의 서비스에 대한 열정과 자기 통제력을 바탕으로, 제가 SKY 항공의 승객들에게 훌륭한 서비스를 제공할 수 있는 승무원이 되리라 확신합니다.

4 평정심 유지 능력

There are many important attributes for cabin crew, but I think the ability to remain calm is the most important one. Anything from a light turbulence to an actual emergency can happen on a flight. Even in a light turbulence, hundreds of passengers fully rely on the crew. If they detect any hint of stress or concern in a cabin crew member's voice, they will become nervous. Therefore, cabin crew need to help the passengers feel safe. That's why I think the ability to stay calm under any circumstance is a very important qualification for cabin crew.

승무원이 갖추어야 할 많은 자질이 있지만, 침착함을 유지할 수 있는 능력이 가장 중요한 자질이라고 생각합니다. 기내에서는 난기류부터 실제 비상 상황까지 어떤 상황이라도 생길 수 있습니다. 그것이 단순한 난기류라 하더라도, 수백 명의 승객들은 전적으로 승무원에게 의지합니다. 만일 승무원의 목소리에서 스트레스 또는 긴장이 조금이라도 느껴진다면 승객들은 불안해할 것입니다. 그래서 승무원들은 승객들이 안전하다고 느낄 수 있도록 해야 합니다. 이것이 제가 어떠한 상황에서도 침착함을 유지할 수 있는 능력이 승무원이 갖추어야 할 매우 중요한 자질이라고 생각하는 이유입니다.

5 강인한 체력

I think the most important qualification is physical strength. Working in a confined space and in different time zones must be physically demanding. That's why cabin crew are vulnerable to fatigue and stress. I believe cabin crew jobs require extreme concentration on their duty and strict self-discipline. Therefore, they need to keep themselves healthy both mentally and physically.

제 생각에 가장 중요한 자질은 체력인 것 같습니다. 한정된 공간에서 시차를 극복하며 일하는 것은 체력적으로 힘든 일임이 분명합니다. 이는 승무원이 피로와 스트레스에 취약한 이유입니다. 승무원은 업무에 대한 강한 집중과 엄격한 자기 관리가 필요하다고 생각합니다. 따라서 승무원은 정신과 육체 모두 건강하게 유지해야 합니다.

6 한 번에 많은 일을 처리할 수 있는 멀티태스킹 능력

There are many important attributes for cabin crew, but I think the ability to multitask is essential. Cabin crew might face many different situations while flying all over the world. They need to find solutions to many problems and fix them as quickly as possible. It's also crucial to communicate with passengers while handling a problem. So, multitasking is one of the most important skills that a flight attendant should have.

승무원이 가져야 할 중요한 자질이 많이 있지만, 한 번에 여러 가지 일을 처리할 수 있는 능력이 가장 중요한 자질이라고 생각합니다. 승무원은 전 세계를 비행하며 다양한 상황을 마주하게 될 것입니다. 그 때 승무원들은 발생한 여러 가지 문제에 대한 해결책을 찾아 최대한 빨리 해결해야 합니다. 또한 문제를 해결하는 동안, 고객과의 소통을 잊지 않는 것도 중요합니다. 그러므로 한 번에 여러 가지 일을 처리할 수 있는 능력이야말로 승무원이 반드시 갖추어야 할 자질 중 하나라고 생각합니다.

7 책임감과 용감함

Being a cabin crew member requires many qualities such as teamwork skills, flexibility, physical strength and so on. But I think a strong sense of responsibility and courage are the most essential ones, because cabin crew are fully responsible for passengers' safety which is also their number-one priority. In case of an emergency, they should handle the situation with competence and protect passengers. That's why those two qualities are a must.

승무원이 된다는 것에는 팀워크 및 유연함, 체력 등 많은 자질이 요구됩니다. 이중에서 승무원이 갖추어야 할 필수 자질은 강한 책임감과 용기라고 생각합니다. 왜냐하면 승무원은 승객의 안전을 전적으로 책임지고 있고 이것이 승무원의 가장 중요한 임무이기 때문입니다. 비상 상황이 일어났을 때, 승무원은 능숙하게 상황을 해결하고 승객을 보호해야 합니다. 그래서 저는 책임감과 용기가 승무원의 필수 자질이라고 생각합니다.

8 투철한 안전 의식과 고객 중심의 마인드

There are many qualifications that cabin crew must have, but I believe a strong safety awareness and customer-focused mindset are very important. On a flight, cabin crew are fully responsible for the safety of passengers and even a single safety breach can result in a terrible accident. That's why I believe safety awareness is crucial. Furthermore, cabin crew should have a customer-focused mindset to make passengers happy with service from their hearts.

승무원이 가져야 할 많은 자질 중에서, 저는 투철한 안전 의식과 고객 중심의 마인드가 매우 중요하다고 생각합니다. 기내에서 승무원은 승객의 안전을 전적으로 책임져야 하며 안전에 대한 사소한 위반 하나도 심각한 사고로 이어질 수 있으므로 안전 의식이 중요합니다. 또한, 진심 어린 서비스로 승객들을 만족시켜 드리기 위해 고객 중심의 서비스 마인드가 필요합니다.

9 프로 정신

I believe professionalism is the most important qualification for cabin crew. Passengers expect them to know all about service and safety because they are representatives of the airline. Experienced and well-trained flight attendants will confidently satisfy this expectation by being knowledgeable on the airline's safety procedures and service standards. If I become a flight attendant, I will commit to being professional at all times.

저는 프로 정신이 승무원이 갖추어야 할 가장 중요한 자질이라고 생각합니다. 승객들은 승무원이 서비스와 안전에 관련된 모든 것을 알고 있기를 기대합니다. 왜냐하면 승무원은 항공사를 대표하기 때문입니다. 경험이 풍부하고 잘 훈련된 승무원은 서비스와 안전에 관련된 충분한 지식으로 자신 있게 고객의 기대에 부응할 것입니다. 제가 승무원이 된다면, 전문적인 승무원이 되기 위해 항상 최선을 다할 것입니다.

10 고객 중심 사고, 체력, 팀워크

First of all, cabin crew should have a customer-oriented attitude as their main duty is making various kinds of passengers happy by delivering good service. Second, cabin crew should have great physical strength to take care of passengers as well as themselves, working at high altitudes and in different time zones on a daily basis. Last but not least, it's important to be a good team player and get along well with people from all nationalities.

우선 승무원은 좋은 서비스로 고객을 만족시켜 드리는 것이 주요 임무이므로 고객 우선의 마음가짐을 가져야 합니다. 두 번째로, 승무원은 매일 다른 시간대에 하늘 위에서 일하므로 승객뿐 아니라 스스로를 돌볼 수 있는 강한 체력을 갖추어야 합니다. 마지막으로, 승무원은 항상 팀으로 함께 일하므로 다국적 동료들과 조화를 이룰 수 있는 협동심을 갖추어야 합니다.

41 승무원 직업의 장점

Q. What do you think are the advantages working as a cabin crew member?

면접관의 속마음

승무원의 직무에 대해 얼마나 이해하고 있는지?

쌤들의 면접 팁

- 승무원 직업의 장점이 본인의 인생관, 가치관, 목표와 어떻게 부합하는지를 이야기해 주자.
- 공짜 여행, 면세점 할인, 월급, 가족 티켓 등 직업을 통해 얻을 수 있는 혜택에만 중점을 둔 답변은 피한다.

유용한 표현

승무원 직업의 장점 예시

- A chance to improve language skills
  외국어 능력 향상의 기회
- An opportunity to grow as a service provider with more professional and sophisticated service manner
  전문적이고 세련된 서비스 매너를 갖춘 전문 서비스인이 될 수 있는 기회
- Various opportunities to experience diverse cultures and grow as a global-minded person
  다양한 문화를 접하며 글로벌한 인재로 성장할 수 있는 기회
- An active and lively work environment
  역동적인 근무 환경
- An equal work environment
  평등한 근무 환경
- Working and traveling the world at the same time
  일과 여행이 동시에 가능함
- A chance to broaden one's horizons to a maximum and improve communica tion skills.
  시야를 최대로 넓히고 의사소통 능력을 발전시킬 수 있는 기회

샘플 답변

MP3 06-41

1 시야가 넓어지고 다른 문화에 열린 마음을 가지게 됨

Working with people from around the globe will be a good chance to broaden my horizons and be more open to different cultures. Open-mindedness and a wider perspective on the world are invaluable qualities to have. The opportunities to develop my interpersonal and language skills are also great advantages of this position. I can't wait to meet many different people on every flight.

세계 각국에서 온 사람들과 일을 하는 것은 제 견문을 넓히고 다른 문화에 대해 열린 마음을 갖게 할 좋은 기회가 될 것입니다. 세상에 대한 더 넓은 시야와 열린 마음을 가지는 것은 가치를 매길 수 없을 만큼 소중한 일입니다. 또한, 저의 대인 관계 능력과 언어 능력을 발전시킬 수 있다는 점도 제가 이 직업에서 얻을 수 있는 큰 혜택이라고 생각합니다. 저는 매 비행마다 다양한 사람들을 만날 것을 고대하고 있습니다.

2 전문적인 서비스 교육을 받을 수 있는 기회

Apart from a chance to see the world, a cabin crew job allows me to be a professional service provider with a chance to learn the highest standard of service. Working in a dynamic environment will make me a multitasker while also improving my problem-solving skills. What's more, it will give me a great opportunity to grow as a service expert.

승무원직은 넓은 세상을 볼 수 있는 기회 이외에도, 최고 수준의 서비스를 배우며 서비스 전문가가 될 수 있는 기회를 제공합니다. 또한 역동적인 환경에서 일하며 문제 해결 능력과 다양한 일을 동시에 처리하는 능력을 기를 수 있을 것입니다. 또한 승무원직은 서비스 전문가로서 제 커리어를 발전시킬 수 있는 좋은 기회를 제공합니다.

3 평등한 업무 환경

Of all the advantages that this job can offer, my favorite is equality. In other words, cabin crew are treated equally regardless of their gender, nationality, and age, as well as academic background. I'm looking forward to bringing my skills and knowledge to an environment of equal opportunities.

승무원직이 가지고 있는 많은 장점들 중에서 저는 모든 이가 평등하게 대우받는 점이 가장 마음에 듭니다. 이는 모든 승무원이 성별, 국적, 나이, 학력에 상관없이 동등하게 대우받는다는 것을 의미합니다. 제가 가진 기술과 지식을 평등한 기회가 보장되는 환경에서 사용할 수 있기를 기대합니다.

4 즐겁게 일을 하며 나를 성장시킬 수 있는 기회

What I personally love most about this job is the fact that I can feel alive and rewarded by serving people. I'm also fascinated by the thought that cabin crew can experience something new every day. I know I'll have lots of opportunities to broaden and deepen my view of the world by working with many different people. I truly hope to grow into a service professional with a global mindset.

* outweigh 넘어서다, 능가하다

* drawback 단점

개인적으로 제가 승무원이라는 직업에서 가장 좋아하는 점은 사람들에게 서비스를 하며 제가 살아있음을 느끼고 보람을 느낄 수 있다는 것입니다. 또한, 승무원은 매일 새로운 경험을 할 수 있다는 점에서 매우 매력적입니다. 다양한 사람들과 일할 수 있는 기회를 가짐으로써, 더 넓고 깊은 시야를 가지게 될 것이며 글로벌한 마음가짐을 가진 서비스 전문가로 성장할 수 있을 것이라 믿습니다.

5 일과 여행을 동시에 할 수 있는 기회

I believe working as a cabin crew professional will bring me a lot of benefits. Above all, I think working while experiencing the world at the same time is the best advantage. Not only can I broaden my perspective on the world, but also develop my career. As I love to learn new things, it will definitely enrich my life.

승무원으로 일하는 것에는 많은 장점이 있다고 생각합니다. 무엇보다도 일을 하며 동시에 세상을 경험할 수 있다는 것이 가장 큰 장점이라 생각합니다. 세상에 대한 더 넓은 시야를 가질 수 있을 뿐 아니라 직업적으로도 성장할 수 있습니다. 저는 새로운 것을 배우는 것을 좋아하므로 이러한 경험들은 분명히 제 삶을 풍요롭게 만들어 줄 것입니다.

42 승무원 직업의 단점

Q. What do you think are the disadvantages working as a cabin crew member?

면접관의 속마음

승무원 직업의 단점을 이해하고 있으며, 극복할 수 있는 지원자인지?

쌤들의 면접 팁

- 세상에 완벽한 직업은 없다. 승무원은 매력적이지만 장점과 단점이 분명한 직업이다.
- 힘든 점으로 예상되는 부분을 솔직히 말하고 그에 대한 극복 방안을 구체적으로 제시한다.

유용한 표현

승무원의 단점과 관련된 표현

- I'm sure I can manage the downside of this job.
  저는 승무원직의 단점을 충분히 극복할 수 있다고 확신합니다.

- I think every job has a bright side and a dark side.
  세상의 모든 직업에는 명암이 존재한다고 생각합니다.
- I believe there are many advantages that outweigh the disadvantages on this job.
  저는 이 직업이 단점을 넘어서는 많은 장점을 가지고 있다고 믿습니다.
- Like other occupations, a cabin crew job also has both advantages and disadvantages.
  다른 직업들처럼 승무원이라는 직업도 장점과 단점이 존재합니다.

샘플 답변

MP3 06-42

1 불규칙한 스케줄로 인한 육체적 피로

I think it's physically demanding because cabin crew have to work irregular shifts. Jet lag could also be a challenge when the crew crosses into different time zones. While working in a hotel, I got a good idea of what a shift job is like and learned how to keep myself fit and healthy. I always put a lot of effort into working out on a regular basis and sticking to a healthy diet.

* stick to something (어려움을 참고) ~을 계속하다, 고수하다

승무원들은 스케줄이 불규칙하기 때문에 체력적으로 힘들 것 같습니다. 다른 시간대를 지나갈 때 겪게 되는 시차로 인한 피로도 힘든 점일 것 같습니다. 호텔에서 일하면서 저는 교대 근무를 경험했고, 교대 근무를 하면서 건강을 유지하는 법을 배웠습니다. 저는 규칙적으로 운동하며 건강한 식단을 유지하려고 항상 노력합니다.

2 예측 불가능한 스케줄

I think the unpredictable work schedule is the price to pay for holding one of the most amazing jobs in the world. I've heard that one's roster is issued one month in advance, which could make it difficult to plan family events and other social gatherings ahead of time. But the other side of the same coin is the monthly surprise that one will get upon seeing the new roster. It would be like opening a gift box on Christmas. It can take me to places I've never been to or give me a chance to visit my family or friends on my days off.

* the price to pay 치러야 할 대가
* the other side of the same coin 다른 한편으로는

저는 예측 불가능한 근무 스케줄이, 세상에서 가장 멋진 직업 중 하나인 승무원이 가진 단점이라고 생각합니다. 저는 승무원의 근무 일정이 매달 나온다고 들었습니다. 이로 인해 가족 행사나 사회 모임 등을 미리 계획하는 것이 어려울 것 같습니다. 하지만 달리 생각해 보면 새로운 비행 일정을 확인하는 것은 1달에 한 번 받는 깜짝 선물과 같다고 생각합니다. 마치 크리스마스에 선물 상자를 여는 것과 같은 기분일 것 같습니다. 매달 새롭게 짜여지는 근무 스케줄은 제가 한 번도 가 보지 못했던 곳으로 저를 데려갈 수도 있고, 며칠간의 휴일에 가족이나 친구들을 깜짝 방문할 기회를 제공합니다.

3 외로움과 불규칙적인 수면

I think even though cabin crew are surrounded by tons of people and experiencing amazing things, they might still feel lonely at times. And their sleeping patterns could also get messed up. I've heard that sometimes they have to force themselves to sleep in order to get some rest even if they don't feel sleepy at all. However, I accept that a coin has both sides. In other words, there are advantages and disadvantages working as a flight attendant. So to overcome the difficulties as I see, I will make new friends everywhere I go and work out on a regular basis to stay fit and healthy.

* a coin has both sides 모든 것에는 양면이 있나(= 모든 것에는 좋고 나쁨이 공존한다)

승무원들은 멋진 경험을 하면서 수많은 사람들에게 둘러싸여 있지만, 그래도 여전히 가끔씩은 외로울 것 같다는 생각이 듭니다. 그리고 수면 패턴이 불규칙해질 수도 있을 것 같습니다. 저는 승무원들이 휴식을 취하기 위해서 잠이 오지 않을 때도 잠을 자야 할 때가 있다고 들었습니다. 그러나 모든 것에는 양면이 있듯이, 이 직업에도 장점과 단점이 모두 존재하는 것을 알고 있습니다. 그러므로 단점을 극복하기 위해 저는 가는 곳마다 새로운 친구들을 만들고, 건강을 유지하기 위해서 규칙적으로 운동을 하는 등 노력할 것입니다.

4 다수의 승객 응대, 가족 및 친구들과의 관계 약화

I guess there are some difficulties behind the glamorous uniforms and dazzling makeup. Dealing with hundreds of people in the air with different backgrounds might be very tough. In addition, they can build wonderful social networks of multinational coworkers and passengers, but at the same time their unpredictable work schedules may weaken networks at home. However, I do believe there are much more to the bright side than the dark side of this job.

화려해 보이는 유니폼과 메이크업의 이면에는 힘든 점들이 있을 것이라 생각합니다. 하늘 위에서 다양한 배경을 가진 수백 명의 승객들을 응대하는 것은 쉽지 않은 일일 것 같습니다. 또한, 그들은 다양한 국적의 동료 및 승객들과 멋진 관계를 맺을 수 있지만, 동시에 예측할 수 없는 일정은 가족과 오랜 친구들과의 관계를 약화시키기도 합니다. 그러나 저는 이 직업의 장점이 단점보다 훨씬 많다고 생각합니다.

5 가족이나 친구들과 떨어져 지내야 하는 점

Like other jobs, a cabin crew job also has both advantages and disadvantages. I feel the biggest downside is being far away from family and friends. So it'll be difficult to attend special occasions of loved ones. I'm also well aware that I can't have my cake and eat it too. So in order to make the best of the situation, I'll embrace what I can't have, find a way to keep in touch with loved ones online, and spend quality time with them when I'm on leave.

* you can't have your cake and eat it too 두 마리 토끼를 한 번에 잡을 수 없다
* make the best of the situation 상황에 잘 대처하다

다른 직업들처럼 승무원이라는 직업도 장점과 단점이 존재합니다. 제가 느끼기에 가장 큰 단점은 가족이나 친구들과 멀리 떨어져서 살아야 하는 것입니다. 사랑하는 사람들의 특별한 순간에 함께 하는 것이 어려울 것입니다. 그러나 저는 두 마리 토끼를 한 번에 잡을 수 없다는 사실을 잘 알고 있습니다. 저는 이런 상황을 잘 대처하기 위해 포기해야 하는 부분은 포기하고, 온라인에서 사랑하는 사람들과 계속 연락을 주고받으며 휴가 때는 그들과의 시간을 소중하게 보낼 것입니다.

43 안전 VS 서비스

Q. **Which one do you think is more important, service or safety?**

면접관의 속마음

안전의 중요성에 대해 잘 이해하고 있는지?

쌤들의 면접 팁

- 답이 정해져 있는 질문이다. 서비스와 안전 둘 중 우선시되어야 하는 것은 안전이다.

유용한 표현

"안전이 더 중요하다."의 다양한 표현

- Safety comes first because~
  안전이 먼저 와야 합니다. 그 이유는~
- Safety must come first in any circumstances.
  안전은 그 어떤 상황에서도 우선시되어야 합니다.
- Safety should be considered to be the top priority.
  안전은 최우선순위로 간주되어야 합니다.
- I think both are very important for passengers. However, if I have to make the priority, I would say that safety always has to come first.
  제 생각에 승객들에게는 서비스와 안전 둘 다 중요하다고 생각합니다. 그러나 우선순위를 정해야 한다면, 저는 안전이 우선이라고 말하고 싶습니다.
- I think good service would be pointless if a cabin crew member failed to take passengers to their destinations safely.
  저는 만약 승무원이 승객들을 목적지에 안전하게 모시지 못한다면, 좋은 서비스란 의미가 없다고 생각합니다.
- I believe that great service comes from a safe flight.
  저는 좋은 서비스는 안전한 비행에서 오는 것이라고 믿습니다.
- There is no doubt that safety is more important than customer service.
  안전이 서비스보다 더 중요한 것에는 의심의 여지가 없습니다.

샘플 답변

MP3 06-43

1 안전이 최우선순위

Of course, I think both are important for passengers. However, I believe safety should be considered to be the top priority. If a flight isn't safe, there will be no point in providing good service, no matter how excellent it is. So cabin crew are expected to be trained professionally and react calmly when dealing with emergency situations. That's why I think cabin crew should be lifesavers, firefighters and service providers all at the same time at an altitude of 40.000 feet.

* There is no point in ~ing ~해 봤자 소용없다

물론 승객들에게는 안전과 서비스 모두 중요하다고 생각합니다. 하지만 저는 안전이 최우선순위로 여겨져야 한다고 믿습니다. 만약 비행이 안전하지 못하다면, 훌륭한 서비스의 제공이 아무런 의미가 없기 때문입니다. 따라서 승무원들은 전문적인 교육과 위급 상황 대처 시 침착한 대응이 요구됩니다. 그렇기 때문에 저는 승무원이 40.000 피트의 하늘에서 서비스를 제공하는 사람일 뿐만이 아니라 소방관이자 안전 요원이 되어야 한다고 생각합니다.

Chapter 07

롤플레이 질문

44 흡연 승객이 있는 상황

Q. **What would you do if you found a passenger smoking in the cabin or toilet?**

만일 기내 또는 화장실에서 담배를 피우는 승객을 발견한다면?

답변 구성

- 흡연 중단 요청 → 담뱃불 상태 확인 → 기내 흡연 규정 안내 → 전 팀원과 상황 공유 → 흡연 욕구 방지를 위한 간식 제공 → 지속적인 모니터링

샘플 답변

MP3 06-44

1 흡연 승객 발견 시 대처 방안

First, I would stop him or her from smoking in an assertive way, and make sure that the cigarette was safely out. Then I would explain the dangers of in-flight smoking. Next, I would inform it to the rest of the team including the flight crew and keep monitoring him throughout the flight. If necessary, I would make a PA(= Public Announcement) about the smoking policy and the dangers of smoking on board. And I would provide the passenger with something sweet such as candies or chocolates for reducing the craving for smoking.

우선 저는 그 승객의 감정을 상하지 않으면서도 단호하게 담배를 피우지 못하도록 하고, 담뱃불이 안전하게 꺼졌는지 확인하겠습니다. 그리고 해당 손님께 기내 흡연 시의 위험에 대해서 설명하겠습니다. 그 후, 저는 기장을 포함한 전 팀에게 이 일을 알리고 비행 내내 그 승객을 지켜보겠습니다. 필요하다면 관련 기내 방송을 하고, 사탕이나 초콜렛 등 그 승객의 흡연 욕구를 참는 데 도움이 되는 달콤한 간식을 제공하겠습니다.

45 기내식이 모두 떨어진 상황

Q. What would you do if a passenger's selected (preferred) meal is not available?

만일 고객이 원하는 기내식이 더 이상 남아 있지 않다면?

답변 구성

- 여분의 기내식이 기내에 남아 있는 경우
  사과 → 기내식 여분 확인 및 제공
- 여분의 기내식이 전혀 남아 있지 않은 경우
  사과 → 기내식 여분 확인 → 엑스트라 서비스(추가 음료나 간식 등을 제공하는 서비스) 제공 → 두 번째 식사 서비스가 있는 경우 다음 서비스를 위해 미리 기내식 주문받기

샘플 답변

MP3 06-45

1 기내식이 없을 시 대처 방안

In that situation, I would first apologize for not being able to provide the meal, then I would find out whether any of the other crew members or classes had that meal choice chosen by the passenger. And if so, I would offer the passenger the meal of his or her choice. If it were not available, I would provide extra service to keep the passenger happy, and I would make sure that the passenger's preference was satisfied for the next in-flight meal service by taking an order from the passenger in advance.

그런 상황이 생긴다면, 저는 먼저 원하는 기내식을 제공해 드릴 수 없음을 사과드리고 혹시 다른 동료 승무원이나 다른 클래스에 그 기내식이 있는지 알아보겠습니다. 요청하신 기내식을 찾은 경우, 승객 분께 드리겠습니다. 만약 원하시는 기내식이 없는 경우, 저는 최선을 다해 저의 서비스로 그 승객을 만족시켜 드리고 다음 식사 제공 시 해당 승객 분께 주문을 미리 받아 다음 식사 시에는 원하는 기내식을 드실 수 있도록 하겠습니다.

46 승객이 화난 상황

Q. What would you do if a passenger became upset?
How would you handle an angry passenger?

화난 승객을 어떻게 응대할 것인가?

답변 구성

- 경청 → 사과 → 공감 → 해결책 또는 대안 제시 → 추가 서비스 제공

샘플 답변

MP3 06-46

1 승객이 화났을 시 대처 방안

First of all, I would listen carefully and identify what made him or her upset. Then, I would apologize and show genuine concern for the passenger's discomfort and inconvenience. And I would try my best to find a solution for the passenger as quickly as possible. Of course, I would try to make the passenger satisfied with my extraordinary service during the flight.

먼저, 저는 문제 파악을 위해 고객의 말을 경청하겠습니다. 그리고 고객이 느낀 불편함에 대해 사과를 드리고 고객의 상황에 대해 진심으로 공감하겠습니다. 최대한 신속히 고객의 문제를 해결하기 위해 최선을 다하고, 비행 시 저의 서비스로 해당 고객을 만족시켜 드리기 위해 노력하겠습니다.

47 아기 울음 소리로 기내가 시끄러운 상황

Q. **How would you handle a situation if a passenger were to complain about a baby crying?**

아기의 울음 소리로 인해 승객이 불만을 제기한다면?

답변 구성

- 사과 → 아기의 상태 및 우는 원인 파악 → 불만을 제기한 승객의 자리 이동 제안 또는 어머니와 아기를 갤리(주방)로 이동 제안

샘플 답변

MP3 06-47

1 아이가 울 시 대처 방안

I would first show genuine concern for the passenger's discomfort and inconvenience, and then I would ask the mother whether there was anything I could do to help settle the baby; and if an alternative seat were available, I would move the passenger. If the baby continued crying, I would invite the mother to take her child to the galley, where she would have more space to treat her baby.

저는 먼저 승객의 불편함에 대해 사과를 드리고, 아기의 어머니에게 아기를 달래기 위해 도와드릴 부분이 없는지 물어보겠습니다. 만일 빈자리가 있다면 그 승객의 자리를 옮겨 드리겠습니다. 아기가 계속해서 운다면, 더 넓은 곳에서 아기를 돌볼 수 있도록 아기의 어머니와 아기를 갤리로 데리고 가겠습니다.

48 실수로 커피를 쏟은 상황

Q. Suppose you spilled hot coffee over a passenger accidentally. What would you do?

실수로 고객에게 뜨거운 커피를 쏟았다면?

답변 구성

- 화상을 입지 않은 경우
  사과 → 화상 확인 → 얼룩 제거
- 화상을 입은 경우
  사과 → 화상 확인 → 화상 치료(아이스 팩 또는 연고) → 전 팀원과 상황 공유→ 지속적인 모니터링
- 비행기 안에서 우리가 이용할 수 있는 물품으로 얼룩을 없애는 창의적인 방법을 알아 두면 좋다. 예를 들어, 커피 얼룩은 당분 없는 탄산수를 마른 수건에 묻힌 후 오염된 부분를 잘 닦으면 지워진다.

샘플 답변

MP3 06-48

1 커피를 쏟았을 시 대처 방안

I would immediately apologize and wipe it off with a wet towel. If the passenger got burned, I would treat him or her by applying an ice bag or some ointment as trained. Furthermore, I will inform it to the rest of the team and keep monitoring his or her condition during a flight.

먼저 즉시 사과를 드리고 젖은 타월로 얼룩을 지우겠습니다. 만일 승객이 화상을 입었다면, 훈련받은 대로 아이스 팩이나 연고 등으로 상처를 치료하겠습니다. 그리고 팀에 이 사실을 알린 후 비행 동안 그 승객의 컨디션을 지켜보겠습니다.

49 승객이 자리를 이탈한 상황

Q. What would you do if a passenger were to be walking around the cabin when the seatbelt light was on?

승객이 안전벨트 지시등이 켜진 후에도 기내를 돌아다닌다면?

답변 구성

- 착석 요청 → 안전벨트 착용 여부 확인 → 관련 규정 안내

샘플 답변

MP3 06-49

1 기내를 돌아다니는 승객 발견 시 대처 방안

I would make the passenger return to his or her seat explaining the in-flight safety policy. Then, I would make sure his or her seatbelt was fastened properly for the passenger's safety.

저는 기내 안전 규정을 안내하며 그 승객에게 자리로 돌아가시기를 요청하겠습니다. 그 승객이 자리에 앉은 후 승객의 안전을 위해 안전벨트를 제대로 착용했는지 여부를 확인하겠습니다.

50 만취한 승객이 술을 요구하는 상황

Q. What would you do if a drunken passenger were to request more alcohol?

취한 승객이 술을 더 요구한다면?

답변 구성

- 기내 다량 음주 시 위험 안내 → 무알코올 음료 권장 → 승객의 알코올 섭취 지연 → 전 팀원과 상황 공유

샘플 답변

MP3 06-50

1 다량의 음주 시 대처 방안

As cabin crew are in charge of safety and well-being of passengers during flight, I would recommend him or her non-alcoholic beverages telling the passenger that it is easier to get drunk in the cabin than on the ground because of the high altitude. If the passenger insisted on being served an alcoholic drink, then I would reduce his consumption of alcohol by delaying delivery on purpose and by diluting the drink. Meanwhile I would inform other flight attendants about the passenger's drunken state.

승무원은 비행 중 승객의 안전에 책임이 있기 때문에, 저는 그 승객에게 기내에서는 기압 때문에 훨씬 더 취하기 쉬움을 안내하고, 무알코올 음료를 권하겠습니다. 만일 계속해서 술을 요청한다면, 저는 일부러 서비스를 지연시키거나 술을 희석시켜 농도를 묽게 만드는 방법으로 승객의 알코올 섭취를 줄이겠습니다. 그리고 해당 승객의 상태를 다른 승무원들과 공유하겠습니다.

Do you want some juice?

Do you want to fly?